질문
하는
어른

당신이 하나님을 더 깊이 알아 가고 더 널리 알리는 사람이 되는 것. 이 책에 담긴 예수전도단의 마음입니다. 말씀을 통해 저자가 깨닫고, 원고를 통해 저희가 누릴 수 있었던 그 감동이 책을 통해 당신에게도 전해지기 원합니다. 그리고 당신을 통해 그 기쁨과 은혜가 더 많은 이들에게 계속해서 흘러가기를 기도하겠습니다. 이 책을 통해 당신이 받은 은혜를 다른 분들에게도 나눠 주십시오. 사랑하고 축복합니다.

ⓒ 김광일 2017

본 저작물의 저작권은 도서출판 예수전도단에 있습니다.
저작권법에 의해 보호받는 저작물이므로 무단 전재와 복제를 금합니다.

질문하는 어른

생각하는
그리스도인으로
살아가기

김광일 지음

예수전도단

저자 서문

어른들의, 그리고
어른이 될 이들을 위한
이야기

　청년 시절부터 신앙생활과 관련된 제 중요 관심사 중 하나는 삶의 변화였습니다. 더 많이 기도하고 더 많이 성경 읽고 더 뜨겁게 예배하는 영적인 생활을 통해 '얼마나 극적인 체험을 하는가.' 보다 '나의 기도와 말씀 생활과 예배가 내 삶 가운데 어떤 영향을 미치는가.'에 관심이 더 많았다는 의미입니다.

　그리스도인에게 기도와 말씀 생활, 예배는 아무리 강조해도 지나치지 않을 만큼 소중하고 필수적인 요소들입니다. 그래서 우리는 오랫동안 기도하고 끊임없이 성경일독을 하며 예배 가운데 손을 들고 뜨겁게 찬양하면서 눈물 흘리는 이들을 믿음 좋은 이들로 여깁니다. 하지만 저는 소위 '믿음 좋다'는 사람들이 삶의 현장에서 더 이기적이고 탐욕스러우며 만나는 이들에게 툭하면 상처를 주는 모습을 수도 없이 보아왔습니다. 물론 저 역시 예외는 아니었습니다.

　사역을 할 때는 말씀대로 살라고 강의하면서 집에서 아내를 대할 때는 권위적이고 고집스러운 모습이었습니다. 남편과 아버지로서 하나님 말씀에 순종하며 남을 섬기는 본을 보여야 할 가정에서도 영적 지도자로 대우받고 싶어 했습니다. 이기적으로 생각하고 자기중심적으로 살고 싶었습니다. 사역 현장에서 만나는 동역자들 앞에서도 비슷하게 행동한 것은 두 말할 필요도 없습니다. 세월이 흐른 뒤 다시 만난 과거의 동역자들에게 "그때는 정말 미안했다."며 진심으로 용서를 구해야 할 만큼, 저는 하나님을 알지 못하는 세상의 지도자들과 별로 다르지 않은 모습과 행동을 보였습니다. 너무 부끄러워서 생각하기도 싫을 만큼 부족하고 못나게 살던 시간들이었습니다.

때로는 고민하고, 때로는 절망하고, 때로는 후회하고 새롭게 결단하는 가운데 하나님은 조금씩 제게 은혜를 부어주셨고, 감사하게도 사도 바울이 로마서에 기록한 대로 삶을 변화시키는 열쇠가 마음(생각, mind)을 새롭게 하는 것임을 경험하게 하셨습니다(롬 12:2). 아직도 부족하고 연약한 부분은 많지만, 가장 가까운 사람인 아내에게 "당신 참 많이 달라졌어요."라는 말을 들을 만큼 제 내면과 삶 가운데 변화가 일어나고 있는 것은 분명한 사실입니다.

이제 그 은혜에 감사하는 마음으로 '생각과 삶의 변화' 이야기를 통해 하나님을 자랑하려고 합니다. 또한 그리스도인의 변화된 삶에 대해 다른 이들과 함께 고민하며 더 깊은 성숙의 자리로 나아가고 싶습니다. 전문적인 내용이나 학문적인 연구 결과는 아니지만 이 책은 그런 마음을 담은 제 고백이자 제가 만난 하나님에 대한 기록이며, 하나님이 가르쳐주신 삶에 대한 나눔이고 초대입니다. 그런 의미에서 저는 이 책이 중년의 나이에 저와 동일한 고민을 안고 신앙생활을 하는 이 시대의 모든 아버지 어머니와, 젊은 시절부터 열심히 자신의 길을 좇아 달려온 지도자들이 지금까지 살아온 시간을 돌아보며 인생 후반전을 새로이 시작하는데 유용한 도구로 쓰이기를 소망합니다. 또한 하나님 나라보다 먹을 것과 마실 것과 입을 것에 더 많은 관심을 두고, 기성세대를 비난하며 아픔과 고통 가운데 머물러 있는 청년들이 기성세대의 삶과 사고를 답습하지 않고 전혀 다른 삶을 살아내기 위해 스스로를 준비하는 동기부여의 역할도 감당할 수 있기를 기도합니다.

누구나 그렇듯 성숙한 삶을 향한 제 여정은 전적인 은혜로 이끌어 주신 하나님이 계시기 때문에 가능한 일이었습니다. 하지만 중요한 변화의 순간에는 언제나 저를 돌보고 선한 영향을 베풀어 준 하나님의 사람들이 있었습니다. 그분들이 없었다면 저는 지금도 연약한 상태에 머물러 있었을 것입니다. 그래서 이 지면을 빌어 그분들에게 감사의 마음을 전하고 싶습니다.

먼저 삶의 가장 소중한 것을 드려 묵묵히 하나님 나라를 섬기고 있는 예수전도단의 모든 간사님들에게 감사드립니다. 여러분은 언제나 제 동역자이자 스승이며, 격려와 도전을 주는 친구들입니다. 오늘도 세계 각지에서 부족함과 연약함을 이겨내면서 하나님을 섬기며 살아가는 믿음의 동지들에게 감사와 격려를 전합니다.

제게는 하나님이 허락해 주신 아주 특별한 세 분의 '인생' 멘토가 계십니다. 그분들 덕분에 저는 영적으로, 그리고 정서적으로 풍성하고 복된 삶을 살 수 있었습니다. 탁월한 가르침과 지혜의 은사로 훌륭한 영적 스승이 되어주신 홍성건 목사님, 영적 아버지가 되어주시고 귀한 조언과 섬김으로 큰 힘을 주신 인천 양문교회의 고재윤 목사님, 그리고 주도적으로 사고하는 것이 어떤 것이며 사역자가 어떻게 살아야 하는지 삶으로 본을 보여주신 상계 감리교회의 서길원 목사님. 세 분의 어른께 진심으로 감사드립니다. 이분들이야말로 나이 들수록 멋진 어른들이십니다. 제 가르침과 삶에 좋은 부분이 있다면 모두 세 분의 영향 덕분일 것입니다.

삼십 년 가까이 사역자로 살아오는 내내 못난 남편을 아무 불평 없이 기다려주고 참아주며 세상에서 가장 멋진 아내와 어머니가 되어준, 제 가장 좋은 친구이자 동역자이며 아내인 이교화 사모에게 진심으로 감사의 말을 전합니다. 여보, 나는 당신을 통해 부부가 한 몸 된다는 것이 얼마나 소중하고, 가정이 얼마나 멋진 곳인지를 배울 수 있었다오.

부족한 여건 속에서도 밝고 건강하게 자라준 '하나님이 주신 선물', 세 자녀 예진이와 인진이, 의진이에게 고맙다고 말하고 싶습니다. 얘들아, 너희들은 아빠 인생 최고의 자랑이자 기쁨이란다.

마지막으로 언제나 저의 주인 되시는 하나님께 감사드립니다. "무익한 종 이제 물러갑니다. 모든 것은 주님이 하셨습니다."라는 진심어린 고백으로 하나님이 받으셔야 할 영광과 찬송을 그분께 온전히 돌려드립니다.

하나님의 종 김광일

목차

저자 서문 ... 4

1부_ 계속 이렇게 살 것인가

1장 | 당신은 어떤 어른이 되고 있는가 ... 13
2장 | 생각이 그 모양이니 사람도 그 모양 ... 46
3장 | 전혀 다른 삶으로의 초대 ... 78

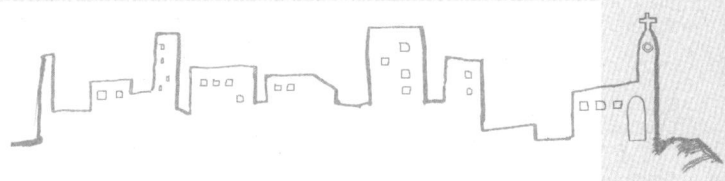

2부_ 생각 기지개 켜기

4장 | 나이 들수록 추한 사람의 사고방식 … 139

5장 | 나이 들수록 멋진 사람의 사고방식 … 178

6장 | 질문하라. 거기 길이 있나니 … 230

3부_ 격하게 격(格)있는 삶

7장 | 묻어둔 꿈을 다시 꺼내어 … 251

8장 | 다시 아브라함 … 270

주 … 286

• 1부 •

계속 이렇게
살 것인가

1장

당신은 어떤 어른이
되고 있는가

욥을 찾아온 꼰대들

                        욥은 흠이 없고 정직하며, 하나님을 경외하고 악을 멀리하는 사람이었습니다. 그리고 엄청난 부자였죠. 하지만 사탄이 하나님과 내기를 하면서 그의 신앙과 삶은 송두리째 흔들리게 됩니다. 사탄이 '가진 것을 모두 빼앗으면 욥도 별수 없이 하나님을 저주하고 믿음을 저버릴 것'이라는 주장을 증명하기 위해 자신의 생각을 실행에 옮긴 것입니다.

  욥은 하루아침에 전 재산과 열 명의 자녀를 잃고, 엎친 데 덮친 격으로 악성 종기까지 온몸에 퍼져 끔찍한 고통을 겪어야 했습니다. 아마 기가 막혔을 것입니다. 욥은 하나님 앞에서 잘못을 저지르지도, 죄를 짓지도 않았기 때문입니다. 하지만 욥은 참담한 현실에도 불구하고 변함없이 하나님을 찬양했습니다.

그때 욥이 고난을 겪고 있다는 소식을 듣고 엘리바스와 빌닷, 소발이라는 세 명의 친구가 욥을 찾아 왔습니다. 모두가 부러워했던 사람이 가진 것 전부를 잃고 깨진 옹기 조각으로 종기가 난 몸을 긁고 있는 모습을 본 친구들은, 슬픔과 비탄에 빠져 옷을 찢고 머리에 재를 뿌린 뒤 아무 말도 못하고 땅바닥에 주저앉았습니다.

그렇게 일주일이 지난 뒤 살아갈 이유와 소망을 놓아버린 욥이 입을 열어 자신의 삶 전체를 저주하고 태어난 것 자체를 후회합니다(욥 3:3-11). 그런데 이게 웬일입니까? 욥을 찾아온 친구들은 예기치 못한 고난으로 벼랑 끝에 서있는 벗을 위로하기는커녕 차례대로 '꼰대질'을 하기 시작합니다.

욥은 자신이 저지른 죄 때문에 벌을 받고 있다고 굳게 믿고 있었습니다. 매우 수준 높은 지식인들이었던 친구들은 그런 욥에게 저마다의 논리를 펴서 조언을 늘어놓습니다. 문제는 그들의 말이 갈수록 욥을 질책하고 비판하는 소리로 바뀌었다는 점입니다. 모름지기 친구라면 가족과 재산을 모두 잃고 병에 걸려 괴로워하는 사람에게 빈말이라도 "여기서 이러지 말고 병원에 같이 가자, 그리고 모든 것이 정리될 때까지 우리 집에 가 있자."라고 해야겠지만, 친구들은 이런 이야기를 한마디도 꺼내지 않습니다.

세 차례의 대화가 오가면서 친구들과 욥은 어느새 서로 맞서게 됩니다. 세 친구는 욥을 위로하러 온 것이 아니라 정죄하기 위해 온 것처럼 집요하게 공격합니다. 이런 일을 당할 만한 죄나 잘못을 행한 적이 없는 욥은 그들의 비판에 다시 한 번 큰 상처를 받습니다.

> 내가 전능하신 분을 경외하든 말든, 내가 이러한 절망 속에서 허덕일 때야말로, 친구가 필요한데, 친구라는 것들은 물이 흐르다가도 마르고 말랐다가도 흐르는 개울처럼 미덥지 못하고, 배신감만 느끼게 하는구나 (욥 6:14-15, 새번역).
>
> 너희는 내 친구들이니, 나를 너무 구박하지 말고 불쌍히 여겨다오. 하나님이 손으로 나를 치셨는데, 어찌하여 너희마저 마치 하나님이라도 된 듯이 나를 핍박하느냐? 내 몸이 이 꼴인데도, 아직도 성에 차지 않느냐?(욥 19:21-22, 새번역).

욥은 자신이 고난을 겪고 있지만 이는 하나님이 허락하신 것이라는 이해를 갖고 있었습니다. 아마도 그에게 가장 필요한 것은 고난에 대한 신학적 해석이나 "넌 고난을 이겨낼 수 있어." 같은 마인드컨트롤이 아니라 "많이 힘들지?"라는 따뜻한 위로의 말이었을 것입니다. 하지만 욥의 아픔과 분노는 친구들과의 설전이 끝나고 하나님이 그를 찾아오신 뒤에야 진정한 국면으로 들어갑니다.

그는 자신이 아무것도 모르면서 떠들어댔음을 겸손히 고백합니다. 끔찍한 고난 앞에서도 "주신 분도 주님이시요, 가져가신 분도 주님이시니, 주님의 이름을 찬양할 뿐입니다."(욥 1:21, 새번역)라고 고백하던 처음 모습으로 돌아간 것 같습니다.

주께서는 못 하실 일이 없사오며 무슨 계획이든지 못 이루실 것이 없는 줄 아오니 무지한 말로 이치를 가리는 자가 누구니이까 나는 깨닫지도 못한 일을 말하였고 스스로 알 수도 없고 헤아리기도 어려운 일을 말하였나이다 내가 말하겠사오니 주는 들으시고 내가 주께 묻겠사오니 주여 내게 알게 하옵소서 내가 주께 대하여 귀로 듣기만 하였사오나 이제는 눈으로 주를 뵈옵나이다 그러므로 내가 스스로 거두어들이고 티끌과 재 가운데에서 회개하나이다(욥 42:2-6).

욥의 이야기는 그 후에 하나님이 욥의 가정과 재산을 더 크게 회복시켜 주시는 것으로 끝이 납니다. 제가 욥기에서 주목하려는 것은 고통 가운데 있을 때는 욥을 전혀 위로해 주지 않았던, 모든 상황이 좋아진 뒤에야 욥의 곁에 다가온 세 친구들입니다. 그들의 문제는 무엇이었을까요?

그들은 모두 맞는 말을 했습니다. 거짓이나 잘못된 것을 이야기하지 않았습니다. 하지만 그들은 욥에게 닥친 고난이 욥기 1장에 기록된 영적 세계와 관련되었다는 사실을 알지 못했습니다. 또한 하나님이 어떤 분이며 어떤 일을 어떻게 행하시는지도 몰랐습니다. 그들이 한 것이라곤 자신들의 얄팍한 종교적, 도덕적 지식과 인생 경험으로 고난에 처한 친구에게 "그건 네 죄 때문이야."라며 비난한 것뿐입니다.

엘리바스와 빌닷, 소발은 지식과 인생 연륜이 풍부할 뿐 아니라 하나님을 오랫동안 믿고 열심히 신앙생활을 하는 사람들이었습니다. 또한 그들은 어디에 가도 '어르신' 대접을 받고, 하나님에 대한 지식과 세상의 이치를 논리적으로 설명할 수 있는 사람들이었습니다. 그러니 다른 사람들의 눈에는 그들이 지혜롭고 영성이 깊은 사람들로 보였을 것입니다. 그러나 폭풍 가운데 욥에게 임하신 하나님은 세 친구의 주장을 무안할 정도로 완벽하게 무시하셨습니다. 열변을 토했지만 하나님은 그들의 말에 단 한마디도 대꾸하지 않으셨습니다.

욥의 세 친구는 자신들이 알고 경험한 것이 정답이라고 생각하는 오류에 빠져 있었습니다. 아직 보지 못한 것이 있고, 모르는 것이 있어서 틀릴 수도 있다는 것을 인정하지 않았습니다. 그들은 코끼리의 몸 일부를 만져보고 코끼리의 모든 것을 안다고 떠벌리는 장님처럼 자신의 관점으로 이해한 하나님이 전부인 양 말하며 무고한 사람을 비난했습니다.

그들은 왜 고통받는 친구를 위로해 준다고 찾아와서 그를 위해 기도 한 번 하지 않았을까요? 혹시 욥과 그의 상황을 올바른 답을 제시해서 '해결해야 할 문제'로 여긴 것은 아닐까요?

구약 연구에 정통한 옥스포드 대학의 데이비드 앗킨슨 목사는 '세 친구가 진리의 일부를 이야기했지만 정작 고통받는 욥과 그의 처지는 간과했다'고 지적합니다.[1] 상황에 대한 종교적 대답을 내놓는 것에 몰두한 나머지 인간에 대한, 그것도 친한 친구에 대한 긍휼과 사랑을 잊어버린 것입니다.

그들은 자기 고집에 빠져 아픔을 호소하는 욥의 부르짖음을 들지 못했습니다. 욥의 세 친구는 종교적 지식도 많고 인생 연륜과 신앙 연륜도 오래된, 그리고 무엇보다 '나이를 먹을 만큼 먹은' 사람들이었습니다. 이런 사람들이 도대체 왜 그렇게 행동을 한 것일까요?

교회 속에 숨어있던 속물들

—   오순절 성령 강림의 역사로 시작된 예루살렘 교회에서는 성령 충만한 성도들이 한마음이 되어 물건을 서로 통용하고 집이나 토지 같은 개인 소유물을 팔아 교회에 내놓는 일이 많았습니다.

아나니아와 삽비라라고 하는 부부도 다른 성도들처럼 교회에 헌금을 하기 위해 가지고 있던 땅을 팔았습니다. 그런데 돈을 보자 욕심이 생긴 아나니아가 그중 얼마를 자신들의 몫으로 빼놓았습니다. 아내인 삽비라도 그 사실을 알고 있었습니다. 아나니아가 나머지 돈을 가져오자 베드로 사도는 이렇게 책망합니다.

> 아나니아야 어찌하여 사탄이 네 마음에 가득하여 네가 성령을 속이고 땅 값 얼마를 감추었느냐 땅이 그대로 있을 때에는 네 땅이 아니며 판 후에도 네 마음대로 할 수가 없더냐 어찌하여 이 일을 네 마음에 두었느냐 사람에게 거짓말한 것이 아니요 하나님께로다(행 5:3-4).

아나니아는 베드로 사도의 말이 끝나자마자 쓰러져 죽고 말았습니다. 하나님이 그를 치신 것입니다. 그로부터 세 시간쯤 지났을 때

삽비라가 남편에게 일어난 일을 알지 못한 채 사도들에게 찾아왔습니다. 삽비라도 사도들에게 땅을 팔아서 받은 돈 전부를 가져왔다는 거짓말을 했다가 베드로 사도에게 큰 책망을 듣습니다.

> 너희가 어찌 함께 꾀하여 주의 영을 시험하려 하느냐 보라 네 남편을 장사하고 오는 사람들의 발이 문 앞에 이르렀으니 또 너를 메어 내가리라(행 5:9).

이 말이 끝나자마자 삽비라도 아나니아처럼 쓰러져 죽고 말았습니다. 성경은 이 일 때문에 교회 안팎의 모든 사람들이 두려움에 휩싸였다고 말씀합니다. 공동체 가운데 뜨겁게 타오르던 신앙의 불길을 단번에 꺼버릴 만큼 충격적인 사건이었다는 뜻입니다. 아나니아와 삽비라가 죄를 지은 것은 분명하지만 너무 가혹한 벌을 받은 것 같다는 생각도 듭니다. 도대체 왜 하나님은 회개할 기회조차 주지 않고 두 사람을 즉결처분하셨을까요?

이 사건이 터지기 전에 바나바라는 사람이 밭을 팔아 그 돈 전액을 교회에 내놓은 일이 있었습니다.

> 구브로에서 난 레위족 사람이 있으니 이름은 요셉이라 사도들이 일컬어 바나바라 (번역하면 위로의 아들이라) 하니 그가 밭이 있으매 팔아 그 값을 가지고 사도들의 발 앞에 두니라(행 4:36-37).

여기서 '밭'으로 번역된 헬라어 '아그로스'는 '큰 규모의 땅'을 뜻합니다. 아마 바나바는 자신의 땅 전부를 팔았던 것 같습니다. 아나니아는 이것을 보고 바나바 흉내를 낸 것입니다.

하지만 바나바가 교회 안에서 사람들의 인정을 받은 것은 헌금을 많이 해서가 아니라, 그의 신앙과 삶 때문이었습니다. 돈은 빌려서라도 마련해서 내놓을 수 있지만 삶은 꾸미거나 갑자기 만들어낼 수 있는 것이 아닙니다. 결국 아나니아가 할 수 있는 일은 거짓말로 사람들을 속이는 것뿐이었습니다. 문제는 의도한 바와 달리 그가 성령 하나님을 속인 꼴이 되고 말았다는 것입니다.

아나니아와 삽비라에게는 땅을 팔아야 할 이유도, 그 돈 전액을 헌금해야 할 이유도, 거짓말을 하면서 재산의 전부라고 우겨야 할 이유도 없었습니다. 그들은 단지 위선과 허영심 때문에 하나님까지 속이려고 했습니다. 예수 그리스도가 약속하신 보혜사 성령의 강림으로 이 땅에 교회라는 하늘의 공동체가 세워지는 매우 중요한 시점에 교회의 거룩성을 깨뜨리는 속물 짓을 저지른 것입니다. 거룩하고 순결해야 할, 그리스도의 몸 된 교회에서 지극히 육적이고 세속적인 가치를 추구한 것입니다.

그러나 이를 허용하는 순간 구약의 이스라엘 백성들이나 신약의 종교지도자들, 그리고 오늘날의 한국 교회에서 벌어지고 있는 일들처럼 교회가 부패하고 맙니다. 그래서 하나님은 예루살렘 교회가 두려움에 빠져 의기소침해질 수 있는데도 불구하고 두 사람에게 무서운 벌을 내리신 것입니다.

아나니아와 삽비라는 역사상 가장 교회가 뜨거웠을 때 성령 강림의 역사를 실제로 체험한, 공동체를 위해 기꺼이 자신의 재산을 내놓을 결단까지 한, 그리고 무엇보다 '나이를 먹을 만큼 먹은' 사람들이었습니다. 이런 사람들이 도대체 왜 이런 행동을 한 것일까요?

성숙은 나이와 상관 없더라

나이를 먹으면 저절로 지혜로운 어른이 된다고 생각했던 적이 있었습니다. 다들 그렇게 생각하거나 이야기했고, 실제로 주변에 그런 분들이 많았습니다. 하지만 세월이 흘러 제 곁에 저보다 어린 친구들이 더 많아진 지금, 나이를 먹는다고 다 어른이 되지 않는다는 것과 나이가 들수록 추해지는 사람이 더 많다는 안타깝고 두려운 사실을 깨닫게 되었습니다.

나이가 들수록 추해진다는 것은 어떤 모습을 말하는 걸까요? 우리 주변에서 쉽게 접할 수 있는 예를 몇 가지 들어보겠습니다. 나이가 들수록 추해지는 사람은 다른 사람에게 대접을 받고 싶어서 이런 말이나 생각을 자주 합니다.

"내가 누군지 알아?"
"어딜 감히?"
"내가 그걸 왜"
"왕년에"
"어떻게 나한테"
"뭘 안다고"

"내가 이 나이에"

"나 젊었을 때는 말이야"

이런 사람은 자신이 알고 경험한 것이 진리라는 착각에 빠져 있기 때문에 다른 사람, 특히 자기보다 어리거나 지위가 낮다고 생각하는 사람들에게 무례하게 비판하고 자기 생각을 강요합니다. 한마디로 자기 고집이 너무 세서 일방적으로 상대방을 강압하려는 태도가 강합니다.

이것은 나이가 많은 사람이나 남성들에게만 해당되는 예가 아닙니다. 남녀노소를 불문하고 '나는 무조건 맞고 너는 무조건 틀리다'는 생각으로 충고와 잔소리를 늘어놓는다면 이미 나이가 들수록 추해지는 사람의 반열에 들어선 것입니다.

특히, 소위 '윗사람'이라고 불리는 사람들 중에 '오지랖이 넓은' 사람이 많은데, 이런 사람들은 옷이나 머리 스타일은 물론 개인적인 취향과 인생의 선택에 대해서까지 "인생 선배로서 뼈가 되고 살이 되는 이야기를 해주겠다."라며 청하지도 않은 조언을 늘어놓습니다. 하나같이 꽉 막혀서 말이 통하지 않고 나이와 경험을 무기 삼는 '꼰대'들입니다.

어떤 권사님 가정에서 있었던 일입니다. 그 권사님의 기도제목 중에 특이한 것이 하나 있었는데, 바로 함께 사는 손녀딸이 단정한 옷차림으로 다니게 해달라는 기도였습니다. 손녀딸이 평소에 찢어진 청바지를 즐겨 입는데 권사님 눈에 그 모습이 너무 보기 싫었던 모양입니다.

하나님의 응답이 늦어지자(?) 견디다 못한 권사님은 밤만 되면 손녀딸의 청바지를 몰래 가져다가 찢어진 곳을 기워놓기 시작했습니다. 그러면 손녀딸은 아침마다 갖은 짜증을 내며 할머니가 기워놓은 바지를 다시 찢어 입었습니다. 아무래도 할머니의 고집을 이길 수 없으니 손녀딸로서는 다른 방법이 없었던 것입니다.

우리에겐 자신에게 익숙하지 않은 경험과 문화를 잘못된 것으로 여기는 경향이 있습니다. 그리스도인의 경우, 지극히 개인적이고 주관적인 자신의 기준을 신앙의 기준으로 오해하기도 합니다. 그래서 이 권사님의 경우처럼 찢어진 청바지를 입는 것을 악하고 잘못된 세상에 물든 것으로 인식하는 것입니다.

나이가 들수록 추해지는 사람에게 나타나는 또 다른 모습은 '속물 짓'입니다. 자기 고집에 빠져 살다 보면 자연스럽게 돈과 지위, 사람들의 인기 같은 육신적이고 세속적인 가치를 추구하게 됩니다.

교회에서도 그런 사람들을 자주 볼 수 있습니다. 이런 사람들은 장로와 권사, 안수집사가 되는 것을 벼슬로 생각하고 그 직분을 받기 위해 최선을 다합니다. 그러다가 직분을 맡으면 곧 목이 곧은 사람이 되어 '교회의 어른' 행세를 하려고 합니다. 나이와 경험은 많지만 섬기려는 마음을 잃어버린 지 오래기 때문에 다른 사람에게 시키려고만 하고, 하나님의 뜻보다 사람들의 반응에 더 민감해서 사람이 기뻐하는 일에 더 열심을 냅니다.

결정적으로 이런 사람들은 "내가 이렇게 열심히 섬겼으니 하나님도 내게 복을 주실 것이다(혹은 '주셔야 한다')."라는 성경에 없는 소리를 진리인 양 철석같이 믿고 살아갑니다. 물론 그들이 말하는 복은 돈을 많이 버는 것입니다. 그러다 보면 탐욕에 빠져 돈의 논리가 신앙의 자리를 대신합니다. 심지어 하나님의 일조차 돈의 관점으로 바라보게 됩니다. 하지만 자신의 내면을 살피고 반성하고 회개하는 일은 거의 없습니다. 내적 갈등도 없고 부끄러운 줄도 모르는 속물로 살아가는 것입니다.

왜 나이를 먹는데 나잇값을 못하고 갈수록 추해지는 것일까요? 이렇게 교회가 많고 그리스도인도 많은데 왜 나이 들수록 추해지는 사람은 점점 더 늘어날까요?

우리 그리스도인들에게 나이가 들수록 멋진 사람으로 살아가는 것은 성숙한 신앙인이 되는 것을 의미합니다. 그런데 여기에는 문제가 하나 있습니다. 나이를 먹는다고 혹은 교회에 오래 다닌다고 저절로 성숙한 신앙인이 되는 것이 아니라는 사실입니다.

영적 성숙은 생각과 관련이 있다

신약성경의 대부분을 기록한 사도 바울은 성숙한 삶을 여러 가지 다양한 관점에서 표현하고 있는데, 여기서는 그중 몇 가지를 통해 성숙한 삶에 이르는 길이 무엇인지 살펴보고자 합니다.

우리가 다 하나님의 아들을 믿는 것과 아는 일에 하나가 되어 온전한 사람을 이루어 그리스도의 장성한 분량이 충만한 데까지 이르리니 이는 우리가 이제부터 어린아이가 되지 아니하여 사람의 속임수와 간사한 유혹에 빠져 온갖 교훈의 풍조에 밀려 요동하지 않게 하려 함이라 (엡 4:13-14).

사도 바울은 교회의 연합에 대해 이야기하면서 "그리스도의 장성한 분량에 이르기까지 영적으로 성숙해야 한다."라고 설명합니다. 본문에서 '온전한'으로 번역된 헬라어 '텔레이온'은 사람의 성격을 설명할 때 '다 자란, 성숙한 상태'라는 뜻으로 쓰입니다. 즉, 온전한 사람이란 영적인 면에서 '더 이상 성장이 필요 없을 정도로 장성하고 성숙한 사람'이라는 의미가 됩니다. 이는 온 교회와 그리스도인이 추구해야 할 영적 성숙의 모습입니다.

영적으로 성숙한 그리스도인과 교회는 어떤 모습일까요? 요동하지 않는 것입니다. 본문에서 '요동한다'는 말은 조종 장치가 없는 배가 불어오는 바람을 따라 이리저리 표류한다는 의미로 쓰였습니다. 즉 '영적으로 성숙한 사람'은 어린아이 같이 쉽게 미혹되어 세상의 흐름과 이단의 가르침에 휘말리지 않으며 옳고 그름을 판단하고 걸러낼 줄 아는 사람입니다.

이는 우리가 영적 성숙에 대해 일반적으로 생각하는 것과는 전혀 다른 설명입니다. 경건한 말투나 몸가짐, 규칙적인 경건 생활, 해박한 성경 지식, 직분, 교회 봉사와 행사 참여처럼 겉으로 드러나는 것이 아니라 올바른 판단력과 분별력을 성숙한 그리스도인의 모습으로 꼽은 것입니다.

진정한 성숙은 우리 눈에 보이지 않는 내면, 즉 사고의 영역에서 이루어진다는 의미인데 이것은 사도 바울의 다른 서신서에서도 동일하게 나타나고 있습니다.

> 너희는 유혹의 욕심을 따라 썩어져 가는 구습을 따르는 옛 사람을 벗어 버리고 오직 너희의 심령이 새롭게 되어 하나님을 따라 의와 진리의 거룩함으로 지으심을 받은 새 사람을 입으라(엡 4:22-24).

이 구절에서 사도 바울은 우리 앞에 두 가지의 삶, 즉 변화되지 않은 옛 사람의 삶과 변화된 새 사람의 삶이 놓여있다고 이야기합니다. 사실 그리스도인이 되는 순간 우리는 새 사람이 됩니다. 새로운 사람이라는 신분을 갖게 되는 것입니다. 그런데 안타깝게 우리는 그리스도인이 된 뒤에도 옛 사람처럼 삽니다. 지금까지 그렇게 살았기 때문입니다.

하나님은 그분의 백성이 된 우리가 신분에 걸맞게 새 사람으로 살기를 원하십니다. 그럼, 우리가 새 사람으로 살려면 어떻게 해야 할까요?

사도 바울은 '옛 사람을 벗고 새 사람으로 살 수 있는 길은 심령이 새롭게 되는 것뿐'이라고 말합니다. 영어 성경(NIV)에서는 '심령이 새롭게 된다'는 말씀을 'to be made new in the attitude of your minds'(사고방식이 새롭게 변화되어)라고 번역하였습니다. 여기에서도 그리스도인의 영적 성숙이 사고의 영역에서 이루어져야 함을 보여줍니다. 또한 이 구절에서 사도 바울이 옛 사람의 특징으로 설명해 놓은 '유혹의 욕심을 따라 썩어져 가는 구습을 따른다'는 것 역시 사고방식과 관련된 내용입니다.

옛 사람은 세상을 좇아 사고합니다. 그래서 열심히 교회를 다니고 신앙생활을 해도, 교회나 선교단체에서 제자훈련을 받았어도 세상 사람들과 별다른 차이가 없습니다. 세상 사람들도 접해 보면 바로 압니다. '예수 믿는 사람이나 나나 별 차이가 없네?'라고 생각합니다. 생각하는 게 똑같기 때문입니다. 생각하는 게 같으면 사는 방식도 같습니다.

예전에 TV에서 개그맨들이 이런 대화를 나누는 것을 본 적이 있습니다.

"결혼한 지 얼마나 되셨어요?"

"한 10년 됐지."

"아내분과 행복하시죠? 언제가 제일 행복하세요?"

"내일이 제일 행복해."

"내일이요? 왜요?"

"아내가 내일 친정에 가거든."

개그 프로그램의 한 장면이지만 세상에서 자주 일어나는 일입니다. 그런데 예수를 믿는 가정에서도 아내가 남편과 매일 싸우면서 이혼 얘기만 합니다.

예수 믿지 않는 사람이 "돈 없어서 힘들어 죽겠다. 배우자는 속만 썩이고 자식들도 그렇고 살아가는 낙이 없다."라고 신세타령을 하니까 옆에 있던 예수 믿는 친구가 듣고 있다가 "나도 그래" 하고 대답합니다.

옛 사람은 예수 믿지 않는 사람과 전혀 구별이 안 됩니다. 배우자와의 관계나 자녀 교육, 직장 생활과 이웃과의 관계에 신앙이 전혀 영향을 미치지 않기 때문입니다. 그런데 주변에서 그가 예수 믿는다는 사실을 알게 되는 게 언제인 줄 아십니까? 밥 먹을 때입니다. 밥상을 받으면 갑자기 고개를 숙이고 식사 기도를 합니다. 옆에서는 그제야 비로소 '아, 이 사람 교회 다녔구나' 하고 깨닫습니다. 하지만 그 사람은 다른 사람들에게 아무런 영향력이 없습니다. 살아가는 모습에 아무런 차이가 없기 때문입니다.

권위는 '봉'이다?

예수님의 제자들은 예수님을 따라 다니지만 세상을 좇아 생각하는 사람들이었습니다. 그래서 사복음서를 읽어보면 제자들은 늘 예수님과 커다란 생각의 차이를 보이곤 했습니다.

또 그들 사이에 그 중 누가 크냐 하는 다툼이 난지라 예수께서 이르시되 이방인의 임금들은 그들을 주관하며 그 집권자들은 은인이라 칭함을 받으나 너희는 그렇지 않을지니 너희 중에 큰 자는 젊은 자와 같고 다스리는 자는 섬기는 자와 같을지니라 앉아서 먹는 자가 크냐 섬기는 자가 크냐 앉아서 먹는 자가 아니냐 그러나 나는 섬기는 자로 너희 중에 있노라(눅 22:24-27).

제자들은 예수님 앞에서도 아랑곳하지 않고 자기들 중에서 누가 더 높은가를 놓고 경쟁했습니다. 예수님 자리까지는 아니지만 '넘버 투'는 되고 싶었던 것 같습니다. 상석에 앉아 자신의 위치를 자랑하고 다른 사람들에게 대접받고 인정받고 싶었던 것입니다. 사람들은 왜 이렇게 높은 자리에 올라가는 것을 좋아할까요? 예수님은 앞의 말씀을 통해 그 이유를 정확하게 설명하십니다.

첫 번째, 권위를 가지면 모든 것을 자기 마음대로 할 수 있다고 생각하기 때문입니다. 이것은 세상 사람들이 권위에 대해 갖고 있는 생각입니다. 이런 생각을 갖고 있는 권위자는 다른 사람들의 생각은 중요하지 않고, 오직 자기의 생각만 중요하게 여깁니다. 그래서 회의를 할 때 아무리 다른 좋은 의견이 있어도 권위자의 생각대로 결정합니다.

어떤 교회 집사님과 함께 식사를 한 적이 있었습니다. 저더러 메뉴를 정하라고 해서 근처에 있는 식당에 갔는데 식사하는 중에 그 집사님이 이런 말을 했습니다.

"사실 저는 이 음식 별로 안 좋아합니다. 제가 좋아하는 건 찌개입니다. 제가 원하지도 않는데 다른 사람이 고른 음식을 먹으려니 식욕이 별로 안 나네요. 생각해 보니 우리 회사 직원들도 많이 힘들었겠어요. 점심식사 때마다 늘 찌개를 먹으러 갔거든요. 젊은 친구들은 다른 메뉴도 먹고 싶었을 텐데."

두 번째, 은인이라 칭함 받기를 좋아하기 때문입니다. 그래서 사람들은 직함, 소위 '타이틀'이라고 하는 것을 좋아합니다. 세상에서는 타이틀에 따라 사람들에게 받는 대접이 달라지기 때문입니다. 어떤 자리에 있는지가 큰 차이를 만듭니다. 그래서 권위를 통해 "내가 이런 사람이다."라고 자신을 드러내며, 권위를 통해 이룬 업적을 길이 남기려고 기념비까지 서슴지 않고 세웁니다.

하지만 예수님은 이런 생각으로 남들보다 더 큰 권위를 갖고 싶어 하는 제자들에게 "너희는 그렇게 살면 안 돼!"라고 말씀하셨습니다. 예수님의 제자는 세상 사람들이 권위를 어떻게 생각하든 다른 부르심을 따라야 합니다.

그래서 예수님은 하나님 나라의 권위가 어떤 것인지 설명하십니다. 하나님 나라의 권위는 섬김입니다. 하나님 나라에서 권위자가 되는 것은 다시 말해, 하나님 나라에서 목사가 되고 아버지가 되고 직장 상사가 되고 단체의 리더가 되는 것은 성도들과 자녀와 부하 직원과 동역자들에게 늘 "May I help you?"라고 묻는 사람이 된다는 뜻입니다.

"하나님이 저를 이곳의 권위자로 세워주셨어요. 제가 어떻게 하면 여러분이 행복할까요? 제가 어떻게 해야 여러분이 하나님이 원하시는 멋진 삶을 살 수 있을까요?"하고 묻고 실제로 그렇게 사는 것입니다. 하나님은 그것을 위해 권위자를 세우신 것입니다. 그게 바로 섬김입니다.

"너희는 그렇지 않을지니."라는 말씀은 예수님의 제자가 권위자가 되면 그렇게 해야 한다는 뜻입니다. 이 얼마나 행복한 일입니까? 세상 사람들은 권위자가 되면 사람들을 지배하고 군림하는데, 성자 하나님이신 예수님은 자신의 생명을 내어주기까지 우리를 섬기고 살리는 본을 보여주셨습니다.

다락방의 마지막 저녁 식사 자리에서 예수님이 제자들의 발을 씻겨주신 것도 같은 의미입니다. 섬김은 예수님의 삶 자체였던 것입니다. 이 말씀이 제가 제 육신의 아버지처럼 살지 못하는 결정적인 이유입니다. 제가 아들에게 묻습니다.

"May I help you?"

그러면 제 아들은 언제나 대답이 같습니다.

"아빠. 놀아줘요."

보통 "뭐하고 놀래?" 하고 되물으면 레슬링, 씨름, 유도, 권투 같은 대답을 합니다. 그나마 최근에는 아이가 큰 덕분에 대답이 오목으로 바뀌어서 좀 편해졌습니다. 하지만 노는 시간에 대해서는 타협이 없습니다. 사역이나 강의를 마치고 피곤한 몸으로 밤늦게 돌아와도 놀아줘야 합니다. 아무리 제 입장을 이야기하고 사정해도 "아빠 피곤해? 피곤해도 놀아줘."라고 합니다.

아버지가 되기는 쉽습니다. 하지만 아버지의 역할을 감당하는 것은 전혀 다른 이야기입니다. 당신이 권위자를 따르는 사람이라면 한 번 생각해 봅시다. 가정과 교회와 직장과 학교에서 늘 "May I help You?"라고 물으며 예수님처럼 섬기는 권위자를 만난다면 생각만 해도 기분이 좋을 것입니다.

반대로 당신이 권위자라면 스스로에게 한 번 물어보기 바랍니다. "내가 원하는 대로 행동하고 내가 원하는 것을 먹고 내 말대로 해야 돼!"라고 생각하는 권위자와 늘 "May I help you?"라고 묻고 그대로 행동하는 권위자 중에서 누가 사람들을 행복하게 해줄 수 있을까요?

사람들은 세상의 권위자로 사는 게 행복하고 그를 따라야 함께하는 사람들이 행복해진다고 착각합니다. 하지만 그런 권위 아래 사는 사람들은 하나같이 상처받고 힘들어 한다는 것을 기억해야 합니다. 진정으로 행복한 삶은 예수님이 가셨던 길을 따르는 것입니다.

도대체, 무슨 생각을 하며 살고 있는가

사도 바울은 우리가 세상을 좇아서 사는 이유가 생각 때문이라고 말합니다.

> 육신을 따르는 자는 육신의 일을, 영을 따르는 자는 영의 일을 생각하나니 육신의 생각은 사망이요 영의 생각은 생명과 평안이니라(롬 8:5-6).

사람이 무슨 생각을 하는지를 보면 무엇을 따라 살고 있는지 알 수 있습니다. 즉, 지금 우리가 하는 생각은 우리의 삶을 생명과 평안 혹은 사망으로 이끌어 갑니다.

당신은 무슨 생각을 하며 살고 있습니까? 어제는 무슨 생각을 했나요? 어제 아침, 잠에서 깨어나면서 무슨 생각을 했습니까? 지난 주간에는 주로 어떤 생각을 하며 지냈나요?

흥미로운 사실은 이런 생각들은 대부분 기억이 잘 나지 않는다는 것입니다. 사람은 하루에 평균 만 가지 정도의 생각을 한다고 합니다. 어렸을 때부터 지금까지 매일 만 가지씩 생각을 하며 살아온 것입니다. 그런데 왜 우리는 정작 우리가 무슨 생각을 했는지 기억하지 못할까요?

습관적으로 동일한 사고를 하며 살기 때문입니다. 매일 다른 생각을 하는 게 아니기 때문에 생각이 익숙해져서 기억하지 못하는 것입니다. 대부분의 사람들이 아침에 일어날 때마다 똑같은 생각을 한다는 것입니다.

오늘 아침을 한 번 생각해 보세요. 당신은 어떤 생각을 하며 아침을 시작했습니까? 많은 사람들이 아침을 맞으면서 이런 생각을 합니다.

'새로울 것 하나 없는 똑같은 하루가 시작됐구나.'

'피곤한 하루가 또 시작되네.'

'돈은 없고 아이들은 속 썩이고 내 인생에 아무런 소망이 없구나.'

사람들은 자신도 모르는 사이에 환경 중심적인 사고를 하게 됩니다. 환경 중심적인 사고가 하나의 삶의 체계, 즉 사고방식으로 자리 잡은 것입니다. 하지만 이것은 불가항력이 아니며, 누구나 선택이 가능합니다.

다윗은 대적자 사울 왕에게 쫓길 때 아침마다 무슨 생각을 하며 잠에서 깨어났을까요? 그의 현실은 참담했습니다. 언제 사울 왕에게 잡혀 죽을지 몰라 밤이슬을 맞아서 축축한 풀 침대에서 일어나자마자 먹을 것과 묵을 곳을 찾아 정처 없이 방황해야 했습니다. 다윗은 이런 상황에서 아침마다 무슨 생각을 했을까요?

'오늘도 눈을 떴구나. 이 비참한 인생 차라리 이대로 영원히 잠들면 좋겠다.'

이런 생각을 했을까요?

다윗이 어떤 생각과 태도로 아침을 맞이했는지는 그가 쓴 시편에 잘 나타나 있습니다.

> 여호와여 아침에 주께서 나의 소리를 들으시리니 아침에 내가 주께 기도하고 바라리이다(시 5:3).
>
> 그의 노염은 잠깐이요 그의 은총은 평생이로다 저녁에는 울음이 깃들일지라도 아침에는 기쁨이 오리로다(시 30:5).
>
> 나는 주의 힘을 노래하며 아침에 주의 인자하심을 높이 부르오리니 주는 나의 요새이시며 나의 환난 날에 피난처심이니이다(시 59:16).

사회심리학 분야에서 사용하는 용어 중에 '경로의존성'이라는 말이 있습니다. 물길을 한번 파 놓으면 물이 계속해서 그 길을 따라 흐르는 것처럼 과거에 선택한 것이 쉽게 바뀌지 않고 계속해서 같은 경로를 따라 같은 결과를 만들어내는 것입니다.

예를 들어, 우리나라 동전뿐만 아니라 전 세계 대부분 동전의 테두리를 보면 홈이 있습니다. 왜 동전 테두리에 홈을 만들었을까요?

고대에는 여러 가지 금속을 복잡하게 섞은 합금, 그것도 금이나 은, 구리처럼 값비싼 재료로 동전을 만들고 그 동전에 액면가와 그림을 새겨서 유통을 하였습니다.

그런데 나쁜 의도로 동전의 테두리를 몰래 깎아내고 사용하는 사람들이 생기기 시작해서 결국 동전의 크기가 점점 작아지는 사태가 일어나고 말았습니다. 동전 만드는 사람들은 테두리를 깎아내지 못하도록 빗살무늬를 넣기로 하고 이 무늬가 손상된 동전은 화폐로 인정하지 않기로 했습니다. 위조 방지용 화폐를 만든 것입니다.

이 방식을 금이나 은으로 동전을 만들지 않는 후대에도 그대로 따라하게 되었습니다. '원래 동전은 그렇게 만드는 건가 봐'라고 생각해서 동전 재료가 바뀐 현대에까지 이어지게 된 것입니다. 생각의 '경로의존성'은 바로 이런 것입니다.

사고체계가 부정적인 사람이 있습니다. 대부분의 경우 이런 사람은 '내가 이런 가정에서 자라서 이런 사람들을 만나고 이렇게 살기 때문에 부정적으로 생각할 수밖에 없다'라며 자신의 부정적인 사고를 당연하게 생각합니다. 하지만 이것은 잘못된 관점입니다. 스스로 사고의 경로를 그렇게 만들어 왔기 때문에 언제 어디서나 동일한 부정적 사고로 살아가는 것입니다.

하나님은 어떤 생각으로 하루를 시작하는 사람의 삶에 역사하실까요?

생각을 새롭게 함으로 변화를 받아

로마서 12장 1-2절 말씀은 그리스도인이 추구해야 할 영적 성숙이 겉으로 드러나는 외적 행동이 아니라 내면의 생각과 사고방식에 관한 것임을 보여줍니다.

> 그러므로 형제들아 내가 하나님의 모든 자비하심으로 너희를 권하노니 너희 몸을 하나님이 기뻐하시는 거룩한 산 제물로 드리라 이는 너희가 드릴 영적 예배니라 너희는 이 세대를 본받지 말고 오직 마음을 새롭게 함으로 변화를 받아 하나님의 선하시고 기뻐하시고 온전하신 뜻이 무엇인지 분별하도록 하라(롬 12:1-2).

사도 바울은 이 말씀에서 성숙한 삶을 '영적 예배'라고 표현합니다. 여기서 '영적 예배'로 번역된 헬라어 '로기코스'에는 '타당한, 사리에 맞는, 합리적인(reasonable)'이라는 의미가 담겨 있습니다. 우리가 드려야 할 예배가 이성적이라는 뜻입니다. 그러면 예배가 이성적이라는 것은 무엇을 의미할까요?

우리는 예배를 '믿음을 같이 하는 사람들이 지정된 장소에 모여 정해진 형식을 따라 하나님께 영광을 돌리는 의식'이라고 인식할 때가 많습니다. 하지만 이는 잘못된 생각입니다. 진정한 예배는 의식보다 큰 개념이며 의식을 마쳤다고 끝나는 것이 아닙니다. 예배는 목사님의 축도와 함께 끝나는 게 아니며, 말쑥하게 차려입고 예배실에 앉아 설교에 감동하고 축도를 받은 뒤에 "하나님. 한 주간

동안 잘 계시구요. 다음 주일에 다시 뵙겠습니다."라고 인사하고 나가서 월요일부터 토요일까지 자신이 드린 예배와 상관없이 사는 것이 아닙니다.

진정한 예배는 (의식으로서의) 예배 시간에 친밀한 하나님의 임재를 경험하고, 일상에서는 살아계신 하나님과 동행하며 살아가는 것입니다. 주일의 회중예배가 평일의 삶의 예배로 이어지는 것입니다. 어떻게 해야 이런 예배를 드릴 수 있을까요?

로마서 12장 2절에서는 그리스도인이 마땅히 드려야 할 영적 예배를 다른 방식으로 표현하고 있습니다. 그것은 바로 '분별하며 사는 삶'입니다. 날마다 하게 되는 수많은 생각과 여러 가지 채널을 통해 세상에서 들려오는 다양한 메시지가 하나님이 선하게 여기시는 것인지, 하나님이 기뻐하시는 것인지, 하나님이 온전하게 여기시는 것인지 따져 보고 걸러내며 살아가는 것입니다.

분별하는 삶의 출발점은 이 세대를 따라가지 않고 마음을 새롭게 하는 것입니다. 영어성경(NIV)에서는 '마음이 새롭게 된다'는 표현을 'be transformed by the renewing of your mind'(생각을 새롭게 바꿔서 변화되는)라고 번역했습니다. 생각하는 것이 바뀌어야 한다는 말입니다. 생각하는 방식과 과정, 기준이 바뀌어야 온전한 분별력을 갖고 살 수 있고, 그런 삶이 바로 하나님이 받으실 만한 영적 예배인 것입니다.

이번 장을 시작하면서 우리는 욥의 세 친구와 아나니아와 삽비라 부부에 대해 생각해 보았습니다.

 해박한 종교 지식과 오랜 신앙 연륜, 과격한 자기희생, 그리고 어르신 대접을 받을 만한 지긋한 나이까지. 그들은 성숙한 신앙인의 외적 조건에 딱 들어맞는 사람들이었습니다. 하지만 그들의 삶은 이런 조건에 하나도 들어맞지 않았습니다. 오히려 그들은 마음껏 꼰대 짓을 하고 속물근성을 드러내며 살았습니다.

 도대체 왜 이런 일이 벌어진 것일까요? 그 답은 보이지 않는 내면의 생각에 있습니다. 겉으로는 성숙한 척 살아왔지만 그들의 내면은 생각이 변화되지 않은 옛 사람 그대로였던 것입니다. 성숙한 그리스도인이 되는 것, 어른다운 어른이 되는 것은 나이나 연륜이 아니라 생각, 즉 사고방식에 달려 있습니다.

 지금 당신의 모습은 어떻습니까? 우리는 성숙한 신앙인이 되고 싶은 간절한 마음에 은혜로운 설교를 찾아다니고 널리 알려진 훈련 과정과 예배 모임에 참석합니다. 하지만 외양과 종교적 형식에만 신경쓰다 보면 안타깝게도 우리의 좋은 의도는 봄눈 녹듯 사라지고 맙니다.

 우리는 그리스도인에게 가장 중요한 것을 너무나 쉽게 잊고 살아갑니다. 내면의 생각이 성경적 사고방식으로 변화되고 그 결과로 외적 삶까지 변화되는 것 말입니다. 그렇게 아무 생각 없이 남들이 알아주는 직분이나 많은 성경 지식, '왕년에' 받은 여러 가지 훈련만 믿으며 살아가다 보면, 시간이 한참 흐른 뒤에 우리의 속사람이 이기적이고 연약하며 변덕스럽고 추악한 채로 남아있다는 사실을 깨닫게 될 것입니다. 겉은 어른이지만 속은 여전히 어린아이라는 것을 말입니다.

　마음으로는 성숙한 그리스도인의 삶을 갈망하는 '어른'인 우리가 현실에서 어떻게 살고 있는지 다음의 테스트를 통해 살펴보십시오. 어쩌면 지금까지 생면부지로 지내던 또 다른 모습의 자기 자신 앞에서 화들짝 놀랄지도 모릅니다.

'꼴불견 어른' 테스트

다음의 문항 중에서 자신에게 해당된다고 생각되는 것을 체크해 보세요.

_____ 처음 사람을 만났을 때 나이를 가장 궁금해한다.
_____ 명령문과 반말에 익숙하다.
_____ 어려 보이는 상대에게는 일단 말을 놓고 본다.
_____ 젊은 사람과 대화할 때 잔소리를 많이 한다.
_____ 누가 칭찬을 받으면 자기도 모르게 그의 단점과 약점을 찾는다.
_____ 소위 '높은 사람'이나 유명인을 잘 아는 것처럼 이야기한다.
_____ 자유롭게 의견을 말하라고 해놓고 자신이 결론을 내버린다.
_____ 부탁받지도 않았는데 남의 사생활에 간섭하곤 한다.
_____ 자신의 의견에 반대한 사람은 꼭 기억한다.
_____ "왕년에", "내가 이 나이에", "어떻게 나한테"라는 말을 자주 한다.
_____ 하고 싶은 말만 한다.
_____ 감정 표현에 무지하거나 서툴다.
_____ 변화가 불편하다.
_____ 사람들과 대화할 때 화제의 중심이 되고 싶어 한다.
_____ 상대에 따라 고압적인 자세를 취한다.
_____ 자기 자랑을 많이 한다.
_____ 상대방이 높은 사람이거나 유명인일 때 자기도 모르게 친절해진다.
_____ 자기 생각을 강요하고 타인의 취향을 무시한다.
_____ 주위 사람들의 시선을 지나치게 의식한다.

_____ 사회적 권력과 명성에 남들보다 민감한 편이다.
_____ 사회적 지위가 사람의 가치를 결정한다고 생각한다.
_____ 무엇을 하든 남을 이기는 것이 중요하다.
_____ 남들처럼 사는 것이 제대로 된 삶이고 그렇지 않은 사람은 이상하게 생각한다.
_____ 눈앞의 이익에 매달리는 편이다.

테스트 결과

3개 이하 : 괜찮습니다. 이 정도는 애교로 봐드릴 수 있겠네요.
3~5개 : 다른 사람들이 살짝 부담스러워 할 수는 있겠지만, 그래도 '꼴불견 어른' 은 아닙니다.
6~10개 : 주의하세요. 당신은 '꼴불견 어른'이 되기에 충분한 잠재력을 갖고 있습니다.
11~15개 : 앗. 이런! 드디어 당신 안에 잠자던 '꼴불견 어른'이 깨어나고 있습니다.
16~19개 : 지금 당신에게 '꼴불견 어른' 경보를 발령합니다.
20개 이상 : 저런…. 당신을 이 시대 최고의 '꼴불견 어른'으로 인정합니다.

나이 들수록 멋진 꿈을 꾸다

―

한 가지 분명한 사실이 있습니다. 사고방식의 변화는 전적으로 자기 자신에게 달려있으며 때를 낭비하지 말고 즉시 시작해야 한다는 것입니다. 그렇게 하지 않으면 '진짜' 성숙한 그리스도인으로 살아가야 할 우리 인생의 후반전이 죄악된 판단과 선택으로 얼룩질 것입니다. 하나님의 말씀과 성령의 조명으로 우리의 사고방식에 대수술을 시행하지 않고, 갈수록 커져가는 말과 행동, 외양과 내면, 신분과 모습, 신앙과 삶의 괴리를 내버려둔다면 더 뻔뻔하고 완고한 심령이 되고 말 것입니다.

그뿐만이 아닙니다. 우리는 인생의 후반전을 앞둔 지금, 살아온 삶의 형태와 방식을 송두리째 버리고 새로운 세상을 받아들여야 살아남을 수 있다는 냉엄한 현실 앞에 서 있습니다. 모든 것이 불확실하기 때문에 다가올 미래에 대한 기대와 소망을 갖기보다 두려움과 불안에 떱니다. 또한 우리는 전 세계적인 경기 침체와 사회와 문화, 의식 구조의 빠른 변화로 인해 사람들의 두려움은 배가되고 있습니다.

자신이 서 있는 곳에서부터 시작해서 나라와 민족과 열방까지 변화시키는 성숙한 그리스도인이 되어야 한다고 배웠지만, 우리의 현실은 늘어가는 나이에 대한 부담감과 인생 후반전을 새로 시작해야 하는 것에 대한 두려움에 찌들어 배운 것과 전혀 다른 방향으로 나아가고 있습니다.

청년의 때를 벗어난 많은 사람들이 더 이상 젊지 않다는 현실에 충격을 받고 무력감을 느껴 인생의 후반전을 도모할 엄두가 나지 않는다고 푸념합니다. 교회 안과 밖의 삶이 달라도 다 그렇게 사는 거라고 합리화합니다. 늘 젊은 사람들과 '불통(不通)'의 문제를 겪으면서도 상대방 탓만 늘어놓습니다. 발이 빠르다는 이들도 경제적인 부분에 대해서만 준비할 뿐, 진정으로 중요한 '나와 세상과 하나님'을 바라보고 해석하고 판단하는 사고방식에 대해서는 대부분 손을 놓고 있습니다.

이는 자기 스스로 생각의 노화를 선택한 것과 같습니다. 영적으로 성숙하여 나이가 들수록 멋진 사람이 되라는 하나님의 부르심을 거절하고 스스로를 방치하는 것입니다. 더 안타까운 것은 우리가 자신도 모르는 사이에 그런 선택을 하고 있다는 사실입니다.

아직 인류는 생물학적 노화를 막을 수 있는 방법을 찾아내지 못했습니다. 그러나 생각의 노화를 막을 수 있는 길은 있습니다. 이미 꼴불견 어른으로 살고 있거나 그런 모습이 되어가고 있는 진짜 원인은 우리의 사고방식, 즉 생각하는 습관과 체계가 하나님으로부터 오지 않은 세상의 것들로 망가지고 왜곡되어 있기 때문입니다. 이 책을 손에 잡은 지금이야말로 우리의 생각 속에 사탄과 세상이 뿌려놓은 쭉정이 생각들을 걷어낼 때입니다. 그리고 그 빈 곳에 하나님의 말씀이라는 알곡을 새롭게 채워야 합니다. 하나님의 말씀이 빠진 사고방식 개선이나 긍정적 사고 훈련은 또다시 세상적 가치로 돌아가는 어리석은 시도이며 아무런 변화도 가져올 수 없습니다. 성경적 사고방식은 마인드컨트롤로 가장한 인간의 의지와 노력으로 얻을 수 있는 것이 아니기 때문입니다.

하나님의 말씀과 성령의 조명이 우리의 생각을 조금씩 바꾸실 때, 우리의 행동도 그와 함께 조금씩 달라질 것입니다. 그리고 이렇게 변화된 행동들은 마침내 우리의 남은 인생을 하나님과 동행하며 그분의 뜻을 성취하는 풍성하고 행복한 시간으로 바꿔놓을 것입니다.

또 한 가지, 나이 들수록 멋진 어른이라면 결코 잊지 말아야 할 꿈이 있습니다. 인생의 남은 시간을 통해 당신의 자녀와 후배들에게 아름다운 유산을 남기는 것입니다. 그것은 영적인 유산일 수도 있고 정신적인 유산일 수도 있습니다. 어쩌면 물질적 유산일 수도 있겠죠. 중요한 것은 하나님이 우리를 통해 우리의 다음 세대에 복을 주시고 그들을 부요케 하신다는 사실입니다. 이것이 바로 복의 근원이 되는 삶입니다.

생각을 새롭게 함으로 변화되는 것, 지금이 가장 좋은 때입니다. 쉽지는 않겠지만 소망을 갖고 포기하지 마세요. 우리의 사고방식이 하루아침에 바뀌지는 않겠지만 성령을 의지하며 성실히 행하다 보면 분명히 변화가 일어날 것입니다.

소그룹을 위한 "읽다, 살피다, 나누다"

01. '꼴불견 어른' 테스트의 결과를 나누고 그에 대한 자신의 느낌과 생각을 이야기해 보십시오.

02. 당신이 생각하는 성숙한 그리스도인은 어떤 사람입니까? 이번 장에서 소개한 성숙한 그리스도인의 의미와 비교해 보십시오.

03. 당신은 자신의 생각이 변화되기 원하십니까? (만약 그렇다면) 그렇게 생각하는 이유는 무엇입니까?

2장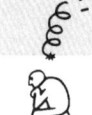

생각이 그 모양이니 사람도 그 모양

생각은 행동의 뿌리

━　　　　　　　생각이 변하지 않으면 삶은 변하지 않습니다. 하나님과 동행하는 신앙생활은 생각을 변화시키고 새로운 삶을 살게 합니다. 새로운 삶의 핵심이 새로운 생각이라면 지금 우리가 하는 생각이 얼마나 중요한지 아무리 강조해도 부족할 것입니다. 이번 장에서는 생각이 중요한 이유를 구체적으로 살펴보려고 합니다.

'생각이 행동의 뿌리'라는 것은 생각이 생각으로 그치지 않고 행동, 즉 결과를 낳는다는 의미입니다. 우리는 생각을 쉽게 합니다. 눈에 보이지 않기 때문입니다. 누구나 다른 사람과의 관계 속에서 자주 하게 되는 생각들이 있습니다.

예를 들면 이런 것입니다. 나와 잘 안 맞는 사람이 있습니다.

'저 사람은 왜 저러지? 저 사람과 만나고 같이 있는 게 정말 싫어. 정말 인생에 도움이 안 돼. 안 만났으면 좋겠어.'

하지만 이런 생각을 말과 행동으로 표현하는 경우는 훨씬 적습니다. 말과 행동은 드러나지만 생각은 누구에게도 보이지 않기 때문입니다. 우리는 사람들과 웃는 얼굴로 만나면서 속으로는 다른 생각을 합니다. 하지만 보이지 않는다고 그런 생각들을 계속 쌓아두면 사라지지 않고 결국에는 겉으로 드러나게 됩니다.

보이지 않는다고 중요하지 않은 게 아닙니다. 보이지 않는다고 나무뿌리를 싹둑 잘라버리는 경우는 없습니다. 보이지 않지만 뿌리는 줄기와 열매에 절대적인 영향을 미칩니다. 뿌리가 어떤 상태냐에 따라 그 나무를 알 수 있습니다.

이 뿌리에 해당하는 것이 바로 생각입니다. 생각이라는 뿌리에서 감정이라는 줄기와 행동이라는 열매가 나옵니다. 뒤집어 말해서, 행동은 어느 날 갑자기 튀어나오는 것이 아니라 생각이 계속 쌓여서 나오는 것입니다.

제 아버지는 부부싸움에서 진 적이 한 번도 없습니다. '남자는 여자보다 귀하고 가치 있다. 남자는 하늘이고 여자는 땅이다'라는 아버지의 생각 때문입니다. 아버지는 부부싸움을 할 때도 이런 생각을 밀어붙여서 절대 지지 않으셨습니다. 그런 가정에서 자라면서 저도 모르게 아버지와 똑같은 생각을 갖게 되었습니다. 하지만 저는 제가 그런 생각을 갖고 있을 거라고 느낀 적이 한 번도 없었습니다.

제 안에 있는 그 생각은 제가 결혼을 하고 나서부터 드러나기 시작했습니다. 제 안에 쌓여있는 보이지 않는 생각들이 보이는 행동이라는 열매로 드러난 것입니다. 저는 그런 줄도 모르고 결혼하면 좋은 남편, 좋은 아버지가 될 거라고 자신하며 살았습니다. 하지만 결혼 후 실제로 나타나는 열매들은 그게 아니었습니다.

그런데 이런 행동은 대부분의 경우 가정에서만 나타납니다. 밖에 나갈 때는 말과 행동이라는 열매에 색을 칠하기 때문입니다. 나무가 성장하면 줄기가 자라고 열매가 맛있게 익어야 하는데 오랜 시간이 지나도 열매가 익지 않습니다. 그런데 예수를 믿은 지 오래된 내 삶의 변화가 일어나지 않는데, 차마 그런 모습으로 교회에 갈 수는 없으니까 열매가 익은 것처럼 위장하는 것입니다. 하지만 집에만 돌아오면 색칠을 벗고 본모습을 그대로 드러냅니다.

당신이 누구인지, 당신의 신앙이 어떤 수준인지 알고 싶으십니까? 그렇다면 교회가 아닌 가정이나 직장, 학교 같은 삶의 현장에서 내가 어떻게 말하고 어떻게 행동하는지를 살펴보면 됩니다. 그곳에서는 스스로 위장하지 않기 때문입니다.

생각은 육체의 습관을 형성한다

'플라시보 효과'라는 법칙이 있습니다. 두통에 시달리는 사람들에게 조그만 알약을 하나 주면서 '효과가 좋은 두통약'이라고 이야기를 했더니 사람들이 약을 먹은 뒤로 정말 괜찮아졌습니다. 그러나 사실 그 약은 두통약이 아니라 흔히 볼 수 있는 비타민이었습니다. 비타민이 두통약이라고 믿은 사람들에게 실제로 약효가 나타난 것입니다. 이것이 바로 '플라시보 효과'입니다. 두통이 나을 거라 생각하며 약을 먹으니까 실제로 몸 안에서 그런 효과가 나타나는 것입니다.

플라시보 효과의 반대 현상은 '노시보 효과'입니다. 아무리 좋은 약을 줘도 별다를 것 없다고 생각하며 먹으면 아무 약효를 발휘하지 않는 것입니다. 이렇게 생각은 감정뿐 아니라 육체에도 영향을 미쳐 행동으로 나타나게 합니다.

> 생각 – 태도 – 감정 – 행동 – 습관 – 인격과 삶

행동은 생각과 태도, 감정과 연결되어 있습니다. 어떤 생각을 하면 그 생각으로 인해 태도가 형성됩니다. 예를 들면 이렇습니다. 학교에서 돌아온 아이에게 엄마가 잔소리를 합니다.

"너 학교 갔다 왔으면 공부 좀 해라."

아이는 심통이 난 얼굴로 알았다고 대답하고 자기 방으로 들어갑니다. 책 펴는 데 10분, 연필 깎는 데 또 10분, 다른 책을 찾는 데 또 10분이 걸립니다. 그렇게 겨우 공부를 시작하는 것 같더니 이내 방에서 나와 냉장고를 뒤지기 시작합니다. 보다 못한 엄마가 한마디 합니다.

"공부하다 말고 냉장고는 왜 뒤지고 있어?"

"배고파서 뭐 좀 먹고 하려고…."

"그 배는 왜 지금 고프니. 차라리 공부하지 마라."

공부하려는 아이에게 엄마는 왜 하지 말라고 한 것일까요? 아이의 태도를 보니 무슨 생각으로 공부를 하고 있는지가 빤히 보이기 때문입니다.

생각은 태도를 낳고 태도는 감정을 낳습니다. 그리고 감정은 행동을 이끌어냅니다. 이들이 서로 연결되어 있기 때문입니다. 그리고 이런 행동이 6번에서 40번 정도 반복되면 습관으로 굳어집니다.

믿음 좋은 그리스도인이 되는 방법은 한 가지입니다. 그렇게 될 수 있는 신앙 습관을 갖는 것입니다. 습관이 되면 노력하거나 애쓰지 않아도 저절로 행동하게 됩니다. 예수님도 늘 새벽 미명에 일어나 한적한 곳으로 가서 하나님께 기도하셨습니다(막 1:35). 이것은 습관을 들여 반복적으로 행동하는 것을 의미합니다. 좋은 신앙은 좋은 신앙생활 습관으로부터 형성됩니다.

제가 결혼하고 나서 생각했던 것과 다르게 좋은 남편으로 살기 힘들었던 것은 저도 모르게 아버지처럼 행동하는 것이 습관이 되었기 때문입니다. 그렇게 싫었던 아버지의 모습이 새로운 가정에서 저를 통해 되풀이되고 있었습니다.

퇴근하고 집에 오신 아버지는 늘 TV를 보고 있는 저희에게 "뉴스 좀 틀어 봐라." 하고 말씀하셨습니다. 저는 아버지가 무서워 반항 한 번 해보지 못하고 채널을 돌리곤 했습니다.

대화 한 번 없이 늘 TV 앞에 앉아계신 아버지의 모습이 그렇게 안타까웠는데 어느새 아버지와 똑같이 행동하고 있는 저를 발견하였습니다. 과거와 달라진 것은 아이들이 TV 채널을 돌리는 대신 제 손에 리모컨을 쥐고 있다는 것뿐이었습니다. 그런 저에게 아내가 이렇게 말했습니다.

"여보, 아이가 학교에서 시험을 봤는데 잘 봤는지 물어보고 관심 좀 가져요."

저도 좋은 아빠가 되고 싶은 마음은 있으니까 아내 말대로 아이에게 가서 "너 시험 봤다며. 잘 봤니?" 하고 물어봅니다.

"예, 잘 봤어요."

"아휴, 기특하네."

말이 끝나기가 무섭게 다시 TV 앞으로 가 앉습니다. 그것이 습관이 된 것입니다.

아내와 대화하고 함께 시간을 보내는 것도 생각대로 되지 않았습니다. 제 부모님이 그렇게 하시는 걸 본 적이 없으니까 너무 낯설었기 때문입니다. 그래서 아내에게 "당신이 전에 내가 원하는 좋은 남편이 아니라 당신이 원하는 좋은 남편이 되어 달라고 했는데, 당신이 원하는 좋은 남편은 어떤 사람이야? 내가 어떻게 해줄 때 제일 행복해?"라고 물었습니다.

아내는 이렇게 대답했습니다.

"저는 당신과 커피숍에 가서 커피를 마실 때 너무 행복해요."

사실 아내의 말을 이해할 수 없었습니다. 그런 행동은 제 머릿속에 있는 '좋은 남편'의 데이터에 없었기 때문입니다.

'그런 게 뭐가 행복하지? 집에서도 마실 수 있는 커피를 굳이 밖에 나가서 돈까지 써가며 마셔야 하나?'

제 부모님은 한 번도 그렇게 하신 적이 없었습니다. 그래서 아내의 이야기가 불편하고 마음에 들지 않았습니다. 하지만 아내가 행복하다고 하니 어쩌겠어요. 함께 커피숍에 갔습니다. 같이 앉아서 커피 한 잔 마시는 게 뭐 어려운 일이겠습니까. 큰 돈 들어가는 해외여행을 가자고 하는 것도 아닌데 말입니다.

커피숍은 분위기도 좋고 커피 맛도 좋았습니다. 저는 속으로 '여자들은 이런 걸 좋아하는구나. 어려운 일도 아니니까 자주 와야겠다' 하고 생각했습니다.

커피 한 잔을 다 마시고 나서 아내에게 집에 가자고 했더니 아내가 여기에 커피를 마시러 온 게 아니라고 말을 하는 것입니다. 저는 살짝 기분이 나빠졌습니다.

'아니, 이건 또 무슨 궤변이야? 커피숍 가서 커피 마시고 싶다고 해서 그렇게 했는데 뭐가 마음에 들지 않는다는 거지?'

그때 아내가 이렇게 말했습니다.

"저는 당신과 커피를 마시면서 분위기 있게 대화하고 싶어요."

"그래? 그런 게 행복해? 그럼 대화하자. 무슨 이야기를 하지?"

그런데 막상 아내와 대화하려고 하니까 내용이 뻔한 겁니다. 집에서 하는 것과 똑같습니다.

"여보, 요즘 어떻게 지내?"

"나랑 결혼해서 뭐가 제일 좋아?"
"요즘 당신은 어떤 하나님을 경험하고 있어?"
"우리 가정의 좋은 점은 뭐고 문제점은 뭐라고 생각해?"

처음에는 대화를 시작한 지 10분 만에 자리에서 일어나고 싶은 충동이 치밀어 올랐습니다. 해보지 못한 경험이었기 때문입니다. 너무 지루하고 짜증나고 괴로웠습니다. 그런데 자꾸 하다 보니 한계에 도달하는 시간이 조금씩 늘어나기 시작했습니다. 10분에서 15분, 15분에서 30분 …. 아내와 마주 앉아 두런두런 이야기를 나누다 보니까 조금씩 제 생각이 달라진 것입니다.

'부부에게 이런 시간이 꼭 필요하구나. 이런 시간이 부부에게 기쁨과 즐거움을 주는구나.'

덕분에 지금은 아내와 단 둘이 커피숍에서 커피를 마시며 대화하는 것이 인생에서 가장 행복한 일이 되었습니다. 저는 그것이 이렇게 행복하고 재미있는 일인지 몰랐습니다.

제가 좋은 남편이라고 자랑하는 것으로 오해하지 않기를 바랍니다. 저는 단지 예수를 믿으면 삶이 변할 수밖에 없다는 이야기를 하고 싶은 것입니다. 처음에는 저도 정말 괴로웠습니다. 그런데 지금은 습관이 되었습니다.

'아, 이게 좋은 거구나. 이게 행복한 거구나. 이런 시간이 부부를 친밀하게 만들어 주는구나.'

저는 원래 이런 행동을 전혀 할 줄 모르는 사람이었습니다. 하지만 우리가 믿는 하나님은 삶의 습관도 바꿔주시는 분이십니다. 우리는 하나님이 주시는 행동으로 습관을 변화시켜야 합니다.

생각은 인격에까지 영향을 미친다

더욱 신기한 것은 자녀들까지 자연스럽게 그런 분위기와 문화에 동화된다는 사실입니다. 엄마 아빠처럼 친밀한 대화를 나누는 것이 정말 좋고 필요한 일이라는 사실을 아이들이 보고 배우는 것입니다. 저는 제 아들이 자신의 아내와 친밀한 대화와 나눔의 시간을 많이 가질 것이라고 확신합니다. 엄마 아빠의 말이 아니라 삶을 통해 배웠기 때문입니다.

만약 아직까지 제 생각이 바뀌지 않았다면 어떻게 되었을까요? 지금도 아내와 커피를 마시러 가면 5분 만에 '아, 빨리 끝내야 되는데….'라는 생각을 하며 괴로운 시간을 보내고 있었을 것입니다.

6번에서 40번까지 반복하면 습관이 된다고 했지만 세상에는 천 번을 해도 바뀌지 않는 것도 있습니다. 생각은 바꾸지 않고 행동만 다르게 하는 것입니다. 가장 대표적인 경우가 남성들의 군 생활입니다. 저는 군 복무를 하는 2년 6개월 내내 아침 6시에 기상해서 저녁 11시에 취침했습니다. 이런 생활을 천 번 가까이 했지만 제대한 바로 다음날부터 입대 이전의 삶의 패턴으로 되돌아갔습니다. 왜 그랬을까요? 생각은 바뀌지 않은 채 행동만 그렇게 했기 때문입니다.

군대에서는 아침이 되어 깨우면 '그래, 깨워라'라고 생각하면서 일어나고 밤이 되어 자라고 하면 '그래, 재워라'라고 생각하면서 잠들었습니다. 제가 원해서 군대에 간 것이 아니기 때문에 매사에 수

동적으로 행동하고 생각을 바꾸지 않은 것입니다. 자녀 교육도 마찬가지입니다. 자녀들은 부모의 말이 아니라 생활 습관을 통해 배웁니다. 진정한 배움은 말이 아니라 삶을 통해 일어납니다. 그래서 아이들은 부모가 말만 번지르르하게 하고 실제 삶에서는(심지어 신앙생활에 있어서도) 말한 대로 살지 않을 때 어려워합니다.

아이가 어릴 때는 말만 해도 통하기 때문에 좋은 말을 해주면서 성경을 가르치고 "하나님 잘 믿어라" 하면 "아멘"합니다. 하지만 자녀의 머리가 좀 크면 부모의 말이 아니라 삶을 봅니다. 그래서 아빠 엄마가 사는 모습이 말하는 내용에 부합되지 않으면 '에이, 이게 뭐야? 아빠 엄마는 말만 그럴싸하게 하지 실제로는 그렇게 살지 않잖아' 하고 생각합니다.

아이가 그렇게 자라면 어떻게 될까요? 믿음의 가정에 태어나고 자란 아이들이 십대가 되면 교회에서 뛰쳐나갑니다. '대한민국의 불량 청소년 중 절반은 요한이 아니면 요셉이다'라는 농담을 그냥 웃어넘기면 안 됩니다. 백 퍼센트 사실은 아니더라도 그리스도인들의 가정과 한국 교회에 그런 일이 비일비재하다는 것입니다.

부모 자신부터 가르친 내용대로 살아내지 않으면 아무리 말씀을 가르쳐도 자녀에게 조금도 영향을 주지 못합니다. 모태신앙이라고 해도, 믿음의 가정에서 자랐다고 해도, 몇 대째 내려오는 기독교 집안에서 산다고 해도 실제로 부모가 그렇게 살아가는 본을 보여주지 않으면 잘못된 습관을 갖게 되고 그 습관이 인격과 삶으로 이어집니다. 생각은 중요합니다. 생각이 습관을 만들고 인격에까지 연결

되기 때문에, 생각의 패턴을 바꾸지 않으면 늘 똑같은 인격을 가지고 똑같은 행동을 반복하며 살 수밖에 없습니다.

생각은 사탄의 집중 공격 목표다

아무리 없다고 생각해도 천국은 엄연히 존재하듯이 사탄도 그렇습니다. 없다고 생각해도 사탄은 존재합니다. 사탄은 진리가 진리인 것을 깨닫지 못하게 우리를 속이고 하나님이 마땅히 받으셔야 할 영광을 가로채려고 애쓰는 영적 존재입니다. 그래서 사탄은 자신의 목적을 이루기 위해 늘 우리의 마음, 즉 생각을 공격합니다. 사람의 생각은 날마다 치열한 영적 전쟁이 벌어지는 전쟁터입니다.

사탄의 공격은 예수님의 제자까지 사로잡을 만큼 교활하고 끈질깁니다.

> 마귀가 벌써 시몬의 아들 가룟 유다의 마음에 예수를 팔려는 생각을 넣었더라(요 13:2).

사탄이 가룟 유다의 생각을 공격할 수 있었다면 당연히 우리의 생각도 공격할 수 있습니다. 어쩌면 우리가 생각하는 내용과 방식 중 어떤 것은 사탄의 영향으로 형성된 것인지도 모릅니다. 마귀의 전공은 거짓말입니다. 거짓을 사실인 것처럼 그럴듯하게 포장해서 우리 마음속에 거짓된 생각을 심고 올바른 생각을 하며 살아가지 못하게 방해합니다. 가룟 유다는 사탄이 자신의 마음속에 던져 넣은 생각을 받아들이지 말았어야 했습니다. 그가 은 삼십에 예수님을 판 것은 마귀가 주는 유혹에 맞장구를 쳤기 때문입니다.

지금 우리도 하나님의 생각이 아니라 세상과 사탄이 집어넣은 생각을 하고 있을 수 있습니다. 거짓된 생각으로 '저 사람 나쁜 사람이야', '저런 인간까지 내가 사랑할 의무는 없어!' 하고 다른 사람을 판단하고 있는지도 모릅니다. 혹은 TV 프로그램을 보며 자기도 모르게 음란한 생각을 받아들일 수도 있습니다.

그렇다면 어떻게 해야 사탄의 공격으로부터 우리의 생각을 보호하고 지킬 수 있을까요? 과연 눈에 보이지 않는 영적 존재의 접근을 우리가 차단할 수 있을까요?

물론 우리는 사탄이 나쁜 생각을 통해 공격하는 것을 막을 수 없습니다. 하지만 그런 생각이 우리 안에 심어져 행동으로 열매 맺지 않게 할 수는 있습니다. 중국 선교사이자 위대한 영적 거장인 오스왈드 샌더스 목사는 "인간의 마음은 모든 도덕적이며 영적인 전투가 벌어지는 싸움터다."라고 이야기했습니다.[2]

사탄이 사람의 생각을 공격하는 방법에는 직접적인 방법과 간접적인 방법 두 가지가 있습니다. 직접적인 방법은 가룟 유다의 경우처럼 마음속에 직접 거짓된 생각을 집어넣는 것입니다. 이것도 막아내기 쉽지 않지만 더 큰 문제는 간접적인 공격입니다. 현대를 살아가는 우리가 진지하고 심각하게 고민해야 할 것은 바로 이 간접적인 공격입니다.

간접적인 공격은 문화와 교육, 대인관계를 통해 우리의 생각에 우회적으로 영향을 미칩니다. 이는 아주 강력하고 치명적입니다. 거짓을 멋지고 갖고 싶고 매력적으로 보이게 포장해서 전달하기 때문에 그 영향을 거부한다는 것이 사실상 매우 어렵습니다. 몇 가지 예를 들어서 설명하겠습니다.

청춘남녀가 서로 사랑을 합니다. 여자는 헌신적인 사랑으로 가난한 남자가 의대에 다닐 수 있게 물심양면으로 돕습니다. 두 사람은 장차 결혼을 약속했습니다. 우수한 성적으로 의대를 졸업하고 장래가 촉망받는 의사가 된 남자는 국내 최고의 종합병원에 스카우트됩니다. 그런데 병원 원장의 딸이 남자에게 반해서 결혼하자고 매달립니다. 많이 들어본 상황이죠? 우리나라 드라마 이야기입니다.

결국 남주인공은 여주인공을 버리고 원장 딸과 결혼해서 성공 가도를 달립니다. 여주인공도 아픈 상처를 안고 다른 남자를 만나 결혼을 합니다. 여기서 각자 행복하게 사는 것으로 끝나면 좋겠지만, 우리나라 드라마 특성상 인물 설정은 어찌나 똑같은지 언제나 병원 원장은 속물에다 성격이 까칠하고 원장 딸은 철딱서니 없어서 남편을 어떻게 사랑해야 하는지 모릅니다. 이런 사람들 곁에서 남주인공은 늘 무시당하고 어려움과 갈등을 겪으며 인간 대접도 못 받으면서 결혼한 것을 후회합니다.

'내가 이러려고 그녀를 버리고 이 여자와 결혼했나. 돈이 인생의 전부가 아닌데 내가 잘못 생각했구나.'

여주인공도 결혼은 했지만 남편이 주정뱅이에다 가정폭력을 일

삼고 도박까지 해서 결혼 후의 삶이 전혀 행복하지 않습니다. 이렇게 불행한 결혼에 고통받는 나날을 보내던 두 사람은 길을 가다가 우연히 다시 만나게 됩니다.

"그땐 정말 미안했어. 행복하지?"

"너는 행복하니?"

행복할 리가 있겠습니까? 여기서 극에 완전히 몰입한 시청자들은 마음속으로 손뼉을 치며 두 사람이 다시 만나기를 응원하기 시작합니다.

'처음부터 너희는 그렇게 헤어지면 안 되는 거였어. 진정으로 사랑하는 너희 둘이 결혼했어야지.'

'그깟 돈 때문에 팔려가서 괄시받으며 산다는 게 말이 돼? 이제라도 둘이 아름다운 사랑을 다시 시작해야 하지 않을까?'

여기서 두 사람이 다시 만나게 되면 그 만남을 뭐라고 할까요? 불륜입니다. 결국 시청자들은 불륜이 아름다운 것이라 느끼고 응원을 한 셈입니다.

다른 이야기를 해볼까요? 우연히 만난 남녀가 옥탑방에서 동거를 하는 인기 드라마가 있었습니다. 드라마에서 두 주인공이 동거하는 모습을 너무 예쁘고 아름답게 그려 놓아서 드라마 종영 후에 동거 사이트 회원 수가 두 배로 늘었다고 합니다. 뿐만 아니라 이 드라마는 중국으로 수출되어 중국의 동거 인구를 늘리는 데에도 큰 공헌을 했습니다.

꽃미남 외계인이 등장하는 드라마도 있었는데, 이 드라마는 한

국뿐 아니라 중국에서도 실시간으로 방송될 정도로 인기가 있었습니다. 중국 사람들이 이 드라마를 얼마나 좋아했는지, 드라마 여주인공이 "치맥 먹고 싶다."라고 한 대사 때문에 치킨을 사기 위해 치킨가게 앞에서 백 미터가 넘게 줄을 서서 기다리고 있었다고 합니다. 이것이 바로 문화의 영향력입니다.

드라마나 영화를 몰입해서 보다 보면 아름다운 이야기와 멋진 외모의 배우들 때문에 그 내용이 현실인 것처럼 느껴질 때가 있습니다. 시청자와 관객들에게 화면 속 주인공들은 너무 멋있고 행복해 보입니다. 비현실적인 이야기라는 걸 알면서도 부러워합니다. 불륜을 사랑이라 말하고 거짓을 옳다고 하는 드라마의 내용이 비성경적/반성경적이고 올바르지 않음을 알면서도 좋은 배경과 아름다운 이야기, 멋진 외모의 배우로 포장하면, 사람들은 그 안에 담긴 왜곡된 메시지에 영향을 받게 됩니다. 그렇게 형성된 잘못된 생각 중에서 가장 대표적인 것이 바로 외모를 평가하는 기준입니다.

당신은 어떤 얼굴이 예쁜 얼굴이라고 생각하십니까? 우리가 살고 있는 세상에서 예쁘다는 말을 들으려면 몇 가지 조건이 필요합니다. 우선 얼굴이 작아야 합니다. 우리나라에서 얼굴이 큰 것은 부끄러운 일입니다. TV 속 로맨틱 드라마의 주인공은 대부분 머리가 작습니다. 머리가 큰 사람이 주연을 맡는 경우는 거의 없습니다. 머리가 큰 건 놀림거리이지 자랑이 아닙니다. 그렇다고 머리가 그냥 작아도 별 의미가 없습니다. 얼굴 윗부분은 크고 하관으로 갈수록 날렵해야 합니다. 소위 말하는 '브이(V) 라인'이어야 합니다.

하지만 얼굴만 작다고 예뻐지는 건 아닙니다. 얼굴이 작으면서 눈은 커야 합니다. 그래서 눈이 작은 사람들은 거의 분장에 가까운 화장을 해서 눈을 커 보이게 하거나 성형수술을 통해 크게 만듭니다.

이게 끝이 아닙니다. 작은 얼굴, 큰 눈에 얼굴이 하얗고 주름이 없어야 합니다. 우리나라에서 조깅하는 여성들을 보면 대부분 마스크나 두건을 쓰고 있습니다. 눈과 코만 내놓고 얼굴의 다른 부위는 철저히 가립니다. 심지어는 밤에 두건을 쓰고 뛰는 사람도 많습니다. 햇볕에 얼굴을 타지 않게 하려고 그러는 것입니다. 그래서 외국에 나가면 백 미터 앞에서도 우리나라 사람을 알아볼 수 있습니다. 국적뿐 아니라 성별까지 확실하게 구분할 수 있습니다. 남자들은 전부 등산복을 입고 있고 여자들은 양산을 들거나 모자를 쓰고 팔에 토시를 하고 있기 때문입니다. 모두 하얀 피부를 선호하기 때문에 볼 수 있는 광경입니다.

시중에 판매되는 비싼 화장품은 모두 미백효과와 주름제거 효과가 있는 것들입니다. 얼마나 주름에 민감한지 재미있는 이야기를 들어도 주름 생긴다고 웃음을 억지로 참거나 눈 옆을 손가락으로 누르고 웃는 사람도 있습니다.

이런 조건과 기준은 모두 대중문화를 통해 자연스럽게 학습된 것입니다. 우리는 드라마와 영화를 통해 알지 못하는 사이에 이런 것들을 배웁니다. 위에 나열한 조건을 가진 사람이 미남 미녀이고 주인공과 영웅이 될 수 있다고 여깁니다.

그런데 이런 것을 학습하는 과정에서 안타까운 일이 벌어집니다. 매일 거울 속에서 미남 미녀의 조건과 전혀 관계가 없는 자기 자신을 만나게 되는 것입니다. 그러면서 백설공주 이야기 속 계모가 마법 거울로부터 들었을 안타까운 이야기를 계속 듣게 되죠.

"거울아, 거울아. 세상에서 누가 제일 예쁘니?"

"당신은 아닙니다."

늘 이런 메시지를 들으면서 이런 믿음을 갖게 됩니다.

'나는 예쁘지 않다. 나는 아무런 가치가 없다. 나는 사랑받을 만한 사람이 아니다.'

그리고 세상이 주는 거짓 메시지를 사실로 믿고 생각으로 받아들이며 살아갑니다. 사탄은 애니메이션이나 영화에서 흔히 등장하듯 검은 옷을 입고 삼지창을 든 채 나타나지 않습니다. 대중문화를 통해 자연스럽게 다가와 거짓을 진실인 것처럼, 불륜과 동성애가 사랑인 것처럼 생각하게 만듭니다. 눈에 보이지 않지만 매 순간 우리의 생각 속에서 벌어지고 있는 전쟁은 매우 중요합니다. 여기서 지면 절대 안 됩니다. 우리는 진리의 말씀에 기반을 둔 거룩한 생각으로 무장하고 싸우며 살아가야 합니다.

생각은 죄의 출발점이다

ㅡ

죄는 행동이 아니라 마음속 생각에서부터 시작됩니다. 세상 사람들은 실제 행동한 것만 죄이고 마음속 생각은 죄가 아니라고 말합니다. 하지만 성경은 그렇게 말하지 않습니다. 성경은 "생각은 죄의 출발점이며, 잘못된 생각을 하는 것부터 죄"라고 명확하게 밝히고 있습니다.

> 나는 너희에게 이르노니 음욕을 품고 여자를 보는 자마다 마음에 이미 간음하였느니라(마 5:28).

많은 그리스도인이 하나님을 믿으면서도 죄를 짓고 살아갑니다. 하지만 그리스도인은 모름지기 죄를 미워하며 살아야 합니다. 그리스도인은 죄로 말미암아 죽을 수밖에 없었던 자를 하나님이 구원하셔서 죄로부터 멀어진 자, 죄에 대항하여 피 흘리기까지 싸우는 자로 불러주신 사람이기 때문입니다. 인간의 진정한 해방은 모든 것을 자기 마음대로 할 때가 아니라 죄로부터 자유할 때 찾아옵니다.

우리는 죄에 대해 죽은 자들입니다.

> 그가 죽으심은 죄에 대하여 단번에 죽으심이요 그가 살아 계심은 하나님께 대하여 살아 계심이니 이와 같이 너희도 너희 자신을 죄에 대하여는 죽은 자요 그리스도 예수 안에서 하나님께 대하여는 살아 있는 자로 여길지어다(롬 6:10-11).

우리는 죄가 유혹해도 요지부동해야 합니다. 하지만 현실에는 여전히 많은 죄가 우리 가운데 존재합니다. 우리가 죄와 싸울 줄 모르기 때문입니다. 죄가 우리 안에 들어오도록 허용하기 때문입니다. 사탄은 보이지 않는 생각의 영역에 죄 된 생각을 집어넣습니다.

그 생각은 우리의 내면에 영향을 주고 우리가 그것을 자신의 것으로 받아들이면 결국 죄의 행동으로 나타납니다.

그렇다면 죄와 싸우는 가장 효과적인 방법은 무엇일까요? 마귀가 악한 생각으로 유혹할 때 즉각 물리치는 것입니다. 생각의 영역에서 허락한 것에는 가속도가 붙기 때문에 행동으로 나타낼 때 제어하기가 어렵습니다. 계속해서 악한 생각을 하면서 그것을 행동으로 옮기지 않는 것은 사실상 불가능합니다. 아무리 빠른 육상 선수라도 출발선에서 붙들면 쉽사리 달려가지 못합니다. 하지만 달리고 있는 중간 지점에서 붙들려고 하면 가속도가 붙어서 엄청나게 많은 힘을 들여야 합니다. 죄는 생각의 단계에서 차단해야 제대로 다룰 수 있습니다. 사탄이 기를 쓰고 우리에게 거짓된 생각을 심으려고 하는 이유도 그 때문입니다.

죄에서 멀어지면 하나님과의 친밀한 관계를 회복할 수 있습니다. 죄에는 하나님과 우리의 관계를 파괴하는 힘이 있기 때문에 죄가 있으면 하나님으로부터 멀어질 수밖에 없습니다.

사람이 죄를 짓는 또 다른 이유는 죄에 대한 생각이 하나님과 다르기 때문입니다. 세상 사람들은 자신의 생각을 기준으로 삼아 죄의 여부를 판단합니다. 사람들은 자신의 생각이 합리적이라고 여기지만, 사실 그 생각은 대중문화와 교육, 관계를 통해 습득한 주관적인 생각에 불과합니다. 합리적이라고 생각하는 죄의 기준이 시대와 문화와 나라에 따라 달라지는 것이 그 증거입니다. 조선시대에는 죄였던 것이 현대에는 죄가 아니거나, 미국에서는 죄인데 우리나라에서는 죄가 아닌 경우가 그것입니다. 심지어 한 나라 안에서도 고등법원에서는 죄로 인정한 일이 대법원에서는 무죄로 판명이 난 경우도 있습니다.

제가 학창시절을 보낸 1970년대와 1980년대에는 동성연애를 하거나 트랜스젠더가 되는 일을 죄로 여겼습니다. 2000년대 초까지만 해도 동성연애자로 커밍아웃 한 연예인은 방송에 출연할 수가 없었습니다. 하지만 지금은 동성애와 트랜스젠더가 되는 일이 개인의 취향과 선택에 달린, 다양한 인간 삶의 한 부분 정도로 인식되고 있습니다.

그렇다면 어떤 것이 죄입니까? 혼전 성관계는 죄입니까? 청년 기독교인들이 모인 집회에서 제가 자주 하는 질문입니다. 청년들은 대부분 혼전 성관계가 죄라고 대답합니다. 그러나 혼전 성관계가 죄인지 아닌지는 우리의 입술이 아니라 삶이 말해줍니다. 사실 교회를 다니는 많은 청년들이 혼전 성관계가 죄라고 인식하지 않습니다. 죄를 남에게 피해를 주고 빼앗거나 때리는 행위 정도로 생각하기 때문입니다. 어릴 때부터 대중문화를 통해 성관계를 사랑의 표현으로 여기고, 육체적 순결을 고릿적 골동품 정도로 생각하며 살아가는 청년들에게는 죄가 죄로 보이지 않습니다.

신약성경에서 '죄'로 번역된 헬라어 단어는 '하마르티아'이며, 그 뜻은 '과녁을 향해 활을 쏘는데 전부 엉뚱한 곳에 가서 맞는 것'을 뜻합니다. 원래 가야 할 과녁에서 화살이 벗어난 것, 그것이 죄입니다. 다시 말해, 하나님으로부터 벗어난 것, 하나님이 하라고 명하신 것을 하지 않고 제 갈 길로 가는 것, 그것이 바로 죄입니다.

죄의 기준을 정하시는 분은 우리가 아닌 하나님입니다. 이 시대의 가장 크고 심각한 문제는 죄의 여부를 사람이 결정하는 것입니다. 그래서 시대와 문화에 따라 죄의 기준도 달라집니다.

그리스도인 청년들 중 64.8퍼센트의 청년들이 혼전 성관계를 경험한다는 통계가 있습니다.[3] 사탄이 아주 효과적으로 전쟁을 잘 수행하고 있다는 이야기입니다. 한국 교회의 청년들도 세상의 청년들처럼 어릴 때부터 대중문화를 통해 남녀가 만나 하루 만에 사랑에 빠지고 성관계를 갖는 것을 자연스레 접했습니다. 그러니까 가정과 교회에서 "결혼하기 전에 그러면 안 돼."라고 이야기해도 이미 내면에 자리 잡은 기준은 "그게 뭐가 문제지?"라며 전혀 다른 소리를 내는 것입니다.

한국 교회는 이런 점을 심각하게 인식하고 지혜롭게 대처해야 합니다. 교회는 성에 대해 성경적 관점을 가르치고 '어떻게 해야 하나님이 창조하신 성을 올바로 누리고 지키며 살 수 있는지'에 대해서 대화해야 합니다. 하지만 우리나라 문화가 성을 터부시하는 데다, 교회에서는 특히 그런 이야기 자체를 창피하게 생각하기 때문에 성생활이나 성 문제에 접근해 보려는 시도조차 하지 않습니다. 이미 전부 무너져 있기 때문에 어떻게 이야기해야 할지 모르는 것입니다. 어쩌면 지금의 교회는 청년들에게 이런 메시지를 주고 있는지도 모릅니다.

"세상에 나가면 너희도 어쩔 수 없이 그렇게 살게 될 거다. 하지만 교회에 와서는 신앙생활 열심히 하고 교회 봉사 열심히 해라. 세상에서도 지나치게 즐기면서 살지는 마라."

죄의 여부는 오직 하나님만 결정하실 수 있습니다. 그러므로 죄를 죄로 여길 수 있는 유일한 방법은 죄에 대해서 하나님의 관점을 갖는 것입니다.

> 청년이 무엇으로 그의 행실을 깨끗하게 하리이까 주의 말씀만 지킬 따름이니이다(시 119:9).
>
> 내가 주께 범죄하지 아니하려 하여 주의 말씀을 내 마음에 두었나이다 (시 119:11).

하나님의 말씀을 마음에 두면 죄를 죄로 볼 수 있습니다.

이 시대의 가장 심각한 문제 중 하나는 하나님을 믿는 사람들, 심지어 교회의 지도자들조차 하나님의 말씀을 마음에 두지 않는 것입니다. 이들은 자신이 세상에서 배우고 경험한 것을 삶의 기준으로 삼습니다. 그래서 세상 사람들처럼 살아가는데도 문제의식이 전혀 없습니다. 오히려 "도대체 이게 왜 문제지?"라고 반문합니다. 자신의 기준에서는 아무런 문제가 없기 때문입니다.

생각은 경험을 통해 사고체계를 형성한다

우리가 어떤 생각을 하면 그 생각은 없어지지 않고 마음속에 자리를 잡습니다. 매일 만 가지씩 한 생각이 전부 마음속에 저장되는 것입니다. 그러나 사람마다 생각하는 방식이 제각기 다르기 때문에 이런 일이 이루어지는 과정 또한 다릅니다.

그리스도인들 중에도 만나서 이야기를 나누다 보면 '이 사람 어떻게 이런 생각을 할 수 있지?' 하고 당황스럽게 하는 사람들이 있습니다. 어떻게 생각하느냐는 개인의 자유지만, 그 생각이 자신에게 좋은 것인지 아닌지는 분별해야 합니다.

예전에 제가 대학생 제자훈련학교에 있을 때 있었던 일입니다. 전반적으로 훈련의 집중력이 떨어지고 분위기가 흐트러져서 간사들이 아침에 모여 금식하며 기도하는 시간을 가졌습니다. 그런데 매일 아침식사 시간에 간사들이 보이지 않으니까 학생 하나가 "간사님들 다 어디 갔어요?" 하고 물었답니다.

다른 학생이 "간사님들은 우리를 위해 아침마다 금식하며 기도하세요." 하고 대답했더니 질문한 학생이 "자기네가 아침 먹기 싫어서 굶으면서 우리 때문에 금식 한다고 핑계 대는 거 아니에요?" 라고 말을 했답니다.

정말 황당한 소리지만 사람에 따라서 이렇게 생각할 수도 있다는 것입니다. 물론 이런 사고방식의 결과는 고스란히 본인에게 돌아갑니다.

사고방식이 건강해야 건강한 삶을 살 수 있습니다. 그렇다면 어떻게 해야 사고체계를 바꿀 수 있을까요? 방법은 간단합니다. 경로의존성에서 벗어나는 것입니다. 지금까지와 다른 내용과 방식으로 생각해야 합니다. 사고방식을 변화시키는 것은 퍼즐 맞추기와 비슷해서, 퍼즐의 그림을 바꾸기 위해 기존 조각을 다른 그림의 조각으로 교체하듯 지금까지와는 다른 생각을 하나씩 집어넣어서 다른 사고체계를 만들어야 합니다.

예수님을 믿어도 삶이 곧바로 변화되지 않는 것은 사람의 사고체계가 단번에 바뀌지 않기 때문입니다. 사고체계는 오랜 시간에 걸쳐 만들어졌기 때문에 바뀌는 데도 오랜 시간이 걸립니다. 이것을 기억하고 차근차근 성경적 사고로 바꿔가야 합니다.

하나씩 바꿔야 한다는 말에 부담스러워 할 필요는 없습니다. '내가 무슨 생각을 하고 있지? 아이쿠, 이런 생각을 하면 안 되지'라며 모든 생각을 일일이 체크하며 살 수는 없기 때문입니다. 평소처럼 살다가 필요할 때마다 몇 번씩 '브레이크를 밟아주면' 됩니다.

일상에서 보고 듣고 느끼고 경험한 것들을 통해 '이런, 또 예전처럼 생각할 뻔했네. 여기서 멈춰서 다행이야' 하는 생각을 할 수 있습니다. '내가 무슨 존귀한 사람이야. 나는 무가치한 존재야. 내게 돈이 있어, 좋은 대학을 나왔어, 얼굴이 예쁘기를 해'라는 생각에 빠져있다면, 그 생각에 익숙해져서 의식하고 분별하기 어려울 것입니다. 하지만 그럴 때마다 '이건 하나님이 기뻐하시는 생각이 아니야.' 하고 브레이크를 밟아야 합니다.

그리고 입술로 "하나님, 저는 하나님의 형상으로 지음 받은 가치 있고 존귀한 사람입니다."라고 선포해야 합니다.

이렇게 자신의 생각을 분별하고 하나님의 생각을 선택하는 것은 사고체계에 큰 영향을 줍니다. 지금까지와 다르게 생각하는 것은 다른 사고방식을 형성할 뿐 아니라 지금까지와 다른 삶을 살게 해 줍니다.

사람의 사고체계를 그림으로 표현하면 다음과 같습니다.

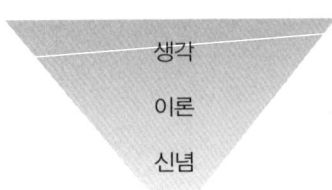

우리가 하는 대부분의 생각은 삼각형의 맨 윗부분인 '생각'에 해당됩니다. 이것은 주로 듣거나 배워서 형성된 생각들이라 영향력이 없습니다. 행동으로 연결되지 않고 생각으로만 존재하기 때문입니다. 하지만 삼각형 하단의 뿌리 부분인 '신념'에 해당되는 생각은 경험을 통해 형성된 것들이기 때문에 영향력이 큽니다. 생각하는 즉시 행동으로 나타나는 것이 바로 이런 것들입니다. 그래서 '사람이 어떤 것을 경험하느냐.'는 매우 중요한 문제입니다. 신념은 자신이 진짜로 믿는 바를 뜻하기 때문입니다.

너희 중에 누구든지 으뜸이 되고자 하는 자는 너희의 종이 되어야 하리라(마 20:27).

당신은 이 말씀을 믿습니까? 우리는 예수님의 말씀에 동의하고 마음에 간직합니다. 그런데 문제는 이것이 이론이냐 신념이냐 하는 것입니다. 만약 이 말씀에 대한 생각이 이론 단계에 머물러 있다면 생각만 할 뿐 행동으로 옮기지 않습니다. 오히려 다른 사람들을 부리고 그들에게 내 말을 들으라고 강요할 것입니다.

이론에 머물러 있는 생각을 행동으로 옮기려면 자기 몸을 쳐서 말씀에 복종해야 합니다. '섬기며 살자'는 생각이 이론에만 머물러 있으면 다른 사람을 위해 봉사는 하지만 억지로 합니다. 하지만 이 생각이 신념으로 자리잡으면 섬기는 것이 자연스러운 삶이 됩니다. 몸에 배어 습관이 되는 것입니다. 그래서 하나님 말씀대로 살지 않는 사람을 '머리로 아는 지식이 가슴으로 내려가지 않는 사람'이라고 표현합니다. 기독교 신앙은 머리를 키우는 것이 아니라 삶을 변화시킵니다. 그래서 야고보 사도는 이렇게 말합니다.

행함이 없는 믿음은 그 자체가 죽은 것이라(약 2:17).

행함이 없는 믿음은 올바른 믿음이 아닙니다. 우리는 참 믿음이 되는 신념을 갖고 있는 것이 아니라, 성경 지식이나 교리 내용을 머리로(이론으로)만 알고 있으면서 자기가 좋은 믿음을 가지고 있다고 착각합니다. 정보와 지식의 형태로 말씀을 '알고 있을 뿐'인데 진짜로 믿는다고 생각하는 것입니다. 하지만 야고보 사도는 믿음이 행함과 함께한다고 말합니다.

믿음이 그의 행함과 함께 일하고 행함으로 믿음이 온전하게 되었느니라(약 2:22).

누가복음 19장에는 세리장 삭개오가 소개됩니다. 그는 하나님을 믿는 유대인이었습니다. 삭개오는 '거룩한 자, 의로운 자'라는 뜻의 이름을 가지고 민족의 피를 빨아먹는 세리로 살았습니다. 그는 유대인들에게 원래 액수보다 더 세금을 걷고 그 차액을 챙겨 부자가 되었습니다. 그래서 예수님이 삭개오의 집에 들어가실 때 사람들은 "저 사람이 자칭 선지자라면서 죄인의 집에 머물러 들어갔다."고 수군댔습니다(눅 19:7).

삭개오는 예수님에게 관심이 있었습니다. 체면도 버리고 주위의 눈총도 불사한 채 돌무화과나무에 올라가 하나님의 말씀을 듣고자 한 것이 그 증거입니다.

저는 삭개오가 돌무화과나무에 올라간 행위를 우리의 삶에 비유하고 싶습니다. 우리는 돌무화과나무에 올라가 예수님의 말씀을 들을 때는 은혜를 받습니다. 하지만 돌무화과나무에서 내려오는 순간 다시 매국노와 비리 공무원으로 돌아갑니다. 삶이 변하지 않는 것입니다. 예수님도 그것을 아셨습니다. 그래서 삭개오에게 그의 집에서 묵겠다고 말씀하신 것입니다. 이제 삭개오는 자신의 집에서 예수님과 대화를 하며 하나님의 말씀을 듣습니다. 이는 살아계신 하나님과 동행하는 삶에 비유할 수 있습니다.

예수님이 이렇게 말씀하셨다고 생각해 보세요.

"삭개오 씨, 어렸을 때부터 돈돈돈 하시더니 이렇게 부자가 되니까 행복하십니까?"

그때 삭개오는 자신의 심령을 파고드는 살아계신 하나님의 음성을 듣습니다. 그 말씀이 삭개오를 변화시켰습니다.

변화된 삭개오는 이렇게 고백합니다.

> 주여 보시옵소서 내 소유의 절반을 가난한 자들에게 주겠사오며 만일 누구의 것을 속여 빼앗은 일이 있으면 네 갑절이나 갚겠나이다(눅 19:8).

평생 돈만 있으면 행복해질 수 있다는 물질주의적 신념을 갖고 살았던 중년의 삭개오가 하루아침에 이런 고백을 하게 되었습니다. 참 믿음이 생기니까 신념이 변화된 것입니다. 이것이 복음의 능력입니다.

문제는 돌무화과나무의 믿음, 즉 생각만 하고 행함이 없는 믿음입니다. 하나님 말씀에 기초한 생각은 그것을 실천하고 경험할 때 신념으로 바뀝니다. 바로 이것이 하나님의 말씀을 붙들고 삶의 현장에서 그대로 살기 위해 몸부림쳐야 하는 이유입니다. 진리를 마음에 새기고 계속해서 그것으로 살도록 일상에서 부딪쳐야 합니다.

제가 섬기는 선교단체에서 실시하는 제자훈련학교에서는 다음의 공식을 핵심으로 삼고 있습니다.

> 내용(contents) × 과정(process) = 결과(result)

여기에서 말하는 '내용'이란 하나님의 말씀을 뜻합니다. '과정'이란 말씀을 듣고 배우는 것으로 끝나지 않고 내면에서 처리하고 실제로 연습하는 삶을 말합니다. 즉, 행함입니다. 행하면 변화가 결과로 나타납니다. 그래서 제자훈련은 강의만 해서는 안 됩니다. 강의도 중요하지만 말씀을 들은 뒤에 소그룹 활동이나 노동(work-duty), 중보기도, 예배, 전도여행과 같은 다양한 활동을 통해 적용하고 실천해야 합니다.

예를 들어, '하나님의 음성을 듣는 삶'에 대한 강의가 있습니다. 훈련생은 강의를 잘 듣는 것도 중요하지만 삶의 현장에서 실제로 하나님께 귀를 기울여 하나님의 말씀을 듣고 경험해서 자기 것으로 만드는 것 또한 중요합니다. 묵상 강의도 마찬가지입니다. 강의도 열심히 들어야 하겠지만 배운 대로 삶의 현장에서 묵상하면서 하나님을 경험한 바가 삶이 되게 하는 것도 중요합니다. 계속해서 하나님의 말씀을 배울 뿐 아니라 배운 바를 개인적으로 적용하고 경험해서 신념으로 바꿔야 합니다. 그렇게 해야 삶이 변합니다. 그렇지 않으면 하나님을 믿는 대신 머리만 커질 뿐입니다.

하나님의 말씀을 이론이 아니라 신념으로 만들어야 합니다. 그럴 때 생각의 변화를 통한 삶의 변화를 경험할 수 있습니다. 성경에 기록된 이야기들 역시 실제 삶에서 얻은 경험을 기록한 것입니다. 만약 우리가 그 자리에 있었다면 성경의 이야기는 '내가 경험한' 이야기가 되었을 것입니다. 하지만 그 자리에 있지 않다 해도 언제든 우리 삶의 현장에서 다른 모양으로 경험할 수 있습니다.

사무엘상 17장에는 하나님의 말씀을 이론으로만 갖고 있으면서 믿음이 좋다고 착각하던 이스라엘이 강적 블레셋과 전쟁하는 장면이 등장합니다. 이스라엘의 백성들은 살아계신 하나님이 우리의 편이며 우리에게 승리를 주실 거라 잔뜩 기대하고 있었습니다. 그런데 그들의 앞에 눈을 의심할 수밖에 없는 일이 벌어집니다. 건너편 블레셋 진영에서 키가 3미터 가까이 되는 거인이 걸어 나온 것입니다. '싸움을 돋우는 자'인 거인 장수 골리앗은 이스라엘 진영을 향해 이렇게 외칩니다.

"너희가 믿는 하나님이 살아계신 하나님이냐? 그러면 하나님이 도와주실 테니 오늘 너희가 이 전쟁에서 승리하겠구나. 그럼 오늘 나랑 일대일로 한판 붙어보자!"

하지만 그 순간 이스라엘 군인들에게 다른 믿음이 생겨났습니다.

'나가면 죽는다!'

이스라엘의 군인들은 '하나님과 겨루어 이겼다'는 멋진 이름을 갖고 있었지만 골리앗 앞에서는 '저놈과 싸우면 죽는다.'는 믿음으로 서 있었습니다.

이때 다른 믿음을 가진 한 소년이 있었습니다. 그 소년의 이름은 다윗이었습니다. 그는 '내가 믿는 하나님은 능히 골리앗을 무찌를 힘을 주신다. 나는 이길 수 있다.'는 믿음을 갖고 있었습니다. 그리고 실제로 골리앗을 무찔러 삶의 현장에서 그 사실을 증명했습니다. 이 사건은 우리에게 다음과 같은 질문을 던집니다.

"당신의 하나님은 다윗의 하나님입니까, 아니면 이스라엘의 하나님입니까?"

소그룹을 위한 "읽다, 살피다, 나누다"

01. 당신이 자라난 가정에서 자신도 모르게 습득한 생각이 있다면 어떤 것입니까?

02. 당신이 끊고 싶어 하는 습관은 무엇입니까? 그 습관의 배경에는 어떤 생각이 자리잡고 있는지 살펴보십시오.

03. 인기 있는(혹은 인기를 끌었던) 광고나 TV 드라마에 어떤 메시지가 담겨 있는지 살펴보십시오. 그리고 그것을 성경 말씀에 비추어 보십시오. 그 생각은 성경적입니까?

04. 당신이 생각하는 '죄'란 무엇인지 간단하게 정의하고 그것을 신약 성경의 '하마르티아'와 비교해 보십시오.

05. 이번 장의 내용을 실제 삶의 현장에서 경험하기 위해 당신이 할 수 있는 일이 무엇인지 찾아보고 일정기간 동안 실천해 보십시오.

3장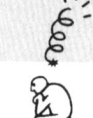

전혀 다른 삶으로의 초대

"made by GOD!"

　　　　　　　　　　한 초등학생이 어머니에게 이런 질문을 했습니다. "엄마, 나는 세상에 어떻게 존재하게 된 거야?" 그리스도인이었던 어머니는 아이에게 이렇게 대답했습니다. "하나님이 너를 만드셔서 이 땅 가운데 보내셨어." 아이는 이번에는 아버지에게 같은 질문을 했습니다. "아빠, 나는 세상에 어떻게 존재하게 된 거야?" 그리스도인이 아니었던 아버지는 아이에게 이렇게 대답했습니다. "너를 포함한 모든 인간은 아주 오랜 옛날 원숭이로부터 진화해서 이 땅에 살게 되었어."

　부모의 전혀 다른 두 가지 대답을 들은 아이는 어머니에게 다시 질문했습니다. "엄마는 하나님이 나를 만드셨다고 하고 아빠는 내가 원숭이에서 진화되었다고 하는데 누구 말이 맞는 거야?" 그러자 어머니는 아이에게 이렇게 말해 주었습니다.

"엄마 조상은 하나님으로부터 왔고 아빠 조상은 원숭이로부터 진화된 거야."

함께 살고 있는 가족이라고 해도 무엇을 믿느냐에 따라 생각과 관점이 완전히 달라지기 마련입니다. 이번에는 당신에게 묻겠습니다.

"당신이 하나님을 만들었습니까? 아니면 하나님이 당신을 만드셨습니까?"

이는 "나는 어떻게 이 땅에 존재하게 되었는가?"에 못지않게 중요한 질문입니다. 그 답에 따라 우리 삶의 목적과 방향이 달라지기 때문입니다.

하나님이 나를 만드셨다고 믿으십니까? 그렇다면 당신은 모든 것을 하나님께 맞춰 살려고 노력하는 사람일 것입니다. 내가 하나님을 만든다고 생각하십니까? 그렇다면 당신은 하나님이 자신에게 맞춰주기를 바라는 사람일 것입니다. 사물의 용도와 사용은 쓰는 사람이 아니라 만든 사람이 결정하는 것입니다.

집에 칼이 있습니다. 하지만 가려운 등을 긁는데 칼을 사용하는 경우는 없습니다. 구둣주걱으로 칼을 사용하는 경우도 없습니다. 칼을 만든 사람은 누구나 편리하게 음식을 만들 수 있도록 쇠를 다듬고 손잡이를 답니다. 내가 칼을 사용하지만 맨 처음 칼의 용도를 결정한 사람은 칼을 만든 사람입니다. 그렇다면 칼을 만든 사람에게 가장 안타까운 일은 무엇일까요? 맛있는 음식을 만들어서 사랑하는 사람들과 행복한 시간을 보내기 위해 만든 칼이 다른 사람의 돈을 빼앗는 강도짓에 사용되는 것입니다. 칼을 만든 사람이 그것을 보면 얼마나 마음이 아프겠습니까? 사람도 마찬가지입니다.

"내가 하나님을 만들었나, 하나님이 나를 만드셨나?" 성경은 이 질문에 대해 "하나님이 나를 만드셨다"는 것이 사실이라고 명확하게 선언합니다.

> 하나님이 이르시되 우리의 형상을 따라 우리의 모양대로 우리가 사람을 만들고 그들로 바다의 물고기와 하늘의 새와 가축과 온 땅과 땅에 기는 모든 것을 다스리게 하자 하시고 하나님이 자기 형상 곧 하나님의 형상대로 사람을 창조하시되 남자와 여자를 창조하시고 하나님이 그들에게 복을 주시며 하나님이 그들에게 이르시되 생육하고 번성하여 땅에 충만하라, 땅을 정복하라, 바다의 물고기와 하늘의 새와 땅에 움직이는 모든 생물을 다스리라 하시니라(창 1:26-28).

하나님은 우리를 그분의 형상으로 만드셨습니다. 인간만이 유일하게 하나님의 형상으로 지음 받은 존재입니다. 내가 하나님의 이미지로 창조되고 나의 내적 자아가 하나님과 닮은 자로 지음 받았다는 것입니다. 가슴 벅차도록 감격스럽고 놀랍지 않으십니까? 이 말씀은 나 자신에 대한 자존감의 출발점입니다.

그런데 더 놀라운 것은 살아계셔서 우리의 예배 가운데 임재하시는 하나님의 모습을 내 안에서 볼 수 있는데, 이런 이야기를 아무 감동 없이 담담하게 듣고 넘기는 그리스도인이 많다는 사실입니다. 하나님이 나를 보시면서 "너는 나를 참 많이 닮았구나."라고 말씀하시는 모습을 상상해 봅시다. 얼마나 감격스럽고 감사한 일입니까?

저희 가정에도 저의 형상으로 지음 받은 세 명의 아이가 있습니다. 첫째와 둘째는 딸이고 막내는 아들입니다. 그런데 막내가 초등학생일 때 길에서 누가 이렇게 물었답니다.

"꼬마야. 혹시 너희 아빠가 김광일 목사님 아니니?"

제 아들이 신기하다며 들려준 이야기라 저는 아직도 그게 누구인지 모릅니다. 이름표를 달고 다닌 것도 아닌데 그 사람은 제 아들을 어떻게 알아본 것일까요? 제 아들이 궁금해서 그 사람에게 "맞아요. 그런데 어떻게 아셨어요?" 하고 물었더니 그 사람이 "네 얼굴만 봐도 답이 나온단다."라고 대답하고 가버렸답니다.

무슨 이야기입니까? 제 아들은 저에게서 태어났습니다. 제 형상으로 지음 받아 이 땅에 존재하게 된 사람인 것입니다. 하나님도 우리에게 동일한 일을 행하셨습니다. 도대체 하나님은 왜 이런 일을 행하셨을까요? 왜 이토록 놀라운 일을 하신 걸까요? 그에 대한 분명한 목적이 있지 않겠습니까?

우리가 존재하는 이유

— 하나님은 그분과 관계 맺기 위해 우리를 그분의 형상으로 창조하셨습니다. 하나님은 우리와 친밀한 관계를 맺기 원하십니다. 이것이 바로 기독교의 출발이자 핵심

입니다. 세상에 존재하는 것 중 유일하게 인간만이 하나님과 친밀한 관계를 맺고 인격적인 교제를 하도록 창조되었습니다.

그러므로 예배와 기도와 묵상은 단순한 종교행위가 아니라, 하나님과 인격적인 관계를 맺기 위해 하나님이 주신 선물입니다. 기도는 살아계신 하나님과의 대화이고, 예배는 살아계신 하나님의 임재를 경험하는 것이며, 말씀 묵상은 하나님과 만남을 갖는 것입니다. 이 모든 것을 통해 우리는 살아계신 하나님과 친밀한 관계를 형성하게 됩니다.

예수님은 성경에 대해 '그 종교의 역사와 신에 대한 지식, 그 신을 섬기는 규칙을 모아놓은' 타종교의 경전과 전혀 다른 관점으로 말씀하십니다.

> 살리는 것은 영이니 육은 무익하니라 내가 너희에게 이른 말은 영이요 생명이라(요 6:63).

성경은 '레마(rhema)'의 말씀, 즉 지금도 우리에게 말씀하시는 하나님의 음성입니다. 히브리서의 기자도 성경에 대해 이와 비슷한 맥락으로 말씀합니다.

> 하나님의 말씀은 살아 있고 활력이 있어 좌우에 날선 어떤 검보다도 예리하여 혼과 영과 및 관절과 골수를 찔러 쪼개기까지 하며 또 마음의 생각과 뜻을 판단하나니 지으신 것이 하나도 그 앞에 나타나지 않

음이 없고 우리의 결산을 받으실 이의 눈 앞에 만물이 벌거벗은 것 같이 드러나느니라(히 4:12-13).

그래서 우리는 성경을 통해 살아계신 하나님의 음성과 마주하게 됩니다. 이것이 하나님이 우리를 그분의 형상으로 지으신 첫 번째 이유입니다.

하지만 하나님과 친밀한 교제를 하는 것으로만 끝나서는 안 됩니다. 하나님과 친밀한 교제를 나누면 '아, 하나님은 이런 분이구나. 아, 하나님은 이것을 원하시는구나. 아, 하나님은 이런 계획을 갖고 계시구나.' 하고 우리의 인생을 통해 하나님이 계획하신 뜻을 깨닫게 됩니다. 하나님과의 친밀한 교제 속에서 그것을 깨닫고 발견하는 것입니다.

그렇게 알게 된 하나님의 뜻을 가정과 직장 같은 삶의 현장에서 이루며 살아가야 합니다. 이것이 우리를 하나님의 형상으로 지으신 두 번째 이유입니다. 하나님은 우리를 대리 통치자로 삼으셨습니다.

하나님이 그들에게 복을 주시며 하나님이 그들에게 이르시되 생육하고 번성하여 땅에 충만하라, 땅을 정복하라, 바다의 물고기와 하늘의 새와 땅에 움직이는 모든 생물을 다스리라 하시니라(창 1:28).

우리는 기도와 말씀과 예배를 통해 하나님과 친밀한 교제를 나눕니다. 그리고 이 친밀한 교제를 통해 하나님의 뜻을 깨닫고 그 가운데 거하는 삶을 살게 됩니다. 하나님을 알면 그분의 뜻에 순종하고 싶어집니다. 하나님과 친밀한 만남을 갖게 되면 그분의 뜻대로 사는 것이 기쁘고 즐거워집니다. 억지로, 마지못해, 인색하게 하는 것이 아니라 자발적으로, 기꺼이, 온 맘 다해 그분의 뜻을 따라 살게 됩니다. 우리가 즐겨 부르는 찬송가의 가사 "주와 같이 길 가는 것 즐거운 일 아닌가 우리 주님 걸어가신 발자취를 밟겠네"와 같은 삶이 펼쳐지는 것입니다.

하나님과의 친밀한 교제, 그리고 하나님의 뜻에 순종함. 이 두 가지가 바로 살아계신 하나님과 동행하는 삶의 핵심요소입니다. 하나님은 우리가 하나님과 동행하며 살아가게 하시려고 우리를 하나님의 형상대로 창조하셨습니다. 살아계신 하나님과의 동행을 통해 우리는 그분의 뜻대로 살아갈 수 있습니다. 우리의 인생은 오직 하나님과 동행할 때에만 창조의 목적대로 그분의 영광을 위해 사는 것입니다.

우리를 향한 하나님의 뜻, 우리를 창조하신 그분의 목적은 무엇일까요? 오직 하나님께 영광 돌리는 것입니다.

> 내 이름으로 불려지는 모든 자 곧 내가 내 영광을 위하여 창조한 자를 오게 하라 그를 내가 지었고 그를 내가 만들었느니라(사 43:7).

하나님이 정하신 인생의 목적은 그분의 영광입니다. 우리가 가정과 직장과 교회에서 하루하루 열심히 살아가는 목적도 하나님의 영광입니다. 하나님을 믿으면서도 삶에서 갈등을 겪는 것은 바로 이것 때문입니다. 우리는 우리 스스로를 인생의 주인으로 여기며 자신의 행복과 자아실현을 추구합니다. 우리가 하나님을 만들었다면 그렇게 살아도 되지만 그분이 우리를 만드셨으니 우리가 그분의 뜻에 맞춰 살아야 합니다. 우리는 하나님의 뜻에 맞춰서 살아갈 때 가장 행복하고 멋진 삶을 살 수 있습니다.

하나님도 우리의 창조 이유에 대해 "나를 위해 인간을 만들었다."라고 명확하게 말씀하십니다. 우리 인생은 하나님을 위해 지음 받았습니다. 하나님께 영광 돌리기 위해, 하나님을 찬양하기 위해!

하나님을 알면 달라질 수밖에 없다

저의 아버지는 신앙은 없으셨지만 하나님께 좋은 성품을 선물로 받은 분이었습니다. 하지만 우리나라 대부분의 어르신들이 그렇듯 아버지도 '남자는 하늘이고 여자는 땅이다. 그러니까 남자가 더 귀하다.'라는 가부장적인 사고방식을 갖고 계셨습니다.

그래서 남녀 사이에 갈등이 생기고 다툼이 일어나면 남자가 무조건 이겨야 했습니다. 남자는 하늘에 있고 여자는 땅에 있기 때문입니다. '여자는 반드시 남편을 따라야 한다.'는 뜻의 '여필종부(女必從夫)'라는 한자성어가 있습니다. 이것은 옳고 그름과 상관없는 문제입니다. 자신의 자리와 본분을 알고 그것을 따라 사는 것이 더 중요한 법도이기 때문입니다.

그래서 저는 아버지가 어머니와 부부싸움을 하실 때 지는 걸 본 적이 없습니다. 심지어 아버지가 잘못을 해서 싸우셨을 때도 아버지가 이기셨습니다. 그 놀라운 승리의 비결은 자리를 펴고 누워서 식사를 안 하시는 것입니다. 이렇게 삼 일 정도 지나면 어머니가 "남자가 사회생활을 하다 보면 이럴 수도 있고 저럴 수도 있는데 그런 일로 바가지 긁어서 미안하다."라는 말도 안 되는 이야기로 빌기 시작하십니다. 그렇게 아버지를 설득해서 식사를 하시게 만듭니다. 싸움은 그렇게 조용히 끝이 납니다.

어머니는 아버지를 내버려둘 수 없으셨습니다. 어머니에게는 '이대로 두면 이 남자는 죽는다.'라는 근거 없는 확고한 믿음이 있었기 때문입니다. 아버지는 늘 이렇게 목숨을 건 덕분에(?) 부부싸움에서 이기셨습니다.

게다가 아버지는 엄한 분이셨습니다. 제게 한 번도 사랑한다고 말해준 적이 없고 저와 놀아주는 것을 귀찮아하셨습니다. 그래서 제게는 아버지와 함께 놀거나 시간을 보낸 추억이 없습니다. 그러다 보니 어릴 때부터 '저런 아버지는 되지 말아야겠다. 나는 정말 좋은 아버지와 좋은 남편이 되어야지.'라고 굳게 결단하며 살았습니다. 저는 그렇게 될 자신이 있었습니다. 저는 아버지와 달리 예수를 믿었고 대학을 졸업하자마자 선교단체에서 사역자로 일했기 때문입니다. 그래서 저랑 결혼하는 여자는 세상에서 가장 행복할 것이고 제 아이들은 세상에서 제일 좋은 아버지를 만나게 될 것이란 사실에 의심할 여지가 없었습니다. 결혼식을 마치고 아내의 손을 잡고 "세상에서 제일 부자인 사람은 아니지만 제일 행복한 사람은 되게 해줄게."라는 고백도 했습니다.

그런 저에게 절망감이 밀려오기 시작한건 결혼 후 얼마 지나지 않아서부터였습니다. 마치 내 안에 아버지가 임재하신 것 같았습니다. 결혼생활을 하면서 아버지와 별반 다르지 않은 제 모습을 발견하게 된 것입니다. 신혼 때는 부부싸움을 해서 제가 진 적이 없었습니다. 전 아버지처럼 드러눕지는 않았어요. 명색이 목사이고 사역자인데 그렇게까지는 할 수가 없었습니다. 툭하면 자리를 펴고 드러눕는 아버지에게 질렸기 때문에 저는 다른 방법을 고안해 냈습니다. 다투다가 불리해지거나 대화가 안 되면 그냥 집을 나가서 밤이든 새벽이든 집에 들어가지 않는 것입니다.

개인 휴대폰이 없던 시절이라 전화도 안 되니 아내가 속이 많이 탔을 것입니다. 혹시 근처에 있는 건 아닐까 싶어 아내가 밖에 나와 보면 저는 꼭 들킬 만한 지점에 있었고, 저를 찾아낸 아내가 언제나 먼저 사과를 했습니다. 그렇게 못 이기는 척하고 집에 들어가면 제가 이긴 것입니다. 하지만 나중에는 '나도 아버지와 똑같구나'라는 생각에 절망하곤 했습니다.

좋은 이야기를 많이 듣고 좋은 훈련을 아무리 많이 받아도 늘 제 삶에 나타나는 것은 성장하면서 경험한 것들이었습니다. 아버지와 다르게 살겠다고 수없이 다짐하고 결단해도 결국에는 아버지의 복사판인 저 자신과 마주할 뿐이었습니다.

그런데 감사하게도 제게는 아버지와 다른 것이 하나 있었습니다. 바로 하나님을 믿는 믿음이었습니다. 제가 아버지나 하나님을 믿지 않는 남편들과 다르게 살 수 있는 유일한 이유는 하나님이 저와 함께하신다는 것이었습니다. 계획적인 가출(?)로 부부싸움에서 승리한 다음날 묵상 시간만 되면 하나님은 제게 "너 어제 이기더라?" 하고 한마디 하시고는 곧바로 말씀을 통해 아내에게 용서를 구하라고 가르쳐주셨습니다. 그러면 저는 "하나님, 알겠습니다."라고 고백하고 아내에게 사과합니다. 아내 앞에서 제가 잘못한 부분을 인정하고 용서를 구한 것입니다.

제가 무엇 때문에 이렇게 될 수 있었을까요? 제가 아버지보다 더 성품이 좋고 고매한 인격을 가져서 그런 것입니까? 아닙니다. 저는 아버지와 기본 프로그래밍이 동일하게 되어 있는 사람입니다. 그렇다면 무엇이 이런 차이를 만들어 낸 것일까요? 제가 하나님을 믿는다는 사실입니다.

내가, 나만 옳소!

― 이것을 믿고 인정한다면 우리는 이런 질문 앞에 서게 됩니다.

"예배를 드리고 기도하고 말씀을 읽고 듣는데 왜 삶이 변하지 않을까?"

하나님을 믿고 신앙생활을 하는 사람은 삶이 변할 수밖에 없습니다. 살아계신 주님과 만나서 인격적인 교제를 나누기 때문입니다. 하지만 우리는 안타깝게도 신앙생활을 성실히 하는데도 삶이 그대로인 이들을 너무나 쉽게 볼 수 있습니다. 어쩌면 내 자신도 그럴 수 있을 것입니다.

그러나 하나님을 믿는데 삶이 변하지 않는 이 희한한 현상을 당연한 것으로 여기면 안 됩니다. 사실 하나님을 믿는데 삶이 변하지 않는 것은 불가능한 일입니다. 우리는 우리가 만든 신을 섬기는 것이 아닙니다. 우리는 기도를 통해 살아계신 하나님과 대화하고, 예배를 통해 살아계신 하나님을 만나고, 친밀한 관계를 맺고, 지금도 말씀하시는 하나님의 음성을 듣고 읽고 묵상하며 살아갑니다. 그런데 어떻게 삶이 변하지 않을 수 있을까요?

예전에 초등학교 저학년 어린이 수준에서 문제를 푸는 TV 퀴즈 프로그램이 있었는데, 한 번은 '술에 취해 거리에서 큰 소리를 지르거나 노래 부르는 행동을 뜻하는 사자성어는 무엇일까요?'라는 문제가 출제되었습니다.

정답은 '고성방가'였습니다. 하지만 정답이 어렵겠다 싶었는지 사회자가 마지막 글자를 가르쳐주었습니다. 그래도 어렵기는 마찬가지였는지 참가자들이 닥치는 대로 답을 쏟아내기 시작했습니다.

"고음불가?"

"이럴 수가?"

"미친 건가?"

"인간인가?"

사실 이것은 퀴즈의 정답이 아니라 그 퀴즈에 대해 초등학교 저학년 어린이들이 어떤 오답을 내놓았는지 맞추는 프로그램이었습니다. 그 문제의 답은 "아빠인가?"였습니다.

술에 취해 거리에서 큰 소리로 내거나 노래를 부른다는 이야기를 듣고 아빠를 떠올린 것입니다. 만약 이 퀴즈를 뒤집어서 어린이들에게 "'아빠인가?'라는 말을 풀어 설명하시오."라는 문제를 낸다면 어떻게 될까요? 아내들은 "내 남편인가?"라는 말을 어떻게 설명할까요? 남편들은 "내 아내인가?"라는 말을 어떻게 풀어낼까요? 세상 사람들은 "그리스도인인가?"라는 말을 어떻게 이해하고 있을까요?

우리가 누구인지, 어떤 사람인지 설명해 주는 것은 우리의 말이 아니라 삶입니다. 신앙생활을 하는데 삶이 변화되지 않는다면 잘못된 길을 걷고 있는 것입니다.

그리스도인의 삶이 달라지지 않는 것은 두 가지 이유 때문입니다. 첫 번째는 우리가 하나님의 생각이 아니라 자기 생각을 주장하며 살기 때문입니다. 하나님을 믿고 말씀을 읽지만 자신이 원하는 대로 사는 것입니다. 하나님 말씀을 마음에 새기고 그렇게 살아가는 것이 가장 즐겁고 기뻐야 하는데 현실은 그렇지 않습니다.

'내가 왜 그렇게 살아야 하지? 나도 내가 원하는 대로 누리면서 마음껏 높아지고 싶다고!'

이렇게 생각하니까 예배와 성경, 묵상과 기도가 삶을 변화시키지 못하는 안타까운 일이 벌어지는 것입니다.

대학생 때 한 집회에 참석했던 경험이 있습니다. 집회를 인도했던 강사님이 "여러분 인생의 목적은 하나님의 영광입니다."라고 말했습니다. 다들 "아멘." 했죠. 물론 저도 했습니다. "대학에 다니고 직장에 가는 것도 하나님의 영광을 위해 해야 합니다." 또 "아멘." 했습니다. 그런데 그 강사님은 거기서 멈추지 않고 "결혼도 하나님의 영광을 위해서 여러분이 아니라 그분이 원하시는 사람과 하시기 바랍니다."라고 말했습니다. 거기에서 저는 "아멘." 하지 않았습니다. '결혼까지 하나님의 영광을 위해 해야 한다고? 하나님이 원하시는 상대와 결혼하라고요? 주님, 그건 좀 곤란합니다. 저랑 살 건데 왜 주님이 원하시는 여자와 결혼하라는 말입니까?'

게다가 하나님은 외모가 아니라 마음의 중심을 보시는 분이잖아요. 심기가 더 불편해지는 거죠.

"주님, 제 결혼은 도와주지 않으셔도 됩니다. 그냥 제가 하는 대로 내버려 두시면 돼요. 결혼 정도는 제가 알아서 할 수 있으니 괜찮습니다. 안 그래도 바쁘실 텐데 제 결혼까지 챙기실 필요는 없습니다. 그리고 사실은 가만히 계시는 게 도와주시는 거예요."

하나님의 말씀을 신뢰하지 않고 내 생각을 더 좋게 여깁니다. 하나님의 뜻을 이루라고 부름 받았는데 그분의 영광이 아니라 내 뜻대로 살고 싶은 것입니다. 왜 그럴까요? '틀림없이 내가 맞고 내 생각이 맞다'는 철통 같은 믿음(이라고 생각하지만 사실은 지상 최대의 착각) 때문입니다. 자기 눈과 생각에 먹음직하고 보암직하고 지혜롭게 할 만큼 탐스럽게 보이는 게 중요한 것입니다. 사실은 앞에서 살펴본 소위 '꼰대'라고 불리는 꼴불견 어른들의 모습도 "내 생각이 옳기 때문에 남들은 무조건 따라야 한다!"는 아집과 독선에서 나오는 것입니다.

우리는 하나님의 뜻 가운데 거하기 위해 하나님의 음성을 듣습니다. 제가 섬기는 선교단체에서 가장 많이 강의하는 주제는 '하나님의 음성을 듣는 삶'입니다. 많은 사람들이 하나님의 음성을 잘 듣고 싶어서 이 강의 저 강의를 찾아다니며 듣고 관련 서적도 여러 권 섭렵합니다. 하지만 그런다고 하나님의 음성을 더 잘 듣는 것은 아닙니다. 우리가 하나님의 음성을 깨닫지 못하거나 오해하는 것은 내 욕심, 내가 원하는 것, 내 뜻을 가지고 들으려 하기 때문입니다. 자기 생각에 빠져 그것만 추구하는 사람은 남의 말을 잘 못 듣습니다. 하나님의 음성을 듣는 것도 크게 다르지 않습니다. 내가 원하는 것을 얻기 위해서 하나님의 음성을 들으려고 하면 실패할 수밖에 없습니다. 하나님의 음성은 오직 그분의 뜻 가운데 걸어가기 위해 귀 기울이는 사람만이 경험할 수 있습니다.

한 여성에게 반한 남성이 있습니다. 그는 하나님의 음성을 듣기 위해 "하나님, 제가 누구랑 결혼하면 좋을까요? 말씀하시면 그대로 순종하겠습니다." 하고 기도합니다. 그러나 기도하는 내내 그가 반한 여성의 얼굴이 떠오릅니다.

이런 사람은 하나님의 음성을 들을 수 없습니다. 주님은 우리에게 "욕심을 버리고 진짜 내 음성을 들으라."고 말씀하십니다. 하지만 욕심 때문에 듣지 못하니까 자신의 생각을 하나님의 음성으로 착각해서 '하나님이 그 자매와 결혼하라고 하시는구나.'라고 생각하는 것입니다.

정말로 하나님의 음성인지 확인할 수 있는 좋은 방법이 있습니다. 받은 말씀에 무조건 의심을 해보는 것입니다. 그러면 대개 둘 중 한 가지 반응이 나옵니다.

"아, 그런가요? 그럼 주님 앞에서 다시 한 번 들어봐야겠네요."라고 반응하는 사람은 하나님의 음성을 들었을 가능성이 큽니다. 하나님의 뜻을 가장 중요하게 여기기 때문입니다. 이런 사람은 하나님이 뭘 원하시는가에 초점이 있습니다. 그러나 "아니에요! 하나님 음성이 맞다고요!"라고 반응하거나 "분명히 하나님 음성이에요. 당신이 뭔데 내가 들은 게 아니라고 해요?"라고 따지고 우기다가 더 이상 말하지 않으려 하는 사람들이 있습니다. 이런 사람들의 99.9퍼센트는 하나님의 음성을 잘못 들었거나 아예 듣지 못한 것입니다. 하나님의 뜻보다 자신의 욕심이 더 강하기 때문입니다. 어떻게 해서든 이루고 싶고, 만들고 싶고, 움직이고 싶은 게 있는 사람들이 이런 실수와 오류에 빠지곤 합니다.

하나님의 뜻이라면 내가 욕심을 부리지 않아도 이뤄집니다. 하나님은 그분의 뜻을 성취하시는 분이기 때문입니다. 그러나 자기 욕심대로 자기가 원하는 삶을 살려고 고집을 부리는 사람은 하나님의 음성은 절대 들을 수 없습니다.

하나님의 음성은 오직 그분의 영광과 뜻을 위해 들어야 합니다. 자기 욕심을 버리고 무슨 말씀이든 순종하겠다는 마음만 가지면 하나님의 음성을 듣기는 매우 쉽습니다. 하나님이 우리에게 계속해서 말씀하시기 때문입니다. 그러나 자기가 원하는 것을 놓고 "이겁니까 저겁니까?"만 묻는다면 하나님의 음성을 들을 수 없습니다.

하나님의 음성을 들었다고 하면서 세상적으로 높아지고 부요해지고 편해지고 안락해지는 쪽으로 나아간다면 십중팔구 잘못 들었거나 자기 욕심을 하나님 음성으로 포장했을 가능성이 높습니다. 하지만 반대로 겸손해지고 낮아지고 자신의 권리를 포기해야 하는 십자가의 길로 나아가게 한다면 하나님의 음성을 제대로 들었을 가능성이 높습니다.

자기 고집은 죄의 뿌리다

— 하나님을 믿으면서도 자기가 원하는 것에 집착하면 무슨 일이 벌어질까요? 우리는 창세기 3장에서 이미 그런 경우를 똑똑히 보았습니다. 에덴동산에서 사탄은 뱀을 통해 하와를 유혹합니다.

너희가 그것을 먹는 날에는 너희 눈이 밝아져 하나님과 같이 되어 선악을 알 줄 하나님이 아심이니라(창 3:5).

그리고 지금도 사탄은 동일한 것으로 우리를 유혹합니다.
"하나님께 영광 돌리기 위해 산다고? 왜 그렇게 살아? 네가 지금 눈이 어두워서 그러는 거야."
"이제 눈 좀 떠봐. 네 인생을 제대로 봐. 눈만 뜨면 너도 하나님처럼 살 수 있어. 이걸 먹기만 하면 그렇게 될 거야."
"인생의 목적이 하나님께 영광 돌리는 거라고? 아니, 네가 왜 하나님을 찬양하며 살아야 해? 네가 하나님이 되어서 원하는 대로 하고, 먹고 싶은 대로 먹고, 누리고 싶은 대로 누리며 살 수 있는데 왜 그렇게 살아? 넌 지금 속고 있는 거야."

이 유혹에 넘어간 인간이 무슨 짓을 저질렀습니까? 하나님이 먹지 말라고 금지하신 선악과를 먹었습니다. 그러고 나서 인간은 그때까지 단 한 번도 느끼지 못했던 감정의 융단폭격을 받습니다. 바로 두려움입니다. 하나님을 떠난 인간은 사는 것 자체를 두려워합니다. 자기 자신과 인생, 하나님, 장차 다가올 죽음 등 모든 것을 두려워하며 살아가는 것입니다.

이때부터 인간의 삶은 죄로 인해 하나님과의 친밀한 관계를 잃어버리고 사람과의 관계도 깨어졌습니다. 생전 처음 두려움을 느꼈습니다. 그래서 하나님의 빈자리를 먹음직하고 보암직하고 지혜롭게 할 만큼 탐스러운 것으로 채워서라도 두려움을 제거하고, 두려움에서 벗어나고, 두려움에 빠지지 않으려고 발버둥 쳤습니다. 그렇지만 하나님의 빈자리는 어떤 것으로도 채울 수 없었습니다. 아담은 두려움과 수치를 가리기 위해 무화과 나뭇잎으로 치마를 만들어 입었습니다(창 3:7). 아담이 두려움에 하나님을 피해 숨자 하나님이 "아담아, 너 지금 어디 있니?" 하고 물으셨습니다(창 3:9). 몰라서 물으신 게 아니라 아담에게 "네가 있어야 할 곳이 어디인지 생각해 보라."고 말씀하신 것입니다. "하나님과의 친밀한 교제와 만남 속에서 그분과 동행하는, 두려움 없는 기쁨의 삶을 살았던 네가 하나님을 떠나 그 빈자리에 먹음직하고 보암직하고 지혜롭게 할 만큼 탐스러운 것을 채우고 있는데, 그게 정말 네가 있어야 할 자리냐?" 하고 물으시는 것입니다.

우리는 인생의 출발점을 하나님과의 친밀한 만남에 두어야 합니다. 하나님과의 친밀한 만남이 없는 사람은 자꾸만 세상의 것으로 두려움의 문제를 해결하려고 합니다. 두려움의 문제를 자기 힘으로 해결하려고 하는 (실제로는 안타깝고 처절한) 삶이 매력적이라고 생각하기 때문입니다. 그러나 우리 인생에는 하나님이 꼭 필요합니다. 하나님이 우리 안에 계셔야 두려움 없는 평강의 상태에서 자신과 세상을 올바로 보고 올바로 살아갈 힘을 얻을 수 있습니다.

> 사랑 안에 두려움이 없고 온전한 사랑이 두려움을 내쫓나니 두려움에는 형벌이 있음이라 두려워하는 자는 사랑 안에서 온전히 이루지 못하였느니라 (요일 4:18).

하나님의 빈자리가 주는 두려움의 문제를 자신이 갖고 있는 것으로 해결하려고 하고 그것으로 자존감을 삼아 자랑했던 사람이 하나님과 동행하면, 그분을 자랑하는 인생으로 변화됩니다. 하나님이 임하시면 누구나 그분을 자랑하고 싶어집니다. 우리는 그렇게 지음 받았습니다. 우리 인생에는 반드시 하나님이 계셔야 합니다.

두려움이 두려워서

—

선악과를 먹고 스스로 하나님

이 되고자 했던 인간은 두려움을 극복하기 위해 끊임없이 돈과 힘과 지혜로 자신을 포장하며 스스로를 높이려고 애씁니다. 이것을 '거울 자아'라고 합니다. 거울을 통해 자기 모습을 보듯 남에게 비춰지는 모습으로 자신을 인식하는 것입니다. 재미있는 사실은 대부분의 사람들이 거울에 비친 자기 모습을 남들이 보는 것보다 20퍼센트 정도 더 잘 생기고 멋있게 느낀다는 것입니다. 실재가 아닌 주관적인 생각 속에서 스스로를 바라보고 있다는 말입니다. 이런 사람은 남들이 자기를 어떻게 보는가로 자존감을 형성하기 때문에, 자신이 갖고 있는 돈과 용맹과 지혜를 자랑하며 만족을 찾고 안정감을 얻습니다.

> 여호와께서 이와 같이 말씀하시되 지혜로운 자는 그의 지혜를 자랑하지 말라 용사는 그의 용맹을 자랑하지 말라 부자는 그의 부함을 자랑하지 말라 자랑하는 자는 이것으로 자랑할지니 곧 명철하여 나를 아는 것과 나 여호와는 사랑과 정의와 공의를 땅에 행하는 자인 줄 깨닫는 것이라 나는 이 일을 기뻐하노라 여호와의 말씀이니라(렘 9:23-24).

둘째 딸이 어렸을 때 할아버지가 당시 유행하던 어린이 드라마에서 마법사들이 변신할 때 사용하는 펜던트를 선물로 사주셨습니다. 딸아이는 그걸 받자마자 곧바로 목에 걸고 밖으로 나갔습니다. 지금도 펜던트를 보며 부러워하는 친구들 사이에서 자랑스러운 미소를 짓던 아이의 얼굴이 생각납니다.

청소년이 되면 이런 증상은 더 심각해집니다. 이때는 장난감 대신 유명 브랜드의 옷과 신발을 자랑합니다. 몇 해 전 겨울, 오리털 파카가 유행한 적이 있었는데, 가격이 비싼데도 청소년들은 너나 할 것 없이 오리털 파카를 입고 다녔습니다. 같은 브랜드에서도 누가 더 비싼 옷을 입고 다니는지 경쟁했습니다. 유명 브랜드의 옷을 입고 있으면, 그리고 친구들이 부러워하면 자신이 더 귀하고 가치 있는 사람이 된다고 생각하기 때문에 벌어지는 현상입니다. 값비싼 점퍼를 즐겨 입는 청소년일수록 학교 성적이 낮다는 조사 결과도 있었습니다. 자랑할 것이 없으면 돈을 주고 사서라도 자신을 자랑하며 자신의 존재가치를 높이려 한다는 것입니다. 하지만 집에 가서 그 옷을 벗는 즉시 그 옷이 자신을 영원히 귀하고 가치 있는 사람으로 만들어 주지 못한다는 사실을 알게 됩니다.

이런 모습은 어른들의 세계에게서도 동일하게 나타납니다. 인간은 '중요성을 중요하게 여기는' 존재입니다. 자신에게 아무것이 없어도 사랑받으며 중요한 존재로 살고 싶어 합니다. 가진 것이 힘밖에 없으면 그거라도 사용해서 남들에게 자신이 중요한 사람이라는 사실을 인식시키고 싶어 하는 것입니다. 저는 그런 사람을 보면 솔직히 안쓰럽습니다. 얼마나 자신 있는 게 없으면 싸움 잘하고 다른 사람 괴롭히는 것을 인생의 자랑으로 삼았을까 생각하니 안타까워요. 나이가 들어서 몸에 주름이 생기고 살이 늘어지면 아무리 멋지게 그렸다고 해도 호랑이 문신은 고양이 그림이 되고 용 문신은 지렁이 그림이 됩니다. 그러면 그때 가서 '이런 건 영원한 것이 아니라 잠시 주어진 것뿐이구나.' 하고 깨닫게 되는 것입니다.

청소년들이 유명 브랜드를 자랑하는 것처럼 어른들도 명품 옷이나 핸드백, 외제차, 좋은 지역의 대형 아파트 같은 것으로 자기를 과시하고 싶어 합니다. 그러나 '내가 이런 사람이야!'라고 자랑하고 싶은 욕구는 소득수준과 상관없이 맹목적으로 남을 따라 하는 삶을 살게 합니다.

물론 이런 물질은 하나님이 주시는 귀한 것입니다. 하지만 모두 아담과 하와가 입었던 무화과나무 치마처럼 일시적인 것들이며, 우리의 두려움을 근본적으로 없애지는 못합니다. 먹음직하고 보암직하고 지혜롭게 할 만큼 탐스러운 것을 얻기 위해 노력하고 애씁니다. 열심히 돈을 모아 집을 사고 차를 사고 자녀를 명문 대학에 보내기 위해 최선을 다합니다. 그럴 때는 잠시 두려움이 사라지는 것 같지만 그때뿐입니다. 두려움은 결코 사라지지 않고 다시 꾸물꾸물 솟아납니다. 그러면 사람들은 이렇게 생각합니다.

'더 많이 벌고, 더 많이 갖고, 더 많이 누려야겠구나. 그래야 이 두려움을 이기고 내 인생에 소망과 안정감이 생기겠지?'

하지만 이런 생각은 엄청난 착각입니다. 이 땅에서는 벌이에도, 소유에도, 안전한 삶에도, 평화로운 삶에도 한계가 있습니다. 사람은 수많은 도시를 건설하고 높은 성을 쌓는다고 행복해지지 않습니다. 잠시 동안은 행복한 것처럼 느껴지겠지만 결코 영원하지는 않습니다. 두려움 때문에 더 많은 것을 얻으려 하지만 평안의 복을 주시려는 하나님의 계획에서 멀어져 저주받은 인생을 살게 될 뿐입니다.

그래서 이 사실을 깨달은 인간은 먹음직하고 보암직하고 지혜롭게 할 만큼 탐스러운 것을 안겨주고 그것을 지켜줄 누군가를 찾기 시작합니다. 자신이 원하는 대로 살 수 있게 도와줄 신을 창조하고 종교를 만드는 것입니다. 가상의 신을 만들어 놓고 신은 이렇게 믿어야 하고 신의 도움을 받으려면 이렇게 기도해야 한다는 규칙을 정합니다. 그래서 그 규칙에 따라 신을 섬겨서 보호받고 유익을 얻고 풍성한 삶을 살겠다는 것입니다.

이처럼 우리가 '나 중심적' 사고를 하기 때문에 우리의 생각은 하나님의 생각에서 멀어질 수밖에 없습니다. 그래서 열심히 예배하고 성경을 읽고 기도를 하고 교회 봉사하는데 삶이 변화되지 않는 안타까운 일이 도처에서 벌어지고 있는 것입니다.

더, 더, 더 갖고 싶소!

━ 기독교에서 가장 중요한 진리는 신앙의 대상인 하나님이 실제로 존재하는 분이라는 것입니다. 인간의 감각으로 느낄 수 없다고 해서 하나님이 존재하지 않으시는 것이 아닙니다. 인간이 아무리 끊임없이 "하나님은 살아계시는가?"라고 의문을 제기한다고 해도 그분이 살아계신다는 진리에는 조금의 흠조차 생기지 않습니다. 이것이 바로 그리스도인의 예배와 기도와 말씀 생활이 종교행위가 아닌 이유입니다.

하나님은 기독교가 종교로 전락하는 것을 몹시 안타까워하십니다. 기독교가 종교가 된다는 말은 예배 가운데 임재하시는 하나님을 만나는 것보다 예배 참석 자체에 만족하고, 기도를 통해 하나님과 대화하는 것보다 기도하는 행위 자체에 만족하고, 성경 말씀을 통해 살아계신 하나님의 뜻과 마음을 경험하는 것보다 성경에 관한 정보습득에 만족한다는 뜻입니다. 예배와 기도는 껍데기뿐인 형식으로, 말씀은 지식의 수단으로 전락하는 종교화 현상이 일어나는 것입니다.

하지만 같은 하나님을 믿는데 어떤 사람은 종교인이 되고 어떤 사람은 신앙인이 됩니다. 하나님을 신앙하는 것이 종교가 되면 삶이 변하지 않습니다. 열심히 기도하고 성경 읽고 예배드리는데 삶은 변하지 않는 것입니다. 철저하게 자기중심적인 신앙생활을 하기 때문입니다. 하나님을 믿지만 중심에는 자기 자신이 있습니다. 자기가 원하는 것, 이루고 싶은 것, 갖고 싶은 것이 있어서 하나님을 이용해서라도 그것을 이루려고 합니다. 탐욕을 채우기 위해 신앙을 빙자하는 '속물 짓'을 서슴지 않게 된 것입니다. 이것이 그리스도인이 맞는데 삶이 달라지지 않는, 즉 여전히 속물로 살아가는 아니, 어쩌면 더 뻔뻔한 속물로 망가지는 두 번째 이유입니다.

예수님은 이러한 이유로 바리새인을 심하게 책망하셨습니다. 그들은 해박한 종교적 지식을 갖고 있고, 정기적으로 기도하고, 한 번도 빠트리지 않고 십일조를 드리고, 율법을 줄줄 외우는 사람들이었습니다. 그러나 그들은 종교인이었습니다.

예수님은 바리새인들을 '외식하는 사람들'이라고 표현하셨습니다. 외식한다는 것은 겉과 속이 다르다는 의미입니다. 겉은 무엇일까요? 성전이나 교회에서 보이는 모습입니다. 거의 대부분 번지르르합니다. 그럼 속은 무엇일까요? 집이나 직장에서의 삶입니다. 종교인이 되면 이렇게 상황과 환경에 따라 서로 다른 모습으로 살게 됩니다.

예전에 청년부 사역을 할 때 집에서도 엄마를 "집사님"이라고 부르는 청년이 있었습니다. 하도 이상해서 불러다 놓고 이유를 물어본 적이 있습니다.

"너는 집에서도 엄마를 집사님이라고 부른다며? 집에서는 엄마라고 해야지 왜 집사님이라고 하니?"

"저는 엄마보다 집사님이 더 좋아요."

무슨 소리인지 이해할 수가 없어서 다시 물었더니 청년은 자신이 엄마에게 했던 실험 결과를 제게 들려주었습니다. 엄마는 집에서 용돈을 달라고 하면 "너 왜 이렇게 돈을 많이 쓰니?"라고 야단치면서 주시는데, 교회에서 다른 교인들과 함께 있을 때 용돈을 달라고 하면 온화한 미소와 부드러운 목소리로 "어, 그래 어디다 쓰려고?"라며 순순히 주신다는 것입니다. 또 집에서 "엄마, 물 한 잔만 갖다주세요."라고 하면 엄마는 퉁명스러운 목소리로 "야, 네가 좀 해. 엄마 지금 바빠."라고 거절하지만 잠시 후에 호칭을 바꿔서 "집사님, 물 한 잔만 갖다 주세요."라고 하면 얼굴에 미소까지 지으시면서 "어, 그래."라고 순순히 대답하며 물을 갖다 주신다는 것입니다. 그걸 보고 이 청년이 '집에서도 엄마를 집사님으로 부르는 게 좋겠다.'라고 생각했다고 합니다.

왜 그럴까요? 교회에서 쓰는 호칭만 들어도 교회의 삶으로 돌아가는 것입니다. 교회에서 예배하고 설교 듣고 기도하고 헌금하고 봉사합니다. 이 모든 것은 기쁘고 즐겁게 하나님의 뜻을 이루고 그분께 영광 돌리며 살아가도록 하나님이 주신 선물입니다. 그런데 이것이 종교생활이 되면 하나님께 영광 돌리는 대신 "내가 이렇게 했으니 하나님은 나한테 이렇게 해주세요."라는 거래로 바뀝니다. 십일조 내고 헌금 냈으니 이제는 내 지갑 좀 채워 달라고 당당하게 요구하는 것입니다. 주님이 삼십 배, 육십 배, 백 배로 채워 주시기 때문에 십일조를 하는 것은 올바른 신앙행위가 아닙니다.

신앙이 종교생활이 되면

십일조를 하면 하나님이 우리에게 복을 주실까요? 예, 하나님은 우리에게 복을 주십니다. 그러나 하나님과 거래하기 위해 십일조를 해서는 안 됩니다. 십일조는 우리 삶을 향한 하나님의 계획입니다. 하나님은 세상에 있는 모든 것이 다 그분의 소유이므로 돈이 필요 없는 분입니다(학 2:8). 그런데 왜 우리에게 물질을 요구하시는 것일까요?

성경을 읽을 때 우리가 가져야 할 관점 중 하나는 성경이 우리를 하나님의 뜻 가운데 거하는 삶으로 인도한다는 것입니다. 하나님이 우리에게 십일조를 원하시는 것은 그분을 위한 것이 아니라 우리가 멋지고 올바르고 행복한 삶을 살게 하기 위한 것입니다. 십일조는 하나님이 아니라 우리를 위한 것입니다.

성경은 두 가지의 재물, 즉 땅에 쌓는 재물과 하늘에 쌓는 재물에 대해 이야기 합니다(마 6:19-20). 그리고 하나님이 아니라 우리 자신을 위해 하늘 창고에 보물을 쌓으라고 말씀합니다. 이는 교회에 헌금하면 하늘 창고가 채워지고 내가 쓰면 땅에 쌓인다는 말이 아니라, 성경적인 원칙대로 사용하는 돈이 하늘 창고에 쌓이고 세상 방식대로 사용하는 돈이 땅에 쌓인다는 뜻입니다.

왜 하나님은 우리 수입의 십분의 일을 그분의 몫으로 잡아놓으셨을까요?(신 14:22) 하나님은 십일조보다 나머지 십분의 구에 더 관심이 있으신 분입니다. 십일조는 모든 것을 주신 하나님께 "하나님, 이 모든 것이 하나님으로부터 왔습니다."라는 믿음의 고백을 하면서 그 표시로 하나님께 드리는 것이기 때문에 십분의 일을 떼어 그것만 드리는 것이 아니라 전부를 대표해서 하나를 드리는 것과 같습니다. 그런데 사람들은 이것을 가지고 하나님과 거래를 시도합니다.

'십일조를 안 드리면 하나님이 내게 경제적 어려움을 주실지 몰라. 솔직히 아까워 죽겠지만 이렇게 하나님을 만족시켜 드리면 다음에는 내게 복으로 돌려주시겠지.'

많은 사람들이 십일조를 가지고 하나님과 거래를 합니다.

"십일조 하지 않으면 삶에 나쁜 일이 일어난다."

"십일조 하지 않으면 하나님이 재물을 빼앗아 가신다."

이런 거짓 믿음 때문에 억지로 하나님께 드리고 복을 받으려는 것입니다. 많이 드릴수록 더 많은 복을 받을 거라고 하는 거죠. "나머지 십분의 구도 이렇게 하나님을 위해 사용하겠다."라는 신앙고백인 십일조가 종교행위를 가장한 속물 짓으로 변질된 것입니다.

보이는 것이 전부가 아니다

세상 사람들은 무엇을 추구하며 살아갈까요? 보이는 것만 생각하며 그것을 쫓아갑니다. 돈이 많으면 행복해 하고 돈이 없으면 우울해 합니다. 좋은 환경에 있으면 기뻐하고 열악한 환경에 있으면 슬퍼합니다. 상황이 잘 풀리면 즐거워하고 상황이 악화되면 근심합니다. 그러다가 열심히 노력해서 원하는 바를 성취하면 그것을 자존감으로 삼아 자랑하며 살아갑니다.

안타까운 것은 요즘에는 그리스도인들도 세상 사람들처럼 보이는 것을 추구하며 살아가고 있다는 것입니다. 보이는 것이 믿을 수 있고 안전하고 확실하다고 느끼기 때문입니다.

예수께서 즉시 제자들을 재촉하사 자기가 무리를 보내는 동안에 배를 타고 앞서 건너편으로 가게 하시고 무리를 보내신 후에 기도하러 따로 산에 올라가시니라 저물매 거기 혼자 계시더니 배가 이미 육지에서 수 리나 떠나서 바람이 거스르므로 물결로 말미암아 고난을 당하더라 밤 사경에 예수께서 바다 위로 걸어서 제자들에게 오시니 제자들이 그가 바다 위로 걸어오심을 보고 놀라 유령이라 하며 무서워하여 소리 지르거늘 예수께서 즉시 이르시되 안심하라 나니 두려워하지 말라 베드로가 대답하여 이르되 주여 만일 주님이시거든 나를 명하사 물 위로 오라 하소서 하니 오라 하시니 베드로가 배에서 내려 물 위로 걸어서 예수께로 가되 바람을 보고 무서워 빠져 가는지라 소리 질러 이르되 주여 나를 구원하소서 하니 예수께서 즉시 손을 내밀어 그를 붙잡으시며 이르시되 믿음이 작은 자여 왜 의심하였느냐 하시고 배에 함께 오르매 바람이 그치는지라 배에 있는 사람들이 예수께 절하며 이르되 진실로 하나님의 아들이로소이다 하더라(마 14:22-33).

예수님의 제자들은 예수님보다 먼저 배를 타고 호수를 건너가다가 큰 풍랑을 만납니다. 그중에는 어부로 잔뼈가 굵은 이들도 있었지만 제자들 모두가 크게 두려워하며 어쩔 줄 몰라 했습니다. 이때 예수님은 물 위를 걸어 두려움과 고통 가운데 있는 제자들을 찾아오셨습니다. 그러나 이 놀라운 기적 앞에서 제자들은 예수님을 알아보지 못한 채 더욱더 두려워합니다. 예수님은 겁에 질린 제자들에게 "나다. 그러니까 두려워하지 말아라." 하고 말씀하십니다.

이때 베드로가 예수님에게 자기도 물 위를 걷게 해달라고 믿음의 요청을 합니다. 그리고 나서 정말로 물 위를 걸어갑니다. 베드로는 교육과 훈련을 통해 물 위를 걷는 기술을 배우고 비법을 터득한 것이 아닙니다. 그에게 주어진 것은 예수님의 "오라" 하시는 말씀이었습니다.

예수님의 말씀을 듣고 믿음이 생긴 것입니다. 예수님이 물 위를 걸어오셨지만 풍랑은 여전히 몰아치고 있었습니다. 베드로는 풍랑이 가라앉아서 물 위를 걷고 싶다고 한 것이 아닙니다. 거센 풍랑이라는 상황과 환경은 그대로인데 예수님의 말씀을 듣고 그 말씀에 순종해서 타고 있던 배를 박차고 나온 것입니다. 이것은 믿음의 행위입니다. 믿음은 자신의 생각이나 기분, 의지가 아니라 하나님의 말씀에 근거하는 것입니다.

이 사건은 보이는 것이 얼마나 강력한 실재가 되는지 우리에게 분명히 보여줍니다. 베드로는 예수님의 말씀 한마디를 믿고 물 위를 걸었습니다. 그런데 잠시 후에 물 위를 걷던 베드로가 곁눈질로 바다를 살짝 보았더니 즉시 물에 빠져 버렸습니다. 왜 이런 일이 벌어졌을까요? 베드로가 믿음의 근거를 예수님의 말씀이 아니라 보이는 상황과 환경으로 바꾼 것입니다. 사람은 보이는 것에 쉽게 넘어갑니다. 예수님이 말씀하신 것처럼 부자가 천국에 들어가는 것이 낙타가 바늘구멍을 통과하는 것보다 어려운 것도 그 때문입니다. 예수님은 우리에게 "그리스도인은 부자가 되면 안 돼."라고 말씀하신 것이 아닙니다. 우리가 돈이나 권력, 명예처럼 보이고 느껴지는 것에 쉽게 마음을 빼앗기고 그것에 안정감을 두는 연약한 존재임을 경고하신 것입니다.

우리는 보이는 것이 전부라고 생각할 때가 많습니다. 그러나 보이는 것들은 하나님이 흩으시면 한순간에 사라지고 맙니다. 먹음직하고 보암직하고 지혜롭게 할 만큼 탐스러운 것들이 전부라고 생각한다면 하나님은 당신의 삶을 통해 역사하실 수 없습니다. 세상 사람들처럼 하나님이 아닌 다른 것으로 마음속 두려움의 문제를 해결하기 위해 동분서주하는 인생이 되기 때문입니다.

보이는 것 중에 사람의 인생에 가장 강력한 영향력을 미치는 것은 돈입니다. 예수를 믿어도 돈 욕심은 여전히 남아 있습니다. 하지만 성경은 "하나님과 재물을 동시에 섬길 수 없다."고 말씀합니다(마 6:24, 눅 16:13). 돈이 본질적으로 나쁘다는 것이 아니라 우리 인생에서 돈의 위치를 어디에 놓을지 올바로 결정해야 한다는 뜻입니다. 하나님은 인격적인 분인 동시에 신성도 갖고 계신 분입니다. 놀라운 것은 돈이 우리의 삶에서 하나님과 동등한 위치에 설 수 있다는 사실입니다. 예수님의 십자가가 누구든지 통과할 수 있게 활짝 열어놓은 천국 문을 바늘구멍만 하게 좁힐 수 있기 때문입니다(막 10:25). 돈을 전부로 삼는 순간 사람을 움직이는 엄청난 영향력을 발휘합니다.

생각이 문제다

━ 하나님의 뜻 가운데 살려면 하나님과 동행해야 합니다. 하지만 우리는 우리의 고집과 탐욕 때문에 죄를 짓고 하나님을 떠나 두려움 가운데 살게 되었습니다. 그래서 우리와 동행하기를 기뻐하시는 하나님은 속죄와 회복의 방법을 찾아내셨습니다.

사랑하면 방법이 보입니다. 사랑하면 해결책을 만들어냅니다. 하나님은 무화과 나뭇잎으로 치마를 만들어 입는 일 따위의 일시적인 방법으로 두려움을 극복하려는 인간을 위해 길을 찾아주셨습니다. 그것이 바로 양의 가죽옷입니다(창 3:21). 가죽옷을 만들려면 반드시 짐승을 죽이고 피를 흘려야 합니다. 이는 우리의 죄를 사하시고 우리를 하나님과 동행하는 삶으로 인도하시는 예수 그리스도의 십자가 죽음을 예표합니다.

또한 하나님은 자신의 소유를 자랑하는 세상에서 그분과 동행하기를 기뻐하는 사람을 찾으십니다. 그런 사람만이 하나님이 창조하신 대로 그분께 영광 돌리는 삶을 살 수 있기 때문입니다. 창세기 5장에 등장하는 에녹이 그런 사람이었습니다.

> 에녹이 하나님과 동행하더니 하나님이 그를 데려가시므로 세상에 있지 아니하였더라(창 5:24).

하나님과 동행하기를 기뻐한 에녹은 죽음을 겪지 않고 곧 영원한 하나님 곁으로 가게 되었습니다. 이 말씀은 자신과 동행하려는 사람을 찾아 함께하시려는 하나님의 간절한 마음을 보여줍니다.

그러나 하나님과 동행하며 살라는 부름을 거부한 인간들은 스스로 하나님이 되어 돈과 용맹과 지혜를 자랑하며 살아갑니다. 성경은 창조의 목적을 떠나 제멋대로 타락의 길로 달려가는 인간을 "마음으로 생각하는 모든 계획이 항상 악하다."라고 묘사합니다(창 6:5). "마음으로 생각하는 모든 계획이 악하다."는 말씀은 하나님이 원하시는 생각이 아닌 잘못된 생각으로 살았다는 것을 의미합니다. 그런 생각의 결과는 무엇일까요? 하나님의 심판이었습니다.

> 여호와께서 사람의 죄악이 세상에 가득함과 그의 마음으로 생각하는 모든 계획이 항상 악할 뿐임을 보시고 땅 위에 사람 지으셨음을 한탄

하사 마음에 근심하시고 이르시되 내가 창조한 사람을 내가 지면에서 쓸어버리되 사람으로부터 가축과 기는 것과 공중의 새까지 그리하리니 이는 내가 그것들을 지었음을 한탄함이니라 하시니라(창 6:5-7).

사랑하면 길이 보입니다. 범죄하고 타락한 인간은 대홍수라는 하나님의 심판에서 벗어날 수 없었습니다. 이것은 정당하고 마땅한 결과입니다. 그런데도 인간을 사랑하신 하나님은 그들을 향한 구원의 계획을 세우시고 그것을 이룰 적임자로 노아를 선택하셨습니다. 노아는 하나님과 동행하는 사람이었습니다(창 6:9).

그러나 하나님께 영광 돌리기를 거절하고 스스로 하나님이 되려고 하는 사람들은 홍수 심판 이후에도 끊임없이 타락한 삶을 살았습니다. 성경은 그런 삶을 살았던 대표적 인물로 노아의 아들 함의 후손인 니므롯이라는 사람을 언급합니다(창 10:8). 니므롯은 천하에 이름을 날린 용맹한 장수였습니다. 그는 자신의 용맹과 지혜와 부를 자랑하기 위해 끊임없이 전쟁을 일으켜 사람들을 죽이고 땅을 빼앗아 여러 도시를 건설했습니다. 하나님을 떠나 살아가는 자가 피할 수 없는 두려움의 문제를 해결하기 위해 세력을 키우고 성을 쌓아 스스로를 지키려고 한 것입니다. 이와 같이 경쟁적 사고방식을 하는 사람은 어떻게 해서든 자신의 부와 용맹과 지혜를 자랑하고 싶어 합니다. 그래서 니므롯은 다른 사람을 짓누르고 죽이고 빼앗으면서까지 자신의 이름을 높이고 하나님과 같아지려고 했습니다.

성경은 그가 '여호와 앞에서' 용맹한 장수가 되고 수많은 도시를 만들어 드넓은 제국을 건설했다고 말합니다. 이는 니므롯이 하나님과 교제하는 경건 생활을 한 것이 아니라 하나님을 반대하여 자신이 하나님이 되는 삶을 선택했음을 뜻합니다. 수많은 도시와 성을 건설한 니므롯과 그의 부하들은 다음과 같은 계획을 세우게 됩니다.

> 서로 말하되 자, 벽돌을 만들어 견고히 굽자 하고 이에 벽돌로 돌을 대신하며 역청으로 진흙을 대신하고 또 말하되 자, 성읍과 탑을 건설하여 그 탑 꼭대기를 하늘에 닿게 하여 우리 이름을 내고 온 지면에 흩어짐을 면하자 하였더니(창 11:3-4).

온갖 죄를 저지르며 살다가 결국은 그렇게 사는 이유를 노골적으로 드러냅니다. 크고 거대한 탑을 세워 온 세상에 자기가 하나님이라고 공포하고 자랑하고 싶었던 것입니다. 하나님을 떠난 사람은 니므롯처럼 악한 일을 계획하고 악한 삶을 살 수밖에 없습니다. 악한 행동의 결과는 하나님의 심판으로 나타났습니다. 하나님은 그들의 언어를 혼잡하게 하시고 그들을 온 지면에 흩으셨습니다(창 11:9).

인간은 자신의 생각을 신뢰합니다. 그래서 자기 자신을 기준 삼아 옳고 그름을 판단하며 스스로를 합리적인 사람이라고 착각합니다. 하지만 우리의 생각은 선악과를 먹고 타락한 사고방식에서 나온 것입니다. 인간에게 합리적 사고는 존재하지 않습니다. 우리가 합리적이라고 생각하는 것은 전부 우리가 받은 교육과 환경, 관계를 통해 얻은 정보의 산물일 뿐입니다.

아브라함의 무한도전

사랑하면 길이 보이고 방법이 보입니다. 하나님은 바벨탑을 쌓아 스스로 하나님이 되고자 했던 악한 사람들 속에서 한 사람을 찾아 부르셨습니다. 그는 바로 아브람입니다.

> 여호와께서 아브람에게 이르시되 너는 너의 고향과 친척과 아버지의 집을 떠나 내가 네게 보여 줄 땅으로 가라 내가 너로 큰 민족을 이루고 네게 복을 주어 네 이름을 창대하게 하리니 너는 복이 될지라 너를 축복하는 자에게는 내가 복을 내리고 너를 저주하는 자에게는 내가 저주하리니 땅의 모든 족속이 너로 말미암아 복을 얻을 것이라 하신지라 (창 12:1-3).

아브람을 부르신 하나님은 그에게 세 가지를 말씀하십니다.
"떠나라! 가라! 되라!"
이것은 추상적인 개념이 아니라 실제 장소에 관한 명령입니다. 하나님은 아브람에게 "떠나서 가라!"고 명하시고 그렇게 할 때 어떤 결과가 나타나는지 설명하십니다. 이와 같이 하나님의 역사를 경험하기 원하는 사람은 '떠나고, 가고, 되는' 삶을 배워야 합니다.

1) 떠나라

하나님은 아브라함에게 고향과 친척과 아버지의 집에서 떠나라고 명령하셨습니다. 하나님이 '떠나라'고 명하신 곳은 '갈대아인의 땅, 우르'라는 지역이었습니다(창 11:31). 갈대아는 바벨론의 옛 지명입니다. 하나님은 아브람에게 바벨론의 우르에서 떠나라고 말씀하신 것입니다.

바벨론은 티그리스와 유프라테스라는 두 개의 강 덕분에 세계에서 제일 먼저 문명이 발생한 지역입니다. 두 강은 서로 다른 곳에서 발현하여 흐르다가 한곳에서 만나 삼각형 형태의 넓은 땅을 만들었습니다. 풍부한 수량과 퇴적물로 형성된 비옥한 토지 덕분에 농업이 발달하자 사람들은 그 지역에 도시를 만들고 문명을 발전시켰습니다. 이곳이 바로 '메소포타미아'(강의 중간 지역)입니다. 여기에 바벨탑을 쌓은 시날 평야가 있었습니다. 우르는 바로 이 시날 평야에 세워진 도시 중 하나였습니다.

하나님은 하나님을 거역하고 스스로 신이 되고자 바벨탑을 쌓은 교만한 인간 문명의 심장부에서 아브람을 부르셨습니다. 생각이 악한 사람들 속에서 노아를 불러내셨던 것처럼 바벨탑을 쌓고 스스로 하나님이 되려는 악한 문명의 심장부에서 아브람을 부르신 것입니다.

"아브람아, 너는 이곳 사람들처럼 살지 말아라. 자신의 부와 용맹과 지혜를 자랑하는 사람들로부터 떠나가라."

이것은 전혀 다른 삶으로의 초대이자 부르심이었습니다. 하나님의 사람들은 바벨론의 삶을 동경해서는 안 됩니다. 그래서 하나님은 세상과 다른 삶을 살도록 아브람에게 '떠나라'고 말씀하셨습니다.

2) 가라

　우리는 아브람과 그 후손인 이스라엘 백성들을 '히브리인'이라고 부릅니다. '히브리인'은 '강을 건너온 사람들'이라는 뜻입니다. 즉, '티그리스 강과 유프라테스 강 지역에 머물러 살지 않고 두 강을 건너온 사람들'이라는 뜻입니다. 하나님은 아브람에게 "내가 네게 보여줄 땅으로 가라."고 말씀하셨습니다. 하나님이 보여주신 가나안은 성경의 주 무대가 되는 장소입니다.

　삶의 터전이던 우르를 떠나면서 아브람은 더 멋지고 좋은 땅을 기대했을지도 모릅니다. 좋으신 하나님이 당시 세계 문명의 중심이었던 곳에서 불러내셨으니 그보다 훨씬 더 비옥한 땅으로 인도하실 거라고 생각했을 수도 있습니다. 하지만 가나안 땅은 메소포타미아를 포기하고 떠나올 만큼 좋은 곳이 아니었습니다.

　신명기 11장에는 하나님이 주시는 가나안 땅에 대한 설명이 기록되어 있습니다. 하나님은 나일 강 덕분에 메소포타미아처럼 물이 풍부하여 4대 문명 중 하나의 발원지가 된 애굽 땅에서 이스라엘 백성을 탈출시키시며 이렇게 말씀하셨습니다.

> 네가 들어가 차지하려 하는 땅은 네가 나온 애굽 땅과 같지 아니하니 거기에서는 너희가 파종한 후에 발로 물 대기를 채소밭에 댐과 같이 하였거니와 너희가 건너가서 차지할 땅은 산과 골짜기가 있어서 하늘에서 내리는 비를 흡수하는 땅이요(신 11:10-11).

가나안은 바벨론과 달리 농사짓는데 필요한 강이 없는 지역이라, 하늘에서 내리는 비를 의지해서 농사를 지었습니다. 우리가 잘 알고 있는 갈릴리 호수와 요단 강은 지하 200미터에서 400미터 사이에 위치하고 있어서 어업은 가능하지만 농업용수로는 적합하지 않습니다. 또한 가나안 대부분의 지역은 4월부터 10월까지 비가 내리지 않습니다. 11월에 이른 비가 내리지만, 이것은 추수와 관련된 비입니다. 3월까지 비가 오다가 3월 말 파종에 영향을 미치는 늦은 비를 끝으로 건기가 시작됩니다. 즉, 가나안 땅에서는 없으면 없는 대로, 있으면 있는 대로 하나님이 주시는 비를 의지해 살아야 한다는 뜻입니다. 그래서 하나님은 이스라엘 백성에게 다음과 같은 약속을 하십니다.

> 네 하나님 여호와께서 돌보아 주시는 땅이라 연초부터 연말까지 네 하나님 여호와의 눈이 항상 그 위에 있느니라(신 11:12).

하나님은 모든 상황 속에서 이스라엘 백성들과 함께하고 돌봐주겠다고 약속하셨습니다. 하나님은 가나안이 애굽보다 더 좋은 땅이기 때문이 이스라엘 백성을 그곳으로 보내신 것이 아니었습니다. 하나님이 함께하시는 곳이기 때문에 그들을 보내신 것입니다. 이것이 바로 하나님과 동행하는 삶으로의 초대입니다.

성경에서 이스라엘 백성이 하나님을 떠나 우상을 섬길 때마다 등장하는 신이 있습니다. 비와 천둥의 신인 '바알'과 풍요와 다산의 신인 '아세라'입니다. 이스라엘 백성이 하나님을 버리고 우상을 섬긴 것은 하나님처럼 때와 방법을 정해놓고 따르라고 하는 대신 자기들이 원하는 대로 비를 주고 풍요를 주는 신을 섬기고 싶었기 때문입니다.

부족해도 하나님과 동행하는 삶이 멋지기 때문에 "부족함 없네"라고 고백하는 것이 아니라 실제로 부족한 것이 없기 때문에 부족함 없다고 고백하고 싶은 것입니다. 하나님이 원하시는 대로 살기보다 자기 뜻과 계획을 하나님이 이루어 주셔서 자기가 원하는 삶이 열리기를 바라는 것입니다. 하지만 가나안에서의 삶은 이스라엘 백성이 어떻게 생각하며 살아야 할지 환경을 통해 인도하시는 하나님의 방법이었습니다. 그래서 하나님은 "가라"고 명령하신 것입니다.

3) 되라

니므롯의 후예답게 바벨론 사람들의 대표적인 사고방식은 '비교와 경쟁'이었습니다. 그들은 어떤 것에도 자족하지 않고 끊임없이 부와 지혜와 용맹을 추구했습니다. 하나님은 아브람이 그런 사고방식으로 살기를 원하지 않으셨습니다. 아브람이 가나안에서 바벨론 사람처럼 살기 원하셨다면 "복을 많이 줄 테니 너만 다 받아 챙기며 살아라." 하고 말씀하셨을 것입니다. 그러나 하나님은 아브람에게 복 주시는 이유를 분명히 말씀하십니다. 하나님이 주신 복을 가지고 땅의 모든 족속에게 복을 나눠주는 복의 근원이 되라는 것입니다.

가정과 일터와 지역과 나라와 열방이 '나'를 통해 복을 받게 된다는 말씀입니다. 그러므로 가나안에서는 경쟁을 하는 것이 아니라 서로 섬겨야 합니다. 자기를 자랑하며 경쟁하는 대신 섬김을 통해 하나님을 자랑하는, 복의 근원이 되는 삶을 사는 것입니다. 가나안에 거하는 사람들은 바벨론 사람들처럼 생각하며 살면 안 됩니다. 가나안에서는 그렇게 살 수 없습니다. 가나안 백성답게 생각하며 하나님과 동행하는 삶을 살아야 합니다.

두 개의 선택지

우리 앞에 두 가지의 삶이 놓여 있습니다. '내가 살고 싶은 삶'과 '내가 살아야 할 삶'입니다. 둘 중에 어느 것이 더 행복한 삶일까요? 사람들은 '내가 살고 싶은 삶'을 살아야 행복하다고 생각합니다. 그래서 자신이 인생의 주인이 되어 원하는 것을 이루며 살아가는데 혈안이 되어 있습니다. 하지만 그것은 올바른 생각이 아닙니다. 나를 가장 잘 아는 것은 내가 아니라 나를 만드신 하나님이십니다. 우리의 심장은 우리가 도와주지 않아도 열심히 뛰면서 우리의 생명을 유지합니다. 하나님이 그렇게 만드셨기 때문입니다. 내 육신이 아니라 하나님의 능력이 내게 생명을 주십니다. 마찬가지로 우리의 인생은 '내가 살아야 할 삶'을 선택할 때 가장 행복해집니다. 하나님은 '내가 살고 싶은 삶'으로 달려가는 우리를 하나님의 자녀로 부르셔서 '내가 살아야 할 삶'으로 인도하십니다.

인생을 살다 보면 '내가 살아야 할 삶'에 대한 확신이 생기지 않을 수도 있습니다. 그럼에도 불구하고 우리는 '내가 살아야 할 삶'을 선택해야 합니다. 그 길을 걷다 보면 '이것이 참된 행복이구나'라는 것을 느끼고 감사하게 될 것입니다. 그래서 우리는 오늘도 '내가 살고 싶은 삶'에서 떠나 하나님의 생각을 좇아 '내가 살아야 할 삶'을 살아야 합니다.

아버지와 달라지기 위해 피나는 노력을 거듭한 결과, 저의 가정생활에 조금씩 변화가 나타나기 시작했습니다. 저는 '이제야 비로소 좋은 남편이 되었구나' 하는 마음에 뿌듯했습니다. 그래서 하루는 아내에게 "여보, 당신에게 나는 몇 점짜리 남편이야?" 하고 물어봤습니다.

저는 잘못을 했을 때 즉시 아내에게 용서를 구하는 남편입니다. 제 아버지처럼 집에서 손끝 하나 까딱하지 않는 것이 아니라 설거지도 자주 하고, 맛있는 것도 자주 사주고, 집에 들어올 때 아내에게 물어봐서 반찬거리도 사옵니다. 그래서 '아내는 나를 몇 점짜리 남편으로 생각하고 있을까?' 하는 호기심이 생긴 것입니다.

내심 높은 점수를 기대했지만 아내는 뜻밖의 대답을 했습니다.
"글쎄, 잘 주면 한 70점 정도 될까?"
저는 그 말을 듣고 마음이 몹시 상했지만 불편한 기색을 감추면서 아내에게 다시 물었습니다.
"왜 내가 70점밖에 안 돼?"
아내는 이렇게 대답했습니다.
"여보, 좋은 남편이 되고 싶어요? 그렇다면 당신이 생각하는 좋은 남편이 아니라 내가 원하는 좋은 남편이 되어 주세요."

신앙생활도 마찬가지 입니다. 우리는 우리가 원하는 대로 행동하고 하나님이 기뻐하실 것이라고 착각합니다. 그러나 우리는 하나님이 '받으셔야 하는' 영광을 돌리지 말고 그분이 '영광 받으실 수 있는' 삶을 살아야 합니다.

창세기 4장에 등장하는 가인과 아벨의 제사는 이를 분명하게 보여줍니다. 성경은 아벨이 믿음으로 하나님께 예배를 드렸다고 말씀합니다(히 11:4). 그의 믿음은 어디에서 나온 것일까요?

> 믿음은 들음에서 나며 들음은 그리스도의 말씀으로 말미암았느니라 (롬 10:17).

아벨의 믿음은 듣는 것에서 나왔습니다. 믿음은 하나님의 말씀을 들어야 생깁니다. 내 생각으로 하나님께 나아가는 것은 믿음이 아니라 마인드컨트롤입니다.

하나님은 아벨의 제사가 '하나님이 원하시는' 하나님 중심의 예배였기 때문에 기쁘게 열납하셨습니다. 반면, 가인은 자기 마음대로 '하나님이 영광을 받으셔야 하는' 예배를 드렸습니다.

인생을 살아가는 두 가지 길이 있습니다. 하나는 'God's way', 즉 하나님이 기뻐하시는 길이고 또 하나는 'my way', 즉 내가 원하는 길입니다. 하나님이 기뻐하시는 길의 출발점은 그분 중심의 사고방식에서 시작됩니다. 하나님 중심의 사고방식을 가져야 건강하고 온전한 신앙인으로 살아갈 수 있습니다. 그렇지 않으면 하나님을 믿고 기도하고 예배하면서도 자기중심적으로 살아가는 종교인이 될 수밖에 없습니다.

보이지 않는 것을 바라보라

━ 당신 인생의 무엇이 실재(reality, 實在)입니까? 당신의 감정과 의지를 움직여서 구체적으로 행동하게 하는 현실은 무엇입니까? 당신의 인생에서 무엇이 진짜입니까?

순회 전도자이자 복음학교의 주강사인 김용의 선교사는 "사람은 자기가 좋아하고 가치를 인정하는 대상에 대해서는 어떤 대가도 기꺼이 지불하는 존재"라고 이야기합니다. 스스로 원해서 하는 일은 어떤 상황이나 환경이 닥쳐도 포기하지 않으며, 그것을 얻고 이루기 위해서라면 지치지도 않고 피곤치도 않고 날개 치며 올라가는 독수리처럼 힘이 불끈불끈 솟아난다는 것입니다.

그가 이와 같은 대표적인 사례로 꼽는 것은 바로 대입 수험생을 위한 기도회입니다. 기도의 열정과 열기가 식은 지 오래인 한국 교회가 입시철만 되면 꾸역꾸역 한자리에 모여 뜨겁게 기도합니다. 금식 기도에 철야 기도도 너끈히 해냅니다. 누가 시켜서 하는 게 아닙니다. 자녀가 원하는 대학에 들어가서 신분이 상승하고 돈을 많이 벌고 미래를 보장받는 것은 부모에게 지극히 생생한 실재입니다. 자녀의 미래를 위해서라면 언제든 무슨 짓이라도 할 수 있고, 앉으나

서나 자나 깨나 자녀의 미래만 생각하고, 자녀의 미래와 관련된 것은 자동으로 하게 되고, 굳이 노력하지 않아도 저절로 관심과 에너지가 집중됩니다. 그래서 모든 것을 뛰어넘어 넉넉히 이기게 되어 있습니다. 이런 것이 우리의 삶을 이끌고 가는 실재인 것입니다.[4]

  모세의 뒤를 이은 여호수아는 이스라엘 백성을 이끌고 하나님이 약속하신 가나안 땅의 목전에 도착합니다. 요단 강만 건너면 꿈에 그리던 가나안에 들어갈 수 있었습니다. 그러나 여호수아에게는 '요단 강이 가장 범람하는 시기(수 3:15)에 많은 이스라엘 백성을 데리고 어떻게 강을 건너야 할까?' 하는 문제가 있었습니다. 하나님은 근심하는 여호수아에게 "언약궤를 멘 제사장이 앞장서고 이스라엘 백성 전체가 그 뒤를 따라 요단 강에 들어가라."고 말씀하십니다.

> 여호와께서 여호수아에게 이르시되 내가 오늘부터 시작하여 너를 온 이스라엘의 목전에서 크게 하여 내가 모세와 함께 있었던 것 같이 너와 함께 있는 것을 그들이 알게 하리라 너는 언약궤를 멘 제사장들에게 명령하여 이르기를 너희가 요단 물 가에 이르거든 요단에 들어서라 하라 여호수아가 이스라엘 자손에게 이르되 이리 와서 너희의 하나님 여호와의 말씀을 들으라 하고 또 말하되 살아 계신 하나님이 너희 가운데에 계시사 가나안 족속과 헷 족속과 히위 족속과 브리스 족속과 기르가스 족속과 아모리 족속과 여부스 족속을 너희 앞에서 반드시 쫓아내실 줄을 이것으로서 너희가 알리라 보라 온 땅의 주의 언약궤가 너희 앞에서 요단을 건너가나니 이제 이스라엘 지파 중에서 각 지파에

> 한 사람씩 열두 명을 택하라 온 땅의 주 여호와의 궤를 멘 제사장들의 발바닥이 요단 물을 밟고 멈추면 요단 물 곧 위에서부터 흘러내리던 물이 끊어지고 한 곳에 쌓여 서리라(수 3:7-13).

성경을 사람의 관점으로 읽으면 자꾸만 하나님이 이상하게 느껴집니다. 마치 우리가 두려워하고 고통 받는 것을 즐기는 분 같습니다. 그게 아니라면 하나님은 왜 이스라엘 백성들을 거센 강물 속으로 밀어 넣으신 것일까요?

강을 건너기 위해 배를 구하거나 나무를 베어 배를 만드는 것은 하나님을 믿지 않는 세상 사람들도 할 수 있습니다. 그리고 절박한 상황이 되면 세상 사람들도 배나 배를 만들 목재를 달라고 기도를 할 것입니다. 하지만 그들은 아무 대책도 없이 깊이를 알 수 없는 거센 강물에 발을 들이밀지는 않을 것입니다. 눈으로 볼 수 없는 믿음의 문제이기 때문입니다.

배를 구하거나 만드는 것은 굳이 하나님이 역사하지 않으셔도 가능한 일입니다. 보이는 것을 가지고 할 수 있는, 하나님이 없어도 되는 해결책입니다. 배나 배를 만들 목재를 구하는 기도도 절박함에서 나온 것일 뿐, 하나님을 향한 믿음에서 나온 것이 아닙니다.

물론 그리스도인도 겉으로 볼 때는 동일한 행동을 취합니다. 배를 구하거나 만들려 하고, 그게 안 되면 "하나님, 배를 주시든지 배를 만들 나무를 주십시오!"라고 기도합니다. 그러나 하나님이 우리에게 "됐고, 그냥 물로 들어가."라고 말씀하실 때는 이야기가 완전히 달라집니다. 언제 하나님이 그렇게 말씀하실까요? 하나님이 역사하셔야 해결되는 상황에 우리를 밀어 넣으실 때, 하나님이 아니면 안 되는 상황에 그렇게 말씀하십니다.

사실 여호수아는 요단 강에 도착하기 전부터 이미 그런 상황 가운데 있었습니다. 애굽에서 그들을 구해내고 광야 길을 이끌어 준 위대한 지도자 모세가 세상을 떠났습니다. 아직 약속의 땅 가나안에 도착한 것도 아닌데 말입니다. 그리고 여호수아는 모세의 뒤를 이어 이스라엘 백성의 지도자가 되었습니다. 자신에게 맡겨진 임무와 주어진 상황 앞에서 엄청난 중압감에 사로잡힌 그는 두려웠습니다. 그리고 그의 두려움의 문제를 해결하기 위해 하나님이 내놓으신 해답은 '동행'이었습니다.

> 내가 네게 명령한 것이 아니냐 강하고 담대하라 두려워하지 말며 놀라지 말라 네가 어디로 가든지 네 하나님 여호와가 너와 함께하느니라 하시니라(수 1:9).

하나님은 끊임없이 인간을 괴롭혀온 두려움의 문제를 해결하는 동시에, 인간이 상실한 하나님과의 친밀한 관계를 회복하겠노라 약속하셨습니다.

"내가 할 수 있는 것이 없구나."라고 고백하는 사람은 이럴 때 비로소 하나님에 대해 실낱같지만 진솔하고 간절한 믿음을 품게 됩니다. 여호수아는 하나님 말씀에 순종했습니다. 그는 자신이 생각하는 해결책을 주장하지 않았습니다. 직접 문제를 해결해서 모세보다 뛰어난 지도자가 되려고 하지도 않았습니다. 자기 고집과 탐욕을 포기한 것입니다. 여호수아는 요단 강을 건너면서 보이는 것으로 두려움의 문제를 해결하려는 뿌리 깊은 인간의 본성을 끊어냈습니다. 하나님이 이스라엘 백성의 새로운 지도자가 된 그에게 제일 먼저 가르치신 것은 바로 이것입니다. 가나안 땅에 들어간 뒤로는 오직 보이지 않는 하나님 한 분만 그의 삶을 추동하는 실재가 됩니다.

요단 강을 건너자마자 남성들에게 집단 할례를 실시한 것만 봐도 그 점을 분명하게 알 수 있습니다(수 5:2-8). 여호수아는 하나님의 말씀에 순종한 것이지만, 사람의 시각으로 볼 때, 절대 해서는 안 되는 행동이었습니다. 할례 대상자들이 전쟁에 참여해야 할 전투병력, 즉 군인들이었기 때문입니다.

요단 강을 건넜다는 것은 이스라엘 백성이 가나안 땅에 들어왔다는 의미입니다. 가나안 원주민들의 입장에서 보면 정체불명의 침입자들이 국경을 넘어온 것입니다. 이스라엘 백성들은 적진에 들어와 있었습니다. 언제 어디서 적이 습격해올지 알 수 없는 상황이라는 뜻입니다. 여호수아는 이런 상황에서 군사들에게 할례를 행한 것입니다. 할례 받은 사람들은 전부 상처가 나을 때까지 자기 텐트에 누워있어야 했습니다. 이때 누군가 공격해 오면 이스라엘 백성은 속수무책으로 몰살당할 수밖에 없었습니다. 그런데도 여호수아는 하나님의 말씀에 따라 이스라엘 군대에게 할례를 시행했습니다. 보이는 것이 아니라 보이지 않는 하나님과 그분의 말씀이 그의 삶에 실재가 되었기 때문입니다.

세상 사람들은 결코 보이지 않는 하나님을 실재한다고 생각하지 않습니다. 그들에게 실재는 '보이는 현실'의 문제이며, 그것을 해결할 수 있는 '손에 잡히는 방법'입니다. 하지만 사도 바울은 하나님을 믿는 사람은 전혀 다른 것을 바라봐야 한다고 말씀합니다.

> 우리가 주목하는 것은 보이는 것이 아니요 보이지 않는 것이니 보이는 것은 잠깐이요 보이지 않는 것은 영원함이라(고후 4:18).

우리는 잠깐 살다가 없어지는 삶을 사는 사람들이 아닙니다. 우리의 최종 목적지는 이 땅이 아닙니다. 우리는 지금 여기에 사는 동시에 영원 속에서 하나님과 살아가는 사람들입니다. 그래서 우리 모두에게는 영원을 사모하는 마음이 있습니다.

> 하나님이 모든 것을 지으시되 때를 따라 아름답게 하셨고 또 사람들에게는 영원을 사모하는 마음을 주셨느니라(전 3:11).

그러나 오해하지 마십시오. 영원한 본향을 향해 나아가는 것은 세상과 등 돌리고 사는 삶이 아닙니다. 현재에 살면서도 영원한 것을 사모하며 영원한 것을 바라봅니다. 하루하루 영원을 향해 나아가며 하나님과 동행하고 그분의 영광을 위해 살아갑니다.

세상 사람들은 보이는 것만 추구하며 살 수밖에 없습니다. 하나님을 떠난 인간은 영적인 눈이 어두워져서 영적인 세계, 즉 보이지 않는 하나님과 천국, 영적 세계를 볼 수 없기 때문입니다. 그런데 사도 바울은 고린도후서 4장 18절에서 "보이지 않는 것을 볼 수 있는 사람들이 있다."고 말합니다. 바로 그리스도인들입니다. 하나님은 보이지 않는 것을 바라보며 살도록 우리를 부르셨습니다. 사도 바울의 말대로 '보이지 않는 것'이 영원하기 때문입니다.

사도 바울이 말하는 '보이지 않는 것'이란 영적인 것, 즉 하나님의 말씀입니다. 우리는 하나님 말씀을 붙들고 감정과 상황과 환경을 움직이도록 부름 받았습니다. 우리는 아침부터 저녁까지 보이는 것만 생각하며 그것만 쫓아다니는 사람들이 아닙니다. 어렵고 힘들면 '내 인생이 그렇지 뭐'라고 자조하는 세상 사람들과 달리 보이지 않는 하나님의 말씀을 붙들고 감정과 환경을 이겨내며 살아가도록 부름 받았습니다. 이것이 바로 믿음의 삶이며 우리가 추구해야 할 삶의 방식입니다.

　　　이는 우리가 믿음으로 행하고 보는 것으로 행하지 아니함이로라
　　　(고후 5:7).

그리스도인은 하나님의 말씀을 붙잡고 믿음으로 나아가야 합니다. "제가 이렇게 하면 하나님도 이렇게 해주실 줄 믿습니다."라거나 "할 수 있다. 하면 된다."라고 고백하는 것은 믿음이 아니라 세상에서 말하는 긍정의 힘, 즉 마인드컨트롤입니다. 그러나 성경에서 말하

는 믿음은 '하나님 말씀을 듣고 그 말씀을 좇아가는 것'을 뜻합니다.

보이지 않는 하나님 말씀을 붙잡고

한국 교회에는 하나님 말씀을 많이 공부해서 그 지식을 자랑하는 사람들이 있습니다. 그러나 하나님의 말씀은 배웠다고 해서 아는 것이 아닙니다. 성경적인 지식이 많은 것으로는 하나님의 말씀이 우리 삶의 실재가 되지 못합니다. 하나님의 말씀이 실재가 되려면 그 말씀의 은혜로 삶이 변화되는 것을 경험해야 합니다. 우리 삶을 변화시키는 말씀의 능력과 맞닥뜨려야 한다는 뜻입니다. 삶의 경험을 통해 하나님이 어떤 분인지 알아야 합니다. 그럴 때 우리는 진정으로 하나님 한 분만 자랑하며 살 수 있습니다.

제 첫째 딸은 지금 호주에서 유학을 하고 있습니다. 고등학교를 졸업할 즈음에 딸아이가 제게 호주에 있는 대학에 들어가고 싶다고 이야기했지만, 저는 단호하게 안 된다고 반대했습니다.

"너 거기 학비가 얼마나 드는 줄 알고 그런 소리를 하는 거니? 우리 집 형편에 호주에 가서 공부하는 건 힘든 게 아니라 아예 불가능한 일이야."

이렇게 말하는 저에게는 눈에 보이는 경제적 형편, 즉 돈이 실재였습니다. 그런데 아이가 제게 "아빠, 그러면 돈이 있으면 갈 수 있고 돈이 없으면 갈 수 없는 거예요?"라고 물었습니다. "아멘."이라고 대답하고 싶었지만, 이내 아이의 질문에 말문이 막히고 머리를 한 대 맞은 것처럼 정신이 번쩍 들었습니다. 믿음의 삶을 살아야 한다고 가르치던 제가 정작 눈에 보이는 안전한 것을 좇고 있었던 것입니다. 그래서 아이에게 "그건 아니지." 하고 대답했습니다.

"아빠, 그러면 하나님이 이 문제에 대해 어떻게 생각하시는지 우리 같이 기도해요."

저희 온 가족은 기도하면서 하나님의 뜻을 구하기 시작했습니다. 그런데 이게 웬일입니까? 첫째 딸을 호주에 보내라는 하나님의 응답을 받았습니다. 하나님의 말씀은 들었지만 솔직히 저는 마음이 너무 무거웠습니다. 학비는커녕 비행기 값도 없는 상황이었기 때문입니다. 그래서 저는 딸아이에게 정직하게 제 심정을 나눴습니다.

"애야, 이거 어떻게 하냐. 비행기 값도 문제지만 호주에 가도 한두 달 뒤에는 그냥 돌아와야 할지도 모르겠구나. 그렇게 된다고 해도 너무 상처 받지 않았으면 좋겠다. 지금이라도 포기하고 다른 길을 찾아보는 게 낫지 않겠니?"

하지만 여비를 놓고 기도하던 중에 하나님이 비행기 값을 허락하셔서 아이는 호주로 떠났습니다. 그리고 지금, 딸아이는 학교를 마쳐가고 있습니다.

물론 아이는 고생을 많이 했습니다. 가자마자 아르바이트 자리를 얻어서 1년 동안 열심히 돈을 벌었습니다. 그렇게 모은 돈으로 대학에 들어갔지만, 학교에 다니면서도 아르바이트를 계속해야 했습니다. 아이는 힘들지만 최선을 다해 배우고 있습니다. 중요한 것은 호주에서 대학을 다니는 것이 아니라, 아이가 부모의 하나님이 아닌 자신의 하나님을 만나 그분의 신실하신 섭리 가운데 변화되고 있다는 사실입니다. 이 모든 과정 속에서 아이는 하나님의 음성을 듣고 말씀을 붙잡는 삶이, 보이는 것을 추구하는 삶보다 더 멋지고 안전하다는 것을 배운 것입니다. 이제는 살아계신 하나님이 딸의 삶의 실재가 되었습니다.

찬양의 가사로 널리 알려져 있지만 사실 우리 머리로는 결코 이해할 수 없는 하박국 선지자의 고백이 가능한 것도 그 때문입니다.

> 비록 무화과나무가 무성하지 못하며 포도나무에 열매가 없으며 감람나무에 소출이 없으며 밭에 먹을 것이 없으며 우리에 양이 없으며 외양간에 소가 없을지라도 나는 여호와로 말미암아 즐거워하며 나의 구원의 하나님으로 말미암아 기뻐하리로다(합 3:17-18).

우리는 성경을 읽을 때 자신의 이야기가 아니라고 무심하게 읽는 경향이 많습니다. 그러나 성경 속의 상황이 내 상황이라고 생각해 봅시다. 무화과 농사도 안 되고 포도 농사도 안 되고 감람나무 농사도 안 되고 재산도 전부 탕진했습니다. 이쯤 되면 저주받은 인생 아닙니까? 그러나 하박국은 하나님으로 인해 즐거워하고 기뻐했습니다. 그가 정신이 나간 것일까요?

하박국서는 총 3장으로 구성되어 있습니다. 1장과 2장에서는 하나님을 향한 하박국 선지자의 항변과 그에 대한 하나님의 대답이 교차되고, 마지막 3장에는 하박국이 악기에 맞춰 부른 노래 가사가 기록되어 있습니다. 하박국은 하나님을 향해 "어째서 악인이 갈수록 더 극성을 부리며 의인을 억압하게 놔두십니까?"라고 부르짖습니다. 악하고 부조리한 현실에 대한 자신의 판단이 옳고 합리적이라고 확신했기 때문입니다.

그는 "하나님이 내게 뭐라고 말씀하실지 두고 보겠다! 하나님이 내게 어떤 대답을 내놓으실지 기다려진다!"고 항변했습니다(합 2:1). 그리고 하나님은 잔뜩 독이 올라있는 그에게 "악인은 반드시 멸망하고 의인은 믿음으로 살 것이다."라고 대답하십니다. 이렇게 자신이 목격하고 있는 현실에 대해 하나님과 생각(관점과 그에 따른 해석)을 주고받던 하박국은 결국 자신의 관점을 내려놓습니다.

무리가 우리를 치러 올라오는 환난 날을 내가 기다리므로(합 3:16).

악인은 반드시 하나님의 때에 멸망할 것이라는 하나님의 말씀을 받아들인 것입니다. 상황과 환경에 관계없이 하나님을 즐거워하며 기뻐하겠다는 하박국의 찬양은 바로 그 뒤에 등장합니다. 만약 하박국이 인간적 관점에서의 합리적 사고를 포기하지 않았다면 이 신앙고백은 나올 수 없었을 것입니다. 성취된 것은 하박국의 판단이 아니라 하나님의 뜻이었습니다. 올바른 의미의 합리적인 생각은 하나님의 말씀밖에 없습니다. 하나님의 말씀에 기초한 생각만이 진정한 행복을 누리게 합니다.

우리에겐 다른 삶이 있다

그리스도인은 세상 사람들과 다른 방식으로 살아야 합니다. 하나님도 오케이, 돈도 오케이. 이렇게 살 수 없습니다. 그리스도인은 부자가 되면 안 된다거나 돈 없이 살아야 한다는 이야기가 아닙니다. 무엇을 바라보며 어떤 것을 더 중요하게 여기며 살 것인지 분명하게 해야 한다는 것입니다. 돈의 영향력을 따라가는 것이 아니라 하나님의 말씀을 따라 믿음의 길을 가야 한다는 뜻입니다. 그렇게 사는 사람만이 요단 강을 건너 가나안 땅으로 들어가는 역사를 경험할 수 있습니다.

물론 돈과 용맹, 지혜는 자랑할 만한 것들입니다. 열심히 노력해서 돈과 용맹과 지혜를 갖게 되었다면 마땅히 자랑스러워 할 수 있습니다. 하지만 그리스도인인 우리에게는 그보다 더 자랑스러운 '살아계신 하나님과 동행하는 삶'이 있기에 이 땅의 자랑에 혈안이 된 세상 사람들처럼 살지 않을 수 있습니다. 우리는 하나님을 자랑하도록 보냄 받았습니다. 하나님을 만나고 동행하다 보면 자연스럽게 하나님을 자랑하고 싶어집니다. 이 땅의 힘과 용맹과 지혜를 자랑하던 사람들이 하나님을 자랑하는 사람들로 변화되는 것입니다.

성경에 기록된 믿음의 선진들도 그렇게 살았습니다. 그들은 모두 "예수 믿고, 복 받고 행복하게 잘 살았더라."는 이야기와 거리가 먼 삶을 살았습니다. 좋아 보이고 안전해 보이는 모든 것을 떠나 하나님 말씀만 붙들고 때로는 구질구질하게 때로는 찌질하게 살아야 했습니다. 그들에게 고향과 친척과 아버지의 집은 먹고 살 일터가 있고, 의지할 일가친척이 있으며 익숙하고 안전한 환경을 갖춘 곳이었습니다. 게다가 아브라함은 원래 신앙생활을 하던 사람도 아니었습니다. 그런 사람에게 하나님이 왜 필요합니까? 그냥 고향에 눌러앉으면 남부럽지 않게 누리면서 하나님의 빈자리로 인한 내면의 두려움을 다른 것으로 달래며 살 수 있을 텐데 말입니다. 그런데 하나님은 "너, 거기 떠나라."고 말씀하십니다.

그래서 '믿음은 하나님과 나의 생각 차이를 줄여 가는 것'이라고 할 수 있습니다. 분당우리교회의 이찬수 목사님이 설교 때 하신 말씀인데, 너무나 정확한 표현입니다. 신앙생활은 완전히 다른 하나님의 생각과 내 생각 사이의 간극을 줄여가는 것입니다.

> 내 생각이 너희의 생각과 다르며 내 길은 너희의 길과 다름이니라 여호와의 말씀이니라 이는 하늘이 땅보다 높음 같이 내 길은 너희의 길보다 높으며 내 생각은 너희의 생각보다 높음이니라(사 55:8-9).

나를 만드신 하나님은 나보다 나를 더 잘 알고 계십니다. 그래서 높으신 하나님의 생각과 잘못된 내 생각 사이의 간극을 줄이기 위해서는 믿음이 필요합니다.

아브라함은 75세에 하나님의 말씀을 따라 가나안 땅으로 갔습니다. 하지만 그도 하나님의 생각에 늘 동의하고 순종한 것은 아니었습니다. 가나안 땅에 가서 보니까 자신이 기대한 환경과 조건이 아니었기 때문입니다.

창세기 22장에는 아브라함이 하나님의 말씀을 듣고 모리아 산에서 이삭을 제물로 드리는 놀라운 믿음의 사건이 기록되어 있습니다. 이때 아브라함의 나이는 120세였습니다. 아브라함이 하나님의 말씀에 순종하여 갈대아 우르를 떠난 지 45년이 지난 후였습니다. 아브라함은 이 시간 동안 하나님의 생각과 자기 생각 사이의 간극을 줄이는 연습을 했던 것입니다.

만약 창세기 22장의 모리아 산 제물 사건이 창세기 12장에 기록되어 있다면 우리는 절망했을 것입니다. 아브라함이 타고난 믿음의 소유자여서 성경에 처음 등장하자마자 하나님이 아들을 내놓으라고 하셔도 순종할 수 있었다면, 태생이 전혀 다른 우리가 아브라함 같은 믿음의 거장을 어떻게 따라갈 수 있겠습니까? 하지만 감사하게도 창세기 12장의 아브라함과 창세기 22장의 아브라함 사이에는 45년의 세월이 있습니다. 아브라함도 우리와 동일한 사람이었던 것입니다. 그래서 아브라함은 45년 동안 하나님과 생각의 차이를 좁히는 훈련을 한 것입니다.

'하나님은 도대체 왜 이러실까? 왜 이렇게 나를 괴롭히시는 것일까? 이럴 바에는 차라리 하나님 음성을 안 듣고 사는 게 더 나을 것 같아. 그냥 못 들은 척 무시해버릴까?'라는 생각이 들 때 필요한 것이 바로 믿음입니다. 내 생각과 완전히 다르지만 언제나 하나님의 생각은 나를 더 행복한 삶으로 인도하신다는 믿음 말입니다.

여호와의 말씀이니라 너희를 향한 나의 생각을 내가 아나니 평안이요 재앙이 아니니라 너희에게 미래와 희망을 주는 것이니라(렘 29:11).

하나님은 왜 이삭을 바치라고 하셨을까요? 아브라함은 모리아 산 그 제단 앞에서 자기 손으로 아들을 죽여야 하는 아버지의 마음을 체험합니다. 그는 약 이천 년 뒤 갈보리 언덕에서 인간을 향한 사랑 때문에 자기 손으로 아들을 죽이는 하나님 아버지를 보았을 것입니다.

모리아 산은 아브라함이 하나님의 마음과 생각을 품고 그분의 사랑에 동참하게 되는 마지막 훈련장이었습니다. 지난 45년 동안 그리고 모리아 산에서 아브라함은, 하나님의 생각을 알고 따라가며 그분 앞에서 믿음으로 행하는 삶을 살게 된 것입니다.

마찬가지로 하나님은 우리에게 보이지 않는 하나님의 말씀을 붙잡아서 하나님과 내 생각 사이의 간극을 메우는 삶으로 우리를 부르고 계십니다. 그리고 그 부름에 순종하기로 결정하고 구체적으로 응답하는 이들 가운데서 동일한 일을 행하십니다.

새로운 삶을 향한 그분의 초대 앞에서 당신의 선택은 무엇입니까?

소그룹을 위한 "읽다, 살피다, 나누다"

01. 이번 장에서 이야기한 '예수를 믿는데 삶이 변하지 않는 두 가지 이유'는 무엇입니까?

02. 가인과 아벨의 이야기에서 '하나님이 받으셔야 하는 영광을 돌리는' 것과 '하나님이 영광 받으실 수 있는 삶을 사는' 것의 차이는 무엇입니까?

03. '보이지 않는 하나님의 말씀을 붙잡고 살아간다.'는 것은 무슨 의미입니까?

04. 하나님의 생각과 내 생각 사이의 간극을 메우는 것이 신앙생활이라면 우리의 예배, 말씀 생활, 기도 생활은 어떻게 달라져야 할까요?

05. 당신은 하나님이 초대하신 새로운 삶이 어떤 것이라고 생각하십니까?

• 2부 •

생각 기지개 켜기

4장

나이 들수록 추한 사람의 사고방식

가나안 백성의 사고방식으로 초대받다

━ 미국의 한 조사 결과에 따르면, 사람들이 섭취하는 염분의 80%는 자기가 뿌린 소금이 아니라 이미 음식에 포함된 식품첨가물에 들어있는 것이라고 합니다. 그중에서 염분 함유량이 매우 높다고 알려진 음식은 바로 패스트푸드입니다.[5] 2012년에 실시한 조사라 꽤 오래전 이야기이기는 하지만 지금도 더하면 더했지 결코 덜하지는 않을 것입니다. 실제로 2016년 초에 실시한 조사에서는 우리나라 일부 유명 패스트푸드 점의 아침 메뉴 세트가 일반 햄버거 세트보다 나트륨 함량이 높고 표시된 성분표도 실제 측정값과 차이가 있었다고 합니다.[6]

패스트푸드가 정크푸드(junk food)라는 것은 익히 알고 있었지만,

아무 생각 없이 늘 접하던 음식을 통해 자기도 모르게 체내에 과도한 염분을 받아들이고 있었다는 사실은 정말 불쾌하고 기분 나쁜 일입니다. 그런데 '생각' 또한 이와 비슷하다고 합니다.

미국 아주사퍼시픽 대학의 교수이자 세계관 강사인 스티브 윌킨스와 마크 샌포드는 세계관이 우리 자신도 모르는 사이에 '우리 주변에 널려 있지만 문화 속에 은밀하게 스며들어 엄청나게 많은 사람이 따르는' 대중적 인생철학으로 자리 잡는다고 이야기합니다.

> 그것들은 분명 모든 세계관을 망라한 목록은 아니지만 우리 문화에서 가장 널리 퍼져 있으며 우리의 삶을 형성하는 관점이다. 주의 깊게 관찰한다면 그런 세계관은 어디서나 - 사무실, 기숙사, 인터넷 메신저, 카페에서 커피를 마시며 나누는 대화 - 듣고 볼 수 있다. 또한 그것들은 세속적인 영역에만 제한된 것이 아니다. 그런 세계관의 은밀한 속성 때문에 교회 뒷문으로 스며들어 기독교 사상과 뒤섞이고 때로는 기독교적인 견해로 행세하기도 한다.[7]

이 땅에서 살아가는 한 우리는 좋든 싫든 세상의 영향을 받으며 살 수밖에 없습니다. 다양한 사람들과의 관계, 가정과 학교에서 받는 공식적/비공식적 교육, 미디어와 매스컴을 통해 보고 들은 것에 영향을 받아 사고방식을 형성합니다. 이 중에는 올바르고 유익한 것도 있지만 그리스도인으로서의 합당한 삶을 방해하는 것도 있습니다. 그래서 사도 바울은 생각의 경계가 필요하다고 말씀합니다.

끝으로 형제들아 무엇에든지 참되며 무엇에든지 경건하며 무엇에든지 옳으며 무엇에든지 정결하며 무엇에든지 사랑받을 만하며 무엇에든지 칭찬 받을 만하며 무슨 덕이 있든지 무슨 기림이 있든지 이것들을 생각하라(빌 4:8).

이것은 우리가 무엇을 생각하며 살아야 하는지에 대한 말씀입니다. 어떤 것을 생각하든 참되고 경건하고 옳고 순결하고 사랑스럽고 명예롭고 덕이 되고 칭찬할 만한 것에 집중하라는 이야기입니다.[8] 이것이 바로 우리가 지켜야 할 생각의 경계입니다. 즉, 거짓되고 불경건하고 잘못되고 추하고 수치스럽고 흉이 되고 비난할 만한 생각으로 행하는 삶 속에서는 하나님이 역사하지 않으신다는 것입니다. 무슨 생각을 하든 그것은 각자의 선택입니다. 그러나 해야 할 생각과 하지 말아야 할 생각은 구분됩니다. 하지 말아야 할 생각을 하고 있으면 하나님이 역사하실 수 없고 그런 생각은 사람을 죄의 길로 이끌어갈 뿐입니다.

그렇다면 우리가 하지 말아야 할 생각들, 즉 거짓되고 불경건하고 잘못되고 추하고 수치스럽고 흉이 되고 비난할 만한 생각에는 구체적으로 어떤 것들이 있을까요?

그러므로 너희가 그리스도와 함께 다시 살리심을 받았으면 위의 것을 찾으라 거기는 그리스도께서 하나님 우편에 앉아 계시느니라 위의 것을 생각하고 땅의 것을 생각하지 말라 이는 너희가 죽었고 너희 생명이 그리스도와 함께 하나님 안에 감추어졌음이라(골 3:1-3).

사도 바울은 그리스도인이라면 위의 것을 생각하고 땅의 것을 생각하지 말아야 한다고 이야기합니다. 우리는 땅에서 살지만 땅의 생각이 아니라 하늘의 생각으로 살도록 부름 받았기 때문입니다. 그렇다면 '땅의 것'이란 무엇을 말하는 것일까요? 바로 가나안 백성으로 살아가는 그리스도인이 하지 말아야 할, 땅에 기반을 둔 바벨론의 사고방식들입니다. 또한, 이것은 나이가 들수록 추해지는 사람의 사고방식이기도 합니다.

성(性)에 대한 잘못된 생각

사도 바울이 소개하는 첫 번째 '땅의 것', 즉 나이 들수록 추해지는 사람의 사고방식은 음란과 부정과 사욕과 악한 정욕입니다.

> 그러므로 땅에 있는 지체를 죽이라 곧 음란과 부정과 사욕과 악한 정욕과 탐심이니 탐심은 우상 숭배니라 이것들로 말미암아 하나님의 진노가 임하느니라(골 3:5-6).

이 네 가지는 모두 성(性)에 대한 잘못된 생각의 산물입니다. 성은 잘못된 것이 아닙니다. 음란하거나 악한 것도 아니며, 오히려 거룩한 것입니다. 성은 하나님이 우리에게 주신 선물입니다. 그렇지만 하나님은 하나님의 시간에 하나님이 만나게 하신 배우자하고만 관계를 하도록 제한하셨습니다. 부부 관계 안에서만 성을 누리도록 허락하신 것입니다. 그러므로 사도 바울이 말하는 '음란과 부정, 사욕과 악한 정욕'은 하나님이 허락하시지 않은 때에 하나님이 만나게 하시지 않은 사람과 성을 누리려는 모든 생각과 행동을 의미합니다.

그리스도인은 성에 대한 잘못된 생각들로부터 스스로를 지켜야 합니다. 음란한 사진과 동영상 보는 것을 즐기거나 배우자가 아닌 다른 사람과 성적 쾌락을 추구해서는 안 됩니다.

안타깝게도 요즘 청소년과 젊은이들은 음란물을 너무나 쉽게 접할 수 있습니다. 그래서 성에 대한 잘못된 생각을 자연스럽게 갖게 됩니다.

'서로 사랑하는데 왜 성관계를 하면 안 되죠?'

'진짜로 성범죄를 저지르는 것도 아니고 야한 사진이나 동영상을 보는 것뿐인데 뭐가 문제인 거죠?'

이런 생각처럼 정말로 음란한 생각의 영향력은 사소한 것일까요?

이천 년대에 들어서면서 성범죄가 폭발적으로 증가하고 있습니다. 왜 그럴까요? 왜 전자발찌를 찬 성범죄자들이 자신의 행동을 멈추지 않고 끊임없이 성범죄를 저지를까요? 성범죄자들 대부분이 자신의 개인 컴퓨터에 많은 양의 음란물을 보관하고 있었다고 합니다. 늘 음란물을 보며 그것을 인생의 즐거움으로 삼았던 것입니다. 이렇게 지속적으로 음란물을 보게 되면 성에 대한 비성경적이고 왜

곡된 생각이 마음에 들어가 쌓입니다. 그러다가 나중에는 자신이 만든 생각에 조종당하고 끌려다니는 상황이 벌어집니다.

성에 대해 올바르고 건강한 생각을 가지려면 거짓되고 악한 생각과 맞서 싸워야 합니다. 이 시대에 빈번하게 일어나고 있는 사회 문제인 불륜은 성에 대한 잘못된 생각이 사람들에게 거짓을 행하게 만드는 가장 대표적인 현상 중 하나입니다. 한 사람과 결혼해서 평생 배우자만 사랑하며 사는 것은 너무나 멋지고 아름다운 일입니다. 하지만 세상 사람들은 "그건 능력이 없어서 그런 거야."라고 무시하거나 "그렇게 사는 건 너무 지루해."라고 폄하합니다. 배우자가 아닌 다른 사람과 관계를 맺는 것이 그렇게 멋지고 자랑할 만한 삶일까요? 정말 그런 삶이 행복할까요? 성경은 배우자를 사랑하고 부부 관계 안에서 올바른 성을 누리는 것만이 행복하고 멋진 일이라고 분명하게 말씀합니다.

음란을 버리고 거룩하게 살아가는 것만이 진정으로 행복하게 살 수 있는 길입니다. 그래서 『나니아 연대기』의 저자이자 신학자, 기독교 변증가인 C. S. 루이스는 거룩에 대한 이런 생각들에 대해 다음과 같이 일침을 놓습니다.

"거룩이 재미없다고 생각하는 사람은 그것을 모르는 사람이다. 진짜로 거룩을 만나보라. 그러면 그것에 저항할 수 없을 것이다."[9]

그러므로 "나는 이 세상의 음란한 메시지에 영향을 받지 않고 살 수 있어!"라고 장담할 수 있는 그리스도인은 아무도 없습니다. 음란함은 사탄이 믿음의 사람들을 쓰러뜨리기 위해 사용하는 가장 효과적인 무기입니다.

음란한 생각과 그로 인해 하게 된 선택, 그리고 행동 때문에 고통과 고난을 겪은 대표적인 성경 인물로 다윗이 있습니다. 다윗은 어린 시절에 거인 골리앗을 쓰러뜨리고 놀라운 승리를 거둔 믿음의 사람이었지만 음란한 생각에 쓰러지고 말았습니다. 이스라엘이 전쟁 중인데도 왕궁에 그대로 머물러 있던 어느 날, 다윗은 왕궁 옥상을 거닐다가 우연히 다른 집에서 목욕하는 여인의 모습을 보게 됩니다. 다윗은 그 즉시 발걸음을 돌려 하나님 앞에 나아가 "내 눈과 생각을 정결하게 해주십시오."라고 기도하며 마음을 지켜야 했습니다. 하지만 다윗은 그 현장을 떠나지 않고 음란한 생각을 즐기다 결국 끔찍하고 추악한 범죄를 저지르고 맙니다. 남의 아내를 자신의 아내로 만들기 위해 그의 남편을 죽인 것입니다. 이 선택의 대가는 실로 엄청났습니다.

반대로 창세기 39장에는 음란함에 대항하여 거룩함으로 자신을 지킨 사람이 등장합니다. 그는 바로 요셉입니다. 배다른 형들의 손에 팔린 요셉은 애굽으로 흘러들어가 고위 관리의 노예가 됩니다. 거기서 그는 남몰래 성적인 유혹을 당합니다. 문제는 그를 유혹한 상대가 주인의 아내였다는 사실입니다. 그의 주인은 애굽 왕 바로의 친위대장이었습니다. 노예의 입장에서 이것은 거절하기 힘든 유혹이었지만, 요셉은 분명하게 자신의 의견을 말합니다.

내가 어찌 이 큰 악을 행하여 하나님께 죄를 지으리이까 (창 39:9).

요셉은 상황과 환경에 상관하지 않고 거룩함을 추구하며 살았습니다. 이방의 땅 애굽에 살면서도 가나안 땅, 하나님 백성의 멋진 삶을 보여준 것입니다.

> 여인이 날마다 요셉에게 청하였으나 요셉이 듣지 아니하여 동침하지 아니할 뿐더러 함께 있지도 아니하니라(창 39:10).

요셉은 주인 아내의 끈질긴 유혹을 계속해서 거절합니다. 아예 그를 피해 같은 자리에 있지도 않습니다. 유혹을 받을만한 가능성 자체를 차단한 것입니다. 그는 육체적인 부분뿐 아니라 정서적이고 정신적인 부분까지 올바로 살려고 애쓴 멋진 사람입니다. 주인의 아내가 자신에게 다른 마음을 품고 있다는 것을 알고 난 뒤로 '저 사람과 같은 공간에 있지도 말고 아예 눈에 띄지 말아야겠다.'라고 생각하고 그것을 실천했습니다. 이것이 그리스도인의 삶입니다.

그리스도인은 육체적인 부분은 물론이고 정신적이고 정서적인 부분까지 순결하게 살도록 부름받은 사람들입니다. 하나님은 배우자와의 관계에서 성적인 것뿐 아니라 정서적이고 정신적인 부분까지 올바로 살라고 우리를 부르셨습니다.

제가 아내와 결혼한 지도 이십 년이 훌쩍 넘었습니다. 청년 시절에 만나 멋진 사랑을 하고 결혼해서 아름다운 가정을 이뤘습니다. 그렇다면 오랜 시간이 지난 지금은 어떨까요? '연애할 때가 좋았어.'라고 생각할까요? 아니면 자식 때문에 살거나 의리로 살고 있을까요?

제 부모님은 부부싸움을 하고 나면 "너희 때문에 산다."는 말씀을 자주 하셨습니다. 초등학생 때는 그 말을 듣고 '그래도 이혼은 하지 않겠구나.'라고 안심했지만, 나이를 먹으니까 '이제 우리는 괜찮으니까 차라리 그냥 이혼하세요.'라는 분노의 마음까지 들었습니다. 감사하게도 저는 결혼한 뒤에 이런 말을 한 번도 하지 않았습니다. 저와 아내는 시간이 지날수록 더 깊이 사랑하고 친밀한 사이가 되고 있습니다. 이것이 바로 하나님이 계획하신 정상적인 부부관계입니다.

'저 여자는 저렇게 예쁘고 성격도 좋은데 나는 왜 이런 여자하고 살까?'라는 생각 자체가 부정합니다. 제 배우자가 제게 딱 맞는 사람입니다. 하나님이 허락하신 배우자이기 때문입니다. 그 사실을 인정하고 감사해야 합니다. 그런데 자꾸 다른 생각을 합니다. 그런 생각을 자꾸 허락하니까 올바른 관계를 지키지 못하는 것입니다. 마음을 지켜야 합니다. 사랑은 움직이는 게 아니라 힘써 지키는 것이기 때문입니다.

저는 아내가 언제든지 제 휴대폰을 살펴보고 내용을 확인할 수 있게 합니다. 아내와 저는 한 몸이기 때문입니다. 두 사람이 각자 부모를 떠나 한 몸이 되었는데, 저만 알고 아내는 모르는 일이 있다는 것은 말이 안 됩니다.

가끔 제게 상담을 요청하면서 이렇게 말하는 사람이 있습니다.

"목사님, 말씀드리고 싶은 것이 있습니다. 사모님에게는 말씀하지 말아주세요."

하지만 그럴 때 "절대 이야기하지 않겠습니다. 걱정 말고 말씀해 보세요."라고 하는 것은 어리석은 행동입니다. 아내와의 관계에 틈을 만들기 때문입니다. 이럴 때 지혜로운 반응은 "그래요? 그러면 제게도 말하지 마세요. 제가 아는 건 제 아내도 알아야 합니다. 아내가 저고 제가 아내입니다."라고 대답하는 것입니다.

저는 여자 성도를 만나 상담하는 경우가 많습니다. 하지만 사전에 아내에게 이야기하지 않고 만나는 일은 없습니다. 상담한 후에도 아내와 어디에서 만나 어떤 대화를 했는지 나눕니다. 그런데 간혹 아내가 이런저런 이유로 상담을 만류하는 경우가 있습니다. 그 생각에 동의하지 않을 때에도 저는 아내의 느낌을 존중합니다. 그래서 그에 대해 아내와 대화합니다. 대화를 통해 아내가 생각을 바꾸는 경우도 있지만 그렇지 않을 때는 상담 요청을 정중하게 거절합니다.

배우자가 싫다고 하면 하지 말아야 합니다. 왜 그럴까요? 부부는 한 몸이기 때문입니다. 아내와 남편이 사랑하며 사는 것은 그리스도인의 특권이자 부부의 특권입니다. 배우자가 자신에게 꼭 맞는 사람이며 평생 동안 사랑해야 할 사람이라는 사실을 깨닫고 살아야 합니다. 올바른 사고가 올바른 삶을 만듭니다.

욕심-탐심

━

우리가 하지 말아야 할, 나이 들수록 추해지는 사람의 두 번째 생각은 욕심입니다.

욕심이 잉태한즉 죄를 낳고 죄가 장성한즉 사망을 낳느니라(약 1:15).

왜 욕심이 문제가 될까요? 채우고 또 채워도 끝이 없기 때문입니다. 마음 속 욕심은 작은 불씨와도 같습니다. 아주 작고 미미하게 시작되지만 거기에서 멈추지 않고 계속 자라나서 죽음까지 불러옵니다.

이것을 이해하려면 바벨론식 사고의 핵심에 '경쟁'이 있었다는 것을 기억해야 합니다. 바벨론에서는 많은 사람들이 남에게 자랑할 수 있는 인생을 사는 것을 목표로 삼습니다. 그리고 그렇게 되기 위해 남들보다 더 많이 갖고 더 뛰어난 사람이 되려고 애를 씁니다. 그러다 보니 바벨론식 사고를 가진 사람은 늘 욕심을 좇아 살 수밖에 없습니다.

대한민국 주부들이 물건을 사는 두 가지 이유가 있는데 첫 번째는 옆집 여자가 갖고 있어서고, 두 번째는 옆집 여자가 아직 갖고 있지 않아서라고 합니다. 남들에게 기죽지 않고 자랑하며 살고 싶어 하는 우리의 모습을 비꼬는 우스갯소리입니다. 그러나 이런 동기가 강하게 작용하는 사람은 필요가 아니라 욕심을 좇아 돈을 사용하게 됩니다. 문제는 여기에 참된 만족이 없다는 것입니다. 욕심은 끝없이 계속 자라기 때문입니다.

우리는 계속해서 더 좋은 것, 더 편한 것, 사람들에게 더 많이 자랑할 수 있는 것을 추구합니다. 그것이 인생을 살아가는 목적이 되어버립니다. 남에게 자랑할 수 있는 것, 남과 비교해서 우위에 설 수 있는 무언가를 가져야 하니까 자꾸만 기준을 높입니다.

요즘 TV에서는 소위 '먹방'이라고 하는 음식과 관련된 프로그램을 많이 방영합니다. 이런 프로그램에서는 여러 맛집들을 소개하면서 그 식당의 음식을 먹는 것이 남에게 뒤처지지 않고 행복한 삶을 살아가는 필수조건인 것처럼 소개하고 자랑합니다. 하지만 우리는 이미 맛있는 음식을 먹으며 살고 있습니다. 지나친 식도락 추구도 건강한 생각은 아닙니다. 먹을 것과 입을 것이 있다면 그것에 만족할 줄도 알아야 하기 때문입니다(딤후 6:8).

또 어떤 사람들은 '예수를 믿으면 복을 받기 때문에' 신앙생활을 합니다. 여기서 '복을 받는다'는 것은 '돈을 많이 벌어서 부자가 된다'는 의미입니다. 그런데 정말로 예수를 믿으면 부자가 될까요? 안타깝게도 성경에는 그런 생각을 지지해 주는 말씀이 없습니다. 재물은 전적으로 하나님의 선물입니다.

> 또한 어떤 사람에게든지 하나님이 재물과 부요를 그에게 주사 능히 누리게 하시며 제 몫을 받아 수고함으로 즐거워하게 하신 것은 하나님의 선물이라(전 5:19).

하나님은 각 사람의 은사를 따라 재물을 주시는데, 어떤 사람은 부요하게 하시고 어떤 사람은 그렇게 하지 않으십니다. 각자의 부르심에 따라 어떤 사람은 평생 동일한 소득 수준으로 살고 또 다른 사람은 큰 재산을 모을 수도 있습니다. 이 모든 것은 전적으로 하나님 마음에 달려있습니다.

그런데 우리는 기도를 열심히 하고 헌금을 잘하고 성경의 말씀대로 사업을 하면 부자가 될 거라는 착각에 빠집니다. 그러나 성경은 오히려 악인의 형통을 부러워하지 말라고 경고합니다(잠 24:1). 이 세상에서는 부정직한 사람이 돈을 잘 벌고 악하고 나쁜 짓을 하는 사람이 성공하는 경우가 많습니다. 반대로 이야기하면 가난하거나 경제적 문제를 안고 사는 사람은 하나님 앞에서 잘못 살거나 저주를 받아서 그런 것이 아니라는 것입니다. 하나님의 부름을 따라 살다 보면 가난하게 살 때도 있습니다.

성경은 이렇게 말씀합니다.

> 내가 해 아래에서 큰 폐단 되는 일이 있는 것을 보았나니 곧 소유주가 재물을 자기에게 해가 되도록 소유하는 것이라(전 5:13).

하나님이 우리에게 정해 주신 소유의 분량을 넘어 더 많은 것을 추구한다는 뜻입니다. 받은 것에 만족하지 않고 오히려 해가 되는데도 더 가지려고 집착하는 것은 욕심입니다. 하나님의 선물인 재물을 그분의 원칙에 따라 올바른 방법으로 사용하지 않고 자기 자신을 드러내고 자랑하는데 혈안이 되어 정작 자랑해야 할 하나님을 잃어버리고 맙니다. 재물 때문에 '자기 생명의 날'을 깊이 생각하지 않고 살아가는 것입니다. 하나님 나라를 소망하는 대신 마치 이 땅에서 영원히 살 것처럼 현세적 삶만 추구합니다.

재물은 복이 아니라 저주가 될 때가 많습니다. 자꾸만 재물을 의지하게 되고 심해지면 재물을 하나님 삼습니다. 결국 재물 때문에 영혼이 메마르고 쇠퇴하는 안타까운 삶을 살게 됩니다. 그러므로 재물을 많이 소유하고 싶은 사람은 반드시 "하나님, 제가 재물을 올바로 쓸 수 있는 그릇이 되게 해주세요."라고 먼저 기도해야 합니다. 부자가 되는 것이 아니라 하나님이 재정을 주실 때 올바로 사용하고 관리하는 사람이 되는 것이 더 중요하기 때문입니다.

안타깝게도 사람들은 재물을 소유하는 데만 관심이 있습니다. 돈이 있으면 더 많이 사고 더 많이 갖고 더 많이 원하는 대로 할 수 있다고 믿기 때문입니다. 그러나 이는 욕심이며, 하나님 앞에서 아주 치명적인 문제입니다. 지금 자신의 삶 가운데 주어진 것에 만족하지 않는 사람은 하나님이 아무리 주셔도 불만 속에 살면서 늘 다른 사람과 자신을 비교합니다.

그래서 하나님이 '욕심의 해독제'로 우리에게 주신 것이 '감사'입니다. 우리는 '감사'가 해도 되고 안 해도 되는 것이 아닌, 하나님의 명령이라는 것을 기억해야 합니다.

> 범사에 감사하라 이것이 그리스도 예수 안에서 너희를 향하신 하나님의 뜻이니라(살전 5:18).

감사는 욕심의 해독제입니다. 그리스도인은 감사하며 살아가는 사람입니다. 또한 '탐구정신'을 가지고 모든 일과 세상을 바라보며 하나님이 주신 것에 감사하는 사람입니다. 감사는 저절로 되지 않으므로 늘 찾고 발견해야 합니다.

감사로 제사를 드리는 사람은 하나님을 영화롭게 합니다(시 50:23). 하나님은 그분의 영광을 위해 우리를 그분의 형상으로 지으셨습니다. 우리의 감사가 하나님께 영광이 됩니다. 우리가 "하나님, 감사해요."라고 고백하는 순간, 하나님이 영광을 받으십니다.

> 감사함으로 그의 문에 들어가며 찬송함으로 그의 궁정에 들어가서 그에게 감사하며 그의 이름을 송축할지어다(시 100:4).

'그의 문'은 하나님을 만나러 들어가는 성소의 문입니다. "하나님, 감사합니다."라고 고백할 때 하나님이 우리에게 성소의 문을 활짝 열어 주십니다. 욕심은 늘 불만을 가져오고 감사가 사라지게 만듭니다. 그러므로 "지금 내 인생에서 감사한 것이 무엇인가?"라는 질문을 갖고 매일 끈질기게 감사할 것을 찾고 발견해야 합니다.

"당신이 하나님이 주신 내 남편(아내)이 되어주어서 너무 감사합니다." 이것이 가정에서 우리가 해야 할 감사입니다. 하지만 우리에게 익숙한 것은 "옆집 남자는 연봉이 얼마라는데 당신은 요것 밖에 못 버냐?", "다른 집 아내들은 남편한테 이렇게 한다는데 당신은 왜 그 모양이야?"라며 배우자를 다른 사람과 비교하는 것입니다. 이런 반응은 전부 탐심에서 나옵니다. 그렇기 때문에 건강하지 않은 삶을 살 수밖에 없습니다. 배우자는 비교의 대상이 아니라 하나님이 주신 하나뿐인 선물임을 꼭 기억하시기 바랍니다.

자녀에 대해서도 마찬가지입니다. 많은 부모들이 '엄친아'를 창조합니다. 그리고 그 대상과 비교하면서 자녀에게 더 열심히 공부하라는 압박을 가합니다. 사실, 자녀는 압박의 대상이 아니라 감사의 제목인데 우리는 늘 남과 비교하며 불만족스러운 눈으로 그들을 바라봅니다. 그러다 보면 자연스럽게 자녀로 인한 감사의 마음을 잃어버립니다. 감사는 욕심을 깨뜨리는 하나님의 강력한 무기입니다. 그래서 자주, 잘 표현해야 합니다. 감사가 삶의 방식이 되고 생활 습관이 되어야 합니다.

"하나님, 맛있는 음식을 주셔서 감사합니다. 이 밥 먹고 건강하게 하나님 나라 위해 살게 해주세요."

기도는 이렇게 해놓고 눈을 뜨면 "반찬이 이게 뭐냐? 너무 짜다. 맛이 없다."며 불평하는 사람은 기도한 바와 정반대의 삶을 사는 사람입니다. 그러므로 우리는 이렇게 말해야 합니다.

"여보, 진짜 잘 먹었어요. 참 감사해요."

"우리 가족이 이렇게 건강하게 살 수 있도록 수고해줘서 당신에게 너무 고마워."

"사랑하는 우리 딸, 너를 우리 가정에 보내주셔서 하나님께 얼마나 감사한지 모르겠다. 너를 볼 때마다 아빠가 얼마나 기쁜지 몰라."

"하나님이 너에게 이렇게 좋은 것을 주셔서 너를 볼 때마다 아빠가 얼마나 감사한지 모르겠다."

이것이 그리스도인이 마땅히 취해야 할 삶의 방식입니다. 감사하는 삶을 살면 감사에 얼마나 놀라운 능력이 있는지 깨닫게 됩니다.

감사는 저희 가정에도 크고 작은 영향을 미칩니다. 사역 때문에 해외에 나갔을 때 있었던 일입니다. 집으로 돌아오기 전날, 가족들에게 줄 선물을 사기 위해 거리로 나갔습니다. 쇼핑할 시간이 별로 없어서 바쁘게 돌아다니며 몇 가지 물건을 샀는데, 이게 웬일입니까? 집에 도착해서 가방을 열고나서야 제가 어떤 선물을 사왔는지 깨닫게 되었습니다. 아들 선물은 네 개나 사왔는데 딸들 선물은 두 명을 합쳐서 한 개, 그리고 아내 선물은 아예 사오지도 않은 것입니다. 시간에 쫓겨 정신없이 쇼핑하는 바람에 이런 황당한 실수를 저지른 것입니다.

두 딸은 당연히 발끈했습니다. 저도 너무 당황했습니다. 어쩌다가 이런 실수를 했을까 곰곰이 생각해 보니 그제야 이유를 알 것 같았습니다. 제 아들은 무엇을 사주든 늘 감사하다고 말을 합니다. 그래서 선물을 살 때면 자연스럽게 아들의 기뻐하는 모습이 떠오릅니다. 하지만 딸들은 제가 뭘 사오든 별로 긍정적으로 반응하지 않습니다. 그러다 보니 물건을 살 때 걱정이 앞서면서 조심스러워집니다. 그래도 딸들은 나은 편입니다. 아내는 화를 냅니다. 그러다 보니 선물을 사려고 하다가도 아내와 두 딸은 그냥 넘어가게 되는 것입니다.

이와 같이 감사와 불평에는 마음을 움직이는 힘이 있어서 사람의 마음뿐만 아니라 하나님의 마음까지 움직일 수 있습니다. 감사는 하나님이 역사하시도록 문을 엽니다.

하나님은 영원히 죽을 수밖에 없는 우리 대신 독생자 예수님을 십자가에 못 박으셔서 우리에게 영생의 기쁨을 주시고 우리를 그분의 자녀 삼아주셨습니다. 그런데 우리는 이토록 놀라운 구속의 사건에 감사하기는커녕 오히려 잊고 삽니다.

"하나님, 구원해 주신 건 구원해 주신 거고 지금은 돈을 주셔야죠!" 이렇게 나오는 것입니다. 자녀가 공부를 잘해야 감사하고, 성적이 좋아야 감사하고, 명문 대학에 들어가야 감사하고, 취업을 잘해야 감사한가요? 그렇지 않습니다. 건강한 몸과 마음으로 살면서 매일 서로의 얼굴을 보고, 함께 예배하고, 함께 먹고, 함께 놀 수 있다는 것만으로도 엄청나게 감사할 일입니다. 감사는 그리스도인이 살아야 할 삶의 방식입니다. 그러므로 우리는 우리의 일상을 감사함으로 살아야 합니다.

우리의 인생에는 감사할 것이 너무 많습니다. 그래서 하나님이 우리에게 "감사를 삶의 방식으로 삼으라."고 명령하신 것입니다. 감사하는 말은 하나님으로부터 오는 언어입니다.

늘 감사하는 습관을 길러야 합니다. 매일 감사할 일을 찾아봅시다. 오늘 당신의 배우자에게 감사할 것은 무엇인지, 자녀에게 감사할 것은 무엇인지, 당신을 섬기는 영적 지도자와 공동체의 지체들에게 감사할 것은 무엇인지, 당신 곁을 지켜주는 주변 사람들에게 감사할 일은 무엇인지 찾고 또 찾으시기 바랍니다. 감사는 욕심이라는 거짓된 생각을 이겨낼 뿐 아니라 하나님이 주신 인생을 누리게 하는 비결입니다.

하나님 성품에 반대되는 생각

사도 바울은 우리가 하지 말아야 할, 나이 들수록 추해지는 사람의 세 번째 생각으로 '하나님의 성품에 반대되는 생각'을 말합니다.

> 이제는 너희가 이 모든 것을 벗어 버리라 곧 분함과 노여움과 악의와 비방과 너희 입의 부끄러운 말이라(골 3:8).

사도 바울은 우리가 새 사람으로 살기 위해 더럽고 낡은 옷처럼 벗어버려야 할 것이 있다고 이야기합니다. '분노와 격분과 악의와 훼방과 입에서 나오는 부끄러운 말'이 대표적인 예입니다. 이런 것들은 전부 옛 사람에게 속한, 하나님의 성품에 반대되는 생각이 만들어낸 삶의 모습입니다.

그리스도인이 나이 들수록 추해지는 까닭은 구원받고 새 사람이 되는 신분의 변화를 겪었는데도 옛 사람의 모습을 벗지 못하고 계속해서 하나님의 성품과 반대되는 생각을 하기 때문입니다.

당신은 하나님의 성품에 대해 얼마나 알고 있습니까? 우리가 가장 잘 알고 있는 하나님의 성품은 성령의 아홉 가지 열매입니다.

> 오직 성령의 열매는 사랑과 희락과 화평과 오래 참음과 자비와 양선과 충성과 온유와 절제니 이같은 것을 금지할 법이 없느니라(갈 5:22-23).

이와 같은 성령의 열매들은 성령 충만의 결과로 사람에게 나타나는 하나님의 성품입니다. 그래서 성령이 충만하면 성품이 변화됩니다. 하나님은 우리에게 미움이나 다툼이나 시기나 분쟁이나 질투 같은 생각을 주시는 분이 아닙니다. 그것은 옛 사람, 즉 우리의 본성에 속한 것들입니다. 우리의 옛 사람이 자연스럽게 하던 생각들은 모두 하나님의 성품과 반대되는 생각들입니다. 그래서 하나님을 믿고 사는 게 어려울 때가 많습니다. 그리스도인의 삶의 방식이 우리에게 아직도 남아있는 악한 본성의 습관을 거스르기 때문입니다. 솔직히 말해서 우리는 아직도 미운 사람을 미워하고, 싫은 사람을 싫어하고, 피하고 싶은 사람을 안 만나고, 자신보다 잘난 사람을 비판하며 살고 싶고 그게 편합니다. 하지만 그런 삶은 가나안 땅의 백성으로, 그리스도인으로 부름받은 사람에게 합당하지 않습니다.

예수님은 마태복음 5장에서 이렇게 말씀하셨습니다.

> 너희가 너희를 사랑하는 자를 사랑하면 무슨 상이 있으리요 세리도 이 같이 아니하느냐(마 5:46).

자기와 좋은 관계에 있는 사람을 사랑하는 것은 악인이라도 할 수 있습니다. 그러나 믿음으로 사는 사람은 달라야 합니다.

> 나는 너희에게 이르노니 너희 원수를 사랑하며 너희를 박해하는 자를 위하여 기도하라(마 5:44).

그리스도인은 원수까지 사랑하며 살아야 합니다. 그것이 기독교의 신앙이고 우리가 부름받은 삶입니다. 물론 그리스도인도 다른 사람을 미워하고 싫어할 수 있습니다. 성경이 말씀하는 것은 '남을 미워하는 마음이 들면 안 된다.'는 뜻이 아니라 '날마다 하나님 앞에서 남을 미워하는 마음과 그런 마음이 들게 하는 생각을 분별하고 다스려야 한다.'는 뜻입니다.

"하나님, 저는 왜 저 사람이 싫을까요? 왜 미울까요? 하나님, 그를 사랑할 수 있도록 제 생각을 다스려주세요."

이렇게 기도해야 합니다. 이것이 바로 부름받은 우리가 살아야 할 삶의 방식입니다.

사람은 하나님의 성품에 기초한 생각을 할 때만 하나님 성품이 드러나는 삶을 살 수 있습니다. 은사를 많이 받았다고 성품이 바뀌지 않습니다. 또한 열심과 노력으로도 성품을 바꿀 수 없습니다. 종종 교회에서 이런 이야기를 합니다.

"아무개 집사님은 신앙도 좋고 다 좋은데 딱 한 가지, 성품이 안 좋아요."

그러나 이는 말도 안 되는 소리입니다. 신앙이 좋은데 성품이 안 좋을 수는 없습니다. 성품이 안 좋으면 모든 것이 안 좋은 것입니다. 그리스도인에게는 성품이 전부이기 때문입니다. 성품은 생각이 변화될 때 함께 달라집니다.

이로써 그 보배롭고 지극히 큰 약속을 우리에게 주사 이 약속으로 말

> 미암아 너희가 정욕 때문에 세상에서 썩어질 것을 피하여 신성한 성품에 참여하는 자가 되게 하려 하셨느니라(벧후 1:4).

하나님은 그분의 성품에 참여하라고 우리를 부르셨습니다. 하나님을 믿으면 그분의 성품을 닮게 됩니다. 하나님을 사랑하는 사람은 사랑의 하나님을 닮기 시작합니다. 그러면 다른 사람을 사랑하는 것도 점점 자연스러워집니다. 하나님의 사랑이 삶의 현장에 연결되고 표현됩니다. 그러면 하나님의 사랑이 이웃에게 흘러가고 하나님에 대한 사랑이 이웃에 대한 사랑이 되는 것입니다. 그래서 하나님 사랑이 남편 사랑이고, 아내 사랑이며 지체들에 대한 사랑입니다.

우리는 예배를 드릴 때 하나님께 "하나님, 제가 하나님을 사랑합니다."라고 고백합니다. 그러면 하나님이 다시 물으십니다. "그럼 네 남편(아내)은 사랑하니?"

하나님을 믿는 것은 하나님을 닮는 것이기 때문에 하나님을 사랑하면 그분의 사랑이 우리 안에 흘러와서 보기 싫은 사람까지 사랑하게 됩니다. 하지만 우리의 현실은 그렇지 않을 때가 많습니다. 우리는 예배 시간에 은혜를 받고 눈물을 흘리며 하나님에 대한 사랑을 열정적으로 표현하면 하나님이 그것을 믿으신다고 생각합니다. 그러나 하나님은 우리의 연기에 속지 않으십니다. 하나님은 우리에게 이렇게 물으십니다.

"정말 나 사랑하니? 그럼 네 옆에 앉아있는 사람은 사랑하니?"

> 누구든지 하나님을 사랑하노라 하고 그 형제를 미워하면 이는 거짓말 하는 자니 보는 바 그 형제를 사랑하지 아니하는 자는 보지 못하는 바 하나님을 사랑할 수 없느니라(요일 4:20).

보이지 않는 하나님을 사랑한다면서 보이는 사람은 사랑하지 않는 것은 거짓이고 위선입니다. 하나님 사랑과 형제 사랑은 하나이기 때문입니다. 하지만 안타깝게도 우리는 이것을 별개로 생각합니다. 하나님을 사랑하면 다른 사람을 사랑하지 않는 것이 별 문제가 되지 않는다고 생각하는 것입니다. 그러나 성경에는 그런 말씀이 전혀 없습니다.

마태복음 22장에서 한 율법학자가 예수님에게 "선생님, 선생님은 하나님이 주신 율법 중에서 어떤 계명이 가장 크다고 생각하십니까? 다른 것은 안 지켜도 이것만큼은 꼭 지켜야할 계명이 있다면 그건 무엇입니까? 정말로 중요한 계명의 핵심은 무엇입니까?" 하고 물었습니다. 예수님은 그의 질문에 이렇게 대답하셨습니다.

> 예수께서 이르시되 네 마음을 다하고 목숨을 다하고 뜻을 다하여 주 너의 하나님을 사랑하라 하셨으니 이것이 크고 첫째 되는 계명이요 둘째도 그와 같으니 네 이웃을 네 자신 같이 사랑하라 하셨으니 이 두 계명이 온 율법과 선지자의 강령이니라(마 22:37-40).

여기서 우리가 주목해야 할 것은 '둘째도 그와 같으니'라는 구절입니다. 이는 하나님을 사랑하는 것이 지켜야 할 제일 중요한 계명이고 이웃 사랑하는 것이 그 다음이라는 뜻이 아닙니다. '두 번째 계명도 첫 번째 만큼이나 중요하다.'는 뜻입니다. 하나님은 이 두 가지를 따로 떼어 생각하지 않으셨습니다. 하지만 우리는 성경을 잘못 해석해서 이웃 사랑을 두 번째 순위로 생각하며 이런 말을 합니다.

"하나님 보고 교회 다녀야지. 어떻게 사람 보고 교회 가나?"

"사람 보고 교회 다니면 시험 든다."

말의 의도를 이해하지 못하는 것은 아니지만 교회는 사람도 보고 다니는 것입니다. 하나님 사랑이 이웃 사랑으로 표현되기 때문입니다. 하나님을 사랑하면 이웃을 사랑하게 됩니다. 참된 기독교 신앙이란 하나님의 사랑이 흘러넘쳐서 사랑할 수 없는 사람까지 사랑하도록 이끌어주는 것입니다. "저 사람만큼은 사랑할 수 없다."고 하는 것은 아직도 하나님의 풍성한 사랑을 경험하지 못했기 때문입니다. 자기가 원하는 대로 살려고 하는 한 우리는 절대로 우리에게 상처 준 사람을 용서할 수 없습니다.

그런데 여기 멋지고 놀라운 일이 있습니다. 나를 사랑하시는 예수 그리스도를 만나면 용서할 수 있습니다. 그리스도인의 삶이 멋진 것은 그 때문입니다. 우리는 자기 편한 대로, 자기 마음대로 살도록 부름받은 사람들이 아닙니다. 그렇게 사는 건 하나님을 믿지 않는 사람들도 할 수 있습니다. 그러나 우리는 하나님의 성품으로 살도록 초대받은 사람들입니다. 세상 사람들은 하나님이 어떤 분인지 모릅니다. 그 사람들이 하나님을 알려면 기적이 필요합니다. 그들은 하나님이 주권적인 역사로 계시하셔야 하나님의 사랑을 알게 됩니다. 그러기 위해서는 하나님이 직접 나타나셔서 사랑한다고 말씀하시는 것이 가장 쉽겠지만 하나님이 원하시는 더 멋진 방법이 있습니다.

> 너희가 서로 사랑하면 이로써 모든 사람이 너희가 내 제자인 줄 알리라(요 13:35).

하나님은 우리를 그분의 성품으로 인도하셔서 우리가 서로 사랑하는 삶을 살게 하십니다. 그러면 세상 사람들은 이렇게 반응할 것입니다.
"저 사람들은 어떻게 저렇게 살지?"
"저 사람들이 믿는 하나님은 정말로 사랑이신가 봐."
그럴 때 비로소 우리가 세상의 빛이 됩니다.
겉모양은 경건하고 도덕적이지만 성품이 변하지 않는 종교인, 즉 바리새인 같은 사람들은 어떨까요? 바리새인들은 종교의식에 참여할 때는 열심히 기도하고 묵상하지만 일상에서는 엉망으로 살았습니다. 그래서 예수님은 그들을 '외식하는 자'라고 꾸짖으셨습니다. 이런 외식을 깨뜨리는 방법은 무엇일까요? 어떻게 해야 외식하는 사람들이 참된 신앙인으로 변화될 수 있을까요? 예수님은 외식하는 바리새인들에게 이런 처방을 내리셨습니다.

> 주께서 이르시되 너희 바리새인은 지금 잔과 대접의 겉은 깨끗이 하나 너희 속에는 탐욕과 악독이 가득하도다 어리석은 자들아 겉을 만드신 이가 속도 만들지 아니하셨느냐 그러나 그 안에 있는 것으로 구제하라 그리하면 모든 것이 너희에게 깨끗하리라 (눅 11:39-41).

예수님은 이기적이고 탐욕스러운 바리새인들을 긍휼과 사랑, 즉 하나님의 성품으로 변화시키십니다. 외식에서 벗어나려면 하나님의 성품을 경험하고 그 경험한 바를 다른 사람에게 표현하는 삶을 살아야 합니다.

신명기 14장에는 하나님께 반드시 드려야 할 재물에 대한 말씀이 기록되어 있는데, 하나님은 구제헌금에 대해서도 말씀하셨습니다.

> 매 삼 년 끝에 그 해 소산의 십분의 일을 다 내어 네 성읍에 저축하여 너희 중에 분깃이나 기업이 없는 레위인과 네 성중에 거류하는 객과 및 고아와 과부들이 와서 먹고 배부르게 하라 그리하면 네 하나님 여호와께서 네 손으로 하는 범사에 네게 복을 주시리라 (신 14:28-29).

하나님의 이 명령은 우리를 향해 "너는 네 자신만을 위해 사는 사람이 아니다. 아무리 돈이 없고 가난해도 자기 혼자 먹고사는 사람이 아니다."라고 말씀하십니다. 헌금은 복 받는 길이 아니라 우리의 삶을 인도하시는 하나님의 방법입니다. 우리 주변에는 성경에 언급된 고아와 과부처럼 어렵고 힘든 이웃들이 있습니다. 하나님은 우리에게 주신 은사와 선물을 통해 우리가 그들을 구제하는 삶을 살도록 인도하십시오. 보물이 있는 곳에 사람의 마음도 있습니다. 구제헌금은 그 마음을 인도하시는 하나님의 방법입니다. 그래서 우리는 배우자와 자녀, 직장 동료와 신앙 공동체의 지체, 이웃 등 다른 사람과의 관계를 중요하게 여겨야 합니다.

그러나 가정과 직장 같은 삶의 현장에서까지 교회 직분자의 옷을 입고 있어서는 안 됩니다. 일상에서는 장로와 권사, 집사가 아니라 말씀에 순종하는 남편과 아내, 직장인과 이웃으로 하나님께 영광을 돌리며 살아야 합니다. 저희 아이들에게 필요한 사람은 목사가 아니라 하나님 말씀에 순종하고 가정을 섬기며 사랑하는 아버지입니다.

우리는 사람들과의 관계 안에서 하나님의 성품으로 임해야 합니다. 우리에게 필요한 것은 관계의 기술이 아니라 삶의 모든 영역에서 하나님의 성품으로 살려는 소망과 몸부림입니다. 다른 사람과의 관계는 우리가 믿는 하나님을 세상에 표현하는 훈련의 장입니다. 우리의 성품은 우리가 믿는 하나님이 어떤 분인지 말해 주는 중요한 통로입니다.

유교의 부정적인 영향

마지막으로 소개할 것은 유교의 부정적인 영향입니다. 유교는 한국인의 정서와 문화, 가정과 교회, 조직과 사회 가운데 뿌리 깊은 영향을 미치고 있습니다. 성경에 기록된 것은 아니지만 우리가 경계하고 주의해야 할 대상 중 하나로 살펴보려고 하는 것은 그 때문입니다.

저는 유교의 가르침을 존중하고 따르는 가정에서 자랐습니다. 유교에 대해 깊이 있게 공부한 적은 없지만 유교적 사고방식을 가진 부모님 덕분에 간접적으로 그 영향력을 경험할 수 있었습니다. 사실 체계적이고 객관적인 관점과 분석으로 마주하지 않고 어떤 대상에 대해 이야기한다는 것은 위험한 일입니다. 특히 두 세기 훨씬 더 되는 역사와 깊고 심오한 철학적 체계를 갖고 있는 전통종교인 유교가 그 대상이라면 더욱 그렇습니다. 하지만 이 책이 세계관이나 종교와 관련된 학술서나 연구서가 아니고, 일상에 나타나는 유교의 부정적인 영향력 중 몇 가지를 체험적인 차원에서 나누려는 것이기에 조심스럽게 이야기를 풀어보려고 합니다.

유교는 매우 높은 도덕적 수준을 지향하는 종교입니다. 인간이 인간답게 사는 것이 어떤 것인지 가르쳐주기 때문에 유교의 가르침 중 상당 부분은 성경에서 이야기하는 것과 일치하거나 유사합니다. 그래서 유교를 학문적으로 연구한 신학자 배요한 교수는 유교가 "다른 종교 전통에 비해 일상적인 삶 속에서 거룩한 삶을 지향하고 학문성을 강조하는 종교적 전통"이라고 이야기합니다.[10]

하지만 저는 그럼에도 불구하고 유교의 가르침 중에 성경적이지 않은 것들이 많다고 생각합니다. 심각한 것은 유교가 오랜 세월 동안 한국 사회와 문화에 영향을 미친 탓에 그리스도인과 교회마저도 유교에서 온 부정적인 개념과 관점을 성경적인 것으로 여기고 있다는 사실입니다. 우리는 높은 차원의 도덕적, 윤리적 기준을 제공한다는 점에서 유교의 유익함을 인정해야 합니다. 하지만 그와 동시에 유교의 부정적인 영향을 성경적인 것으로 오해하고 받아들이지 않도록 분별해야 합니다. 그런 의미에서 우리 삶 가운데 흔히 나타나는 유교의 부정적인 영향들을 몇 가지 살펴보겠습니다.

1) 수직적/체계적 권위주의

유교에는 '힘'을 주고받는 이분법적 체계가 있습니다. 예를 들어 남성과 여성, 왕과 백성, 부모와 자식, 스승과 제자, 어른과 아이 등 두 집단 사이에서는 권위가 상하 수직적, 즉 위에서 아래로 작동합니다. 그래서 사람들은 권위를 갖고 싶어 합니다. 권위를 힘과 지위로 인식하기 때문입니다. 이런 생각을 가진 지도자는 자기 의견을 일방적으로 강요하며 '나는 나를 따르는 사람들과 다른 특별한 존재'라는 의식까지 갖습니다.

저는 아버지의 말씀에 단 한 번도 "안 됩니다."나 "싫어요."라고 말해본 적이 없습니다. 아버지는 제게 너무 무섭고 엄격한 권위자였습니다. 제 여동생은 이따금 겁도 없이 "싫어요."라고 말대꾸를 하다가 아버지에게 큰 소리로 야단을 맞곤 했는데, 그 모습은 '좋든 싫든 옳든 그르든 아버지의 말에 무조건 순종해야겠다.'는 생각을 더 강화시켰습니다. 나중에는 이런 태도가 학교나 교회에서도 동일하게 나타나기 시작했습니다. 어디서든 지도자를 만나면 아버지에게 하듯 무조건 순종했습니다. 합당하지 않은 것을 요구해도 아무

말도 못하고 따랐습니다. 가장 심각한 문제는 하나님마저 아버지처럼 엄하고 무서운 존재로 인식하게 된 것입니다. 육신의 권위자의 모습을 통해 권위자이신 하나님을 바라보았기 때문입니다. 누가 하나님에 대해 그렇게 가르쳐준 것이 아닙니다. 그런데도 저는 하나님이 흰 수염이 나고 꼬장꼬장한 할아버지의 모습을 하고 조용히 바라보고 있다가 제가 죄를 지으면 잽싸게 달려와 응징하는 분으로 느껴졌습니다.

그런데 세월이 흘러 권위자가 되니까 제게도 똑같은 모습이 나타나기 시작했습니다. 사역의 지도자가 되어 다른 사람들과 일을 하다 보니 제가 그들을 동역자로 생각하기 보다 조언해 주고 손발이 되어주는 참모나 부하 직원처럼 여기고 있었습니다. 말로는 다른 사람들과 소통하며 함께 결정하겠다고 하면서도 막상 결정을 내려야 할 상황에서는 제 생각과 판단에 따랐습니다. 제 말에 반대하는 의견 자체를 불쾌하게 여겼고 사람들이 지도자인 제게 철저히 순종하기를 원했습니다.

이런 증상은 가정에서도 계속 되었습니다. 제 큰 딸은 "왜?"라는 질문을 많이 하는 아이였습니다. 어렸을 때 "왜?"는커녕 질문 자체를 하지 않고 자란 저와 달리 제 큰 딸은 제가 말할 때마다 "그걸 왜 해야 돼?"라며 거듭 물었고 이해가 되지 않으면 끝까지 하지 않으려고 했습니다. 저는 저와 다른 아이의 모습이 당돌하게 느껴졌고 그런 질문 자체를 용납하기가 힘들었습니다.

다행히(?) 아내는 순종적인 성향이라 대부분의 경우 제가 원하는 대로 맞춰주는 편이었습니다. 하지만 종종 그런 아내에게도 권위를 내세워 저의 의견을 관철시키곤 했습니다. 안타깝게도 저는 성경에서 이야기하는 권위자와 정반대의 모습을 하고 있었습니다.

> 또 그들 사이에 그 중 누가 크냐 하는 다툼이 난지라 예수께서 이르시되 이방인의 임금들은 그들을 주관하며 그 집권자들은 은인이라 칭함을 받으나 너희는 그렇지 않을지니 너희 중에 큰 자는 젊은 자와 같고 다스리는 자는 섬기는 자와 같을지니라 앉아서 먹는 자가 크냐 섬기는 자가 크냐 앉아서 먹는 자가 아니냐 그러나 나는 섬기는 자로 너희 중에 있노라(눅 22:24-27).

예수님의 말씀대로 우리는 세상의 높은 지위에 있는 자들처럼 사람들을 자기 마음대로 움직이고 공치사 받기를 좋아합니다. 하지만 주님은 "그러나 너희는 그렇지 않다!"고 명확하게 못 박으셨습니다. 우리는 억압하고 군림하는 권위자로 부름받은 사람들이 아닙니다. 세상에는 그런 권위자들이 차고 넘치고, 우리 내면의 상처 중 대부분은 그런 권위자들 때문에 생겨납니다. 그러나 하나님 나라의 권위자는 상처를 주는 대신 치유합니다. 우리는 권위를 힘과 높은 지위로 오해하지만 예수님은 "진정한 권위는 섬기는 것"이라고 말씀하십니다.

권위자는 종이 되어야 합니다. 제자의 삶에 대한 깊은 통찰력을 갖고 있는 종교학자이자 사회학자인 도널드 크레이빌은 하나님 나라를 '업사이드다운킹덤(Upside Down Kingdom)'이라고 표현한 바 있습니다. 상하 수직적 구조를 전복시켜 권위자가 밑에, 따르는 자가 위에 있는 하나님 나라의 권위를 보여준 것입니다.[11]

물론 이런 권위자의 모습을 가장 먼저 보여주신 분은 예수님이 십니다. 하나님 나라의 권위자는 예수님처럼 자신을 따르는 이들을 부요케 하기 위해 생명까지 아낌없이 내어줘야 합니다.

그런 의미에서 "천상에서 선택할 수 있는 최고의 무기는 의심의 여지없이 성령의 검이다. 그러나 지상의 영역에서 선택할 수 있는 최고의 무기는 예수님처럼 남의 더러운 발을 닦아주는 수건이다."[12] 라는 기름부음 넘치는 강사이자 베스트셀러 저자인 토미 테니 목사의 말을 곱씹어볼 필요가 있습니다. 스스로 종이 되어 제자들의 발을 씻기신 예수님의 모습은 지상에서는 볼 수 없는 권위자의 모범이자 사탄의 나라를 무너뜨리는 최고의 무기입니다.

2) 남녀차별

시대가 많이 바뀌었다고는 하지만 우리가 살고 있는 세상에는 여전히 남녀차별이 존재합니다. 여성들은 진학이나 취업 등의 다양한 영역에서 끊임없이 차별을 받고 있으며, 심한 경우 혐오의 대상이 되고 있습니다.

이런 현상은 교회라고 해서 다르지 않습니다. 설교자는 성경의 전체적인 맥락이 아니라 본문이 기록될 당시의 문화적 배경에서 나온 몇몇 구절을 가지고 "여자는 교회에서 잠잠하라."는 남성 중심적 메시지를 전합니다. 교회 지도자들은 여성의 지도력과 은사에 대해 제한적이고 편협한 시각을 바꾸려 하지 않습니다. 심지어 여성이 여성을 시기하고 비하하는 안타까운 모습도 자주 보게 됩니다.

앞에서 언급한 대로 유교 사상은 권위의 중심에 남성을 두며, 여성이 지도자의 권위를 갖는 것을 잘못된 것으로 여깁니다. 남자는 주연이고 여자는 조연이라는 유교적 인식은, 과거 농경사회와 산업사회 시절에 밖에 나가 열심히 일하며 돈을 벌어오는 아버지가 '중요한 일을 하는 사람'이고 집에서 밥을 하고 살림하는 어머니는 '하찮은 일을 하는 사람'이라는 생각과 맞물려 있습니다. 이런 관점으로 성경을 읽으면 남성과 여성의 역할에 대한 하나님의 뜻을 오해할 수밖에 없습니다.

우리가 여성에 관해 잘못 해석하는 성경 내용 중 가장 대표적인 것은 '돕는 배필'이라는 말입니다.

> 아담이 모든 가축과 공중의 새와 들의 모든 짐승에게 이름을 주니라 아담이 돕는 배필이 없으므로(창 2:20).

많은 그리스도인이 이 말을 '남성의 조력자나 도우미'라는 의미로 이해합니다. 하지만 '돕는'으로 번역된 히브리어 '에제르'는 보조적인 도움이 아니라 절대적인 도움을 의미하는 단어입니다. 있으면 좋고 없으면 아쉬운 정도의 '조수'나 '거드는 일손'이 아니라 그의 도움 없이는 남성이 존재할 수조차 없을 만큼 여성의 역할이 중요하다는 뜻입니다. 시편 기자들은 "하나님이 인간을 도와주신다."고 이야기할 때도 이 '에제르'라는 단어를 사용했습니다. 인간이 하나님을 떠났을 때 존재의 이유를 상실한 것처럼 남성도 여성 없이는 존재의 의미를 찾을 수 없습니다.

하나님은 남성과 여성이 동등하게 존귀한 존재로 함께 세상을 가꾸어 가기 원하십니다. 하나님은 남성을 부르시고 여성도 부르셨습니다. 이 둘은 동일한 부르심입니다. 여성은 남성을 보조하는 조연이 아닙니다. 여성도 남성과 동등하게 부름받은 존재입니다. 실제로 많은 여성들이 가정의 울타리를 넘어 교회와 기독교 사역, 그리고 사회의 여러 영역에서 부르심과 은사를 좇아 훌륭하게 하나님 나라를 섬기고 있습니다.

전에 호주 캔버라에서 기독교 세계관에 관한 훈련을 받은 적이 있습니다. 함께 공부할 수 있었다면 좋았겠지만 아쉽게도 아내는 어린 두 아이를 돌봐야 했습니다. 훈련이 끝날 즈음, 다른 수업을 하나 더 들어야겠다고 마음먹고 재정을 모으고 있었는데, 갑자기 아내가 상담 훈련을 받으면 좋겠다는 생각이 들었습니다.

아무리 생각해봐도 하나님이 주신 마음 같아서 무시하고 넘어갈 수가 없었습니다. 선뜻 아내에게 저 대신 훈련 받으라고 할 수도 없었지만, 주변 사람들의 시선도 신경 쓰였습니다. 사역자가 해외에 훈련 받으러 가서 자기는 집에 있고 아내만 공부시켰다고 이러쿵저러쿵 하면 어떻게 하나 걱정이 되었습니다. 한편으로는 아내 대신 살림을 하며 아이들을 돌볼 생각을 하니 눈앞이 캄캄했습니다. 그러나 하나님이 주신 마음을 무시할 수 없어서 아내에게 이야기를 하고 훈련을 받게 했습니다.

받고 싶었던 훈련을 포기해서 속상하고 집에서 아이들을 돌보고 살림하는 것도 힘들었지만, 하나님이 저뿐 아니라 제 아내의 삶과 사역까지 생각하신다는 사실에 새삼 충격을 받았습니다. 그 훈련을 통해 하나님은 제 아내의 삶 가운데 여러 가지 중요한 일들을 행하셨습니다.

여자라는 이유로 억울하게 차별당하며 살아가는 대상이 우리 어머니와 가족일 수 있습니다. 여성을 사람으로 여기지도 않던 고대 중동 사회에서 사마리아 여인을 먼저 찾아가시고 마르다와 마리아에게 허물없는 친구가 되어주신 주님의 손길이 저와 이 책을 읽는 모든 그리스도인 남성들 가운데 임하기를 소망합니다.

3) 직업의 귀천

요즘 대부분의 젊은이들이 선호하는 직업은 사무직이라고 합니다. 취직하기가 하늘의 별 따기보다 어렵다고 하지만 외국인 노동력을 수입해 올만큼 우리나라는 일손이 부족합니다. 노동직을 '3D 업종'이라고 부릅니다. 더럽고(Dirty) 힘들고(Difficult) 위험한(Dangerous) 직업이라는 뜻입니다.

우리나라는 전통적으로 선비가 되는 것을 노동자가 되는 것보다 귀하게 여겼습니다. 유교 사상에 '사농공상(士農工商)'이라는 말이 있습니다. 선비가 가장 귀한 직업이고 그 다음이 농업, 공업, 상업의 순서라는 뜻으로, 선비가 되어 머리를 쓰며 살아가는 것이 가장 가치 있고 몸을 써서 농업과 공업과 상업에 종사하는 것은 천하다는 생각입니다. 현대 사회에 와서 인식이 많이 바뀌기는 했지만 다른 직업보다 '사(士)'를 중요하게 여기는 생각은 여전히 그대로인 것 같습니다. 몸을 쓰는 '천한' 일을 하며 사는 대부분의 부모들은 "내 자식은 나처럼 살지 않게 하겠다."며 기를 쓰고 자녀를 명문대에 입학시키고 대기업에 취직시키려 합니다. 그것만이 성공한 인생이라고 믿는 것입니다. 이렇게 너나 할 것 없이 공장에서 찍어낸 듯 똑같은 꿈을 좇다 보니 청소년과 청년들은 비교와 경쟁 속에 갇혀 살 수밖에 없습니다.

대학생 A군과 B군이 방학을 맞아 고향에 갔습니다. A군은 지방대 법대를 다니고 있었고 B군은 카이스트(한국과학기술대학)에 다니고 있었습니다. 고향으로 가는 버스 안에서 두 사람은 어릴 적부터 잘 아는 동네 할머니를 만나게 되었습니다. 반갑게 인사하는 두 학생에게 할머니가 "자네들은 요즘 뭐하고 사나?" 하고 물었습니다. A군이 먼저 "저는 지방대 법대에 다니고 있어요."라고 대답했습니다. 할머니는 환한 얼굴로 A군의 등을 두드리며 이렇게 말씀하셨습니다.

"그려 잘했구먼. 열심히 공부해서 공무원이 되게나. 그럼 자네는?"

B군은 자랑스러운 표정으로 할머니에게 "할머니, 저는 한국과학기술대학 다녀요. 카이스트요." 하고 대답했습니다. 그런데 할머니는 B군의 말이 끝나기도 전에 얼굴을 찡그리며 이렇게 말했답니다.

"그래? 그렇지. 공부 못하면 기술이라도 배워야지. 잘했네. 잘했어."

머리 쓰는 일은 귀하고 가치 있는 일입니다. 몸을 써서 노동하는 것도 동일하게 가치 있고 귀한 일입니다. 성경은 머리 쓰는 일과 몸 쓰는 일을 차별하지 않습니다.

노동은 타락 때문에 주어진 벌이 아닙니다. 아담과 하와는 범죄하기 전에도 에덴동산을 가꾸는 '일'을 했습니다. 천국에 가도 우리는 노동하는 특권을 누리게 될 것입니다. 성경은 일을 잘하는 여인을 '현숙한 여인'이라고 표현하고 있습니다.

> 자기의 집안 일을 보살피고 게을리 얻은 양식을 먹지 아니하나니 그의 자식들은 일어나 감사하며 그의 남편은 칭찬하기를 덕행 있는 여자가 많으나 그대는 모든 여자보다 뛰어나다 하느니라 고운 것도 거짓되고 아름다운 것도 헛되나 오직 여호와를 경외하는 여자는 칭찬을 받을 것이라 그 손의 열매가 그에게로 돌아갈 것이요 그 행한 일로 말미암아 성문에서 칭찬을 받으리라(잠 31:27-31).

이 여인의 몸매는 요즘 사람들이 선호하는 '에스(S) 라인'과는 거리가 멉니다. 그는 튼튼한 허리와 힘센 팔뚝을 자랑합니다.

> 힘 있게 허리를 묶으며 자기의 팔을 강하게 하며(잠 31:17).

하지만 성경은 그를 적극적으로 응원합니다. 심지어 '하나님을 경외하는 여자'라고 극찬합니다. 그가 자신에게 주어진 가정 일을 귀하고 가치 있게 여기고 최선을 다했기 때문입니다.

신체를 사용해서 노동하는 것은 결코 천하고 하찮은 일이 아닙니다. 그리스도인에게 중요한 것은 "하나님이 주신 부르심과 은사를 따라가고 있는가?"에 있습니다. 그러므로 당시 자신의 열등감과 주변 사람들의 무시 때문에 낙담한 채 마지못해 일하던 이들을 향한 사도 바울의 권면은 이 시대의 모든 그리스도인들에게 여전히 유효합니다.

무슨 일을 하든지 마음을 다하여 주께 하듯 하고 사람에게 하듯 하지 말라(골 3:23).

소그룹을 위한 '읽다, 살피다, 나누다'

01. 당신은 '나이 들수록 추해지는' 것이 구체적으로 무엇을 이야기한다고 생각합니까?

02. '나이 들수록 추해지는 사람'을 만난 경험이 있다면 나눠주십시오. 그 사람의 어떤 부분이 나이 들수록 추해지게 만든다고 생각합니까?

03. 이번 장에 소개된 '나이 들수록 추해지는 사람의 네 가지 사고방식' 중에서 특별히 기억에 남는 것이 있다면 무엇입니까? 그 이유를 적어보십시오?

04. 이번 장에 소개된 네 가지 외에 당신이 생각하는 '나이 들수록 추해지는 사람의 사고방식'은 또 어떤 것이 있습니까?

5장

나이 들수록 멋진 사람의 사고방식

그리스도인의 사고방식

—

하나님은 어떤 생각을 가진 분일까요? 그리고 그분의 부름을 받은 우리는 하루하루 어떤 생각을 하며 살아야 할까요? 아쉽게도 성경은 "그리스도인은 이러이러한 사고를 해야 한다."라고 구체적으로 설명해 주지 않습니다. 그러나 하나님이 우리에게 주신 성경 말씀과 그 말씀에 순종하며 살았던 믿음의 사람들을 통해 우리가 어떤 생각을 해야 하는지 배울 수 있습니다.

하나님은 그분의 생각을 자신의 생각으로 삼고 살아가는 이들을 통해 역사하셨습니다. 그래서 믿음의 사람들은 남들과 생각하는 것이 달랐습니다. 그들은 보이는 것을 좇는 대신, 하나님이 원하시는 생각을 하며 살았습니다. 덕분에 그들은 자신의 삶의 현장에서 하나님의 역사를 경험할 수 있었습니다. 과연 그들은 어떤 생각을 하며 녹록치 않은 인생길을 걸어갔을까요? 이번 장에서는 성경에 기록된 신앙 선배들의 이야기에서 나이 들수록 멋진 삶을 사는 사람의 사고방식이 무엇인지 살펴보겠습니다.

긍정적 사고

긍정적 사고라고 하면 세상에서 수없이 강조하고 권장하는 사고방식처럼 들릴지도 모르겠습니다. 하지만 성경에서 말하는 긍정적 사고는 세상에서 가르치는 긍정적 사고와 완전히 다른 것입니다. 세상의 긍정적 사고는 자신이 원하는 것을 이루는데 초점이 있습니다. "할 수 있다, 하면 된다."는 긍정적인 생각에 집중하면 원하고 바라는 것을 이룰 수 있다는 것입니다.

"생각한 대로 된다. 생각하면 이루어진다." 이것은 긍정적 사고가 아니라 마인드컨트롤, 또는 적극적 사고방식입니다. 긍정적 사고는 원하는 것을 모두 성취하는 만능열쇠가 아닙니다. 그런데 안타깝게도 우리는 적극적 사고방식으로 하나님께 나아갈 때가 많습니다.

"하나님. 저는 이렇게 생각합니다. 그러니까 이렇게 해주세요. 제가 생각하기에는 저렇게 되어야 합니다. 그러니까 저렇게 해주세요. 구한대로 해주실 줄 믿습니다. 아멘!"

이것은 믿음이 아니라 마인드컨트롤입니다. 믿음은 하나님의 말씀을 근거 삼아 나아가는 것입니다.

바닷가에 사는 한 집사님이 성경을 읽다가 바다 위를 걸은 베드로 이야기에 도전을 받았습니다.

"하나님. 베드로가 걸었던 바다를 저도 걸을 줄 믿습니다."

이렇게 고백하고 바다로 걸어들어 갔는데 '당연히' 점점 물에 빠지는 것입니다. 그 집사님은 크게 낙심하고 교회 목사님에게 "목사님, 성경은 전부 거짓말입니다. 성경에 기록된 것이 참이라면 저도 베드로처럼 믿음으로 물 위를 걸을 수 있어야 하지 않습니까?" 하고 항의했습니다. 그의 항변에 목사님은 이렇게 대답했습니다.

"베드로는 예수님으로부터 '오라'는 말씀을 듣고 바다에 들어갔어요. 그런데 집사님은 순전히 자기 의사로 바다를 걸어보려고 하는 것이잖아요."

이것은 믿음이 아니라 마인드컨트롤이며 기복신앙입니다. 하나님의 뜻, 하나님이 원하시는 것, 내가 순종해야 할 부르심과 상관없이 무조건 원하는 것만 고집하며 "주실 줄 믿습니다."라고 막무가내로 기도하는 것입니다. 하나님이 주시지 않으면 주실 때까지 기도하고 매달리는 것이 좋은 신앙이라고 착각하는 것입니다.

기도해도 하나님이 주지 않으시는 경우가 있습니다. 하지만 원하는 대로 되지 않는 것도 하나님의 기도 응답입니다. "안 돼. 지금은 부요할 때가 아니라 가난하고 어렵고 힘들어야 할 때야."라고 말씀하시는 것입니다. 하나님은 우리가 가난하면 가난한 대로 자족하고 부요하면 부요한 대로 청빈하게 살기를 원하십니다. 각각의 삶에서 배워야 할 것이 있고 모든 경우와 상황 속에서 역사하시는 하나님을 만나야 합니다. 하나님 나라에서 중요한 것은 오직 그분의 때와 방법입니다.

1) 하나님의 뜻 가운데 거하고 있는가

예전에 해외의 선교단체 베이스에서 2년 정도 가족과 함께 훈련을 받은 적이 있습니다. 당시 경제적으로 많이 힘들었습니다. 원래도 돈이 없었지만, 마침 그때가 한국 경제가 가장 어려웠던 IMF 시기였기 때문입니다. 훈련비는커녕 당장 하루하루 살아갈 생활비가 부족했습니다. 주말이 되면 베이스의 다른 사람들은 시내로 교외로 놀러 다니는데 우리 가족만 그러지 못했습니다.

아이들은 "아빠, 우리 맥도날드에 햄버거 먹으러 가면 안 돼?" 하며 칭얼댔지만 그럴 때마다 "그래. 그런데 오늘은 말고 다음에 꼭 가자." 하고 대답할 수밖에 없었습니다. 그러면 아이들은 입이 삐죽 나와서 투덜댑니다. 그러나 정말 그럴 수밖에 없는 상황이었습니다. 저희 가족 다섯 명이 한 번 외출하면 교통비에 식비까지 감당할 돈이 없었기 때문입니다. 기약 없이 "다음에" 소리만 하며 아무것도 할 수 없어 기도가 저절로 나왔던 상황이었습니다.

"하나님! 구하면 주시고 두드리면 열린다면서요. 저희 가정에 돈 좀 주세요!"

하지만 아무리 열심히 기도해도 재정 상황이 나아지지 않았습니다. 점점 힘이 들고 화가 나서 '하나님이 왜 이러시지? 도대체 뭐가 잘못된 거야?'라는 생각도 들었습니다. 당시 저는 하나님을 제 생각대로 조종하고 싶었던 것입니다.

그러다가 성경 말씀을 묵상하면서 이게 도대체 무슨 상황인지, 제가 어떤 삶을 살아야 하는지 조금씩 이해하게 되었습니다. 하나님이 요나서를 묵상하라는 마음을 주셨는데 사실은 기분이 별로 좋지 않았습니다. 저 개인적으로 요나서에 대해 그리 유쾌하지 않은 이미지를 갖고 있었기 때문입니다. 요나서는 믿음의 사람이 어려움을 견뎌내고 기도 응답을 받는 것이 아니라, 고집쟁이 선지자가 불순종 때문에 바다에 던져져서 물고기 밥이 되는 우울한 이야기라고 생각했기 때문입니다. 어쨌든 '도대체 내가 뭘 잘못했기에 하나님이 재정을 안 채워주시나. 이런 상황에서 뭘 어떻게 해야 하나.' 하는 생각으로 가득 찬 채로 말씀 앞에 앉았습니다. 그런데 차근차근 요나서를 묵상하는 가운데 이전에는 미처 깨닫지 못했던 사실을 발견하게 되었습니다.

저는 요나서의 주제가 "엎어터지기 전에 순종해라. 맞기 전에 순종해라."라고 생각했습니다. 하지만 요나서는 결코 그런 메시지의 책이 아니었습니다. 요나서에서 하나님은 '나 중심적 생각', 즉 내가 원하는 것으로 가득 차 있는 요나에게 그분의 생각을 나눠주시고, 하나님과 생각의 간격차를 좁히는 믿음의 삶으로 인도하셨습니다.

요나는 선지자였지만 자기밖에 모르는 사람이었습니다. 그는 이스라엘만 하나님의 선택을 받았고, 유일하게 구원받을 하나님의 백성이라는 국수주의적 사고로 똘똘 뭉쳐 있었습니다. 그런데 하나님은 그를 앗수르 제국의 심장부인 니느웨로 보내셨습니다. 앗수르는 바벨론이 망한 뒤 등장해서 중동 지역의 패권을 잡고, 이스라엘에 쳐들어와 땅을 빼앗고 사람들을 죽이고 많은 재물을 빼앗은 이스라엘의 원수였습니다.

요나는 그런 나라의 수도에 가서 회개하고 구원받으라는 하나님의 메시지를 전해야 했습니다. 하나님은 바벨론의 사고방식을 가진 이들에게 그분의 메시지를 보내기 원하셨습니다. 그래서 자신들이 갖고 있는 부와 용맹과 지혜를 자랑하던, 당시에 가장 잘 나가는 이방인들에게 하나님만 자랑하는 사람의 대표로 요나를 보내신 것입니다. 전쟁을 일으켜 다른 나라들을 침략해서 온갖 잔인한 짓을 일삼은 앗수르를 사랑으로 받아들이라는 것입니다. 하지만 요나는 하나님의 뜻을 조금도 헤아리지 못했습니다.

결국 반항하던 요나는 하나님의 말씀을 어기고 니느웨의 반대편인 다시스로 도망칩니다. 이 불순종 때문에 그는 커다란 물고기의 밥이 되어 뱃속에서 3일 동안이나 하나님께 부르짖어야 했습니다. 요나가 물고기 뱃속에서 이렇게 기도한 것은 그 때문입니다.

> 이르되 내가 받는 고난으로 말미암아 여호와께 불러 아뢰었더니 주께서 내게 대답하셨고 내가 스올의 뱃속에서 부르짖었더니 주께서 내 음성을 들으셨나이다(욘 2:2).

요나가 하나님께 부르짖을 때 하나님은 요나에게 이렇게 말씀하셨습니다.

"요나야, 그래. 그곳이 바로 지옥(스올)이다. 정말 가면 안 될 곳, 절대로 가고 싶지 않은 곳이지? 너는 그곳에 있은 지 3일 만에 구해 달라고 부르짖지만 니느웨에 있는 사람들은 네가 복음을 전하지 않으면 영원히 지옥에 갇혀 살아갈 수밖에 없단다. 네 눈에는 니느웨 사람들이 구원받을 가치가 없고 복음을 증거할 수 없는 대상으로 보이겠지만 그들도 내 형상대로 창조된 내 백성들이란다. 나는 그들이 지옥에서 살아가는 것을 원하지 않아. 요나야, 그래서 네가 가야 한다."

하나님은 요나와 생각의 간격을 좁혀서, 열방을 사랑하시는 하나님의 마음을 느끼게 하려 하신 것입니다.

요나서의 마지막 장면에도 이런 주제가 선명하게 나타납니다. 요나가 메시지를 전하자마자 니느웨 성 전체가 하나님 앞에서 회개하고 구원을 받게 됩니다. 도시 하나가 통째로 회심했을 때 니느웨의 구원을 가장 기뻐해야 할 사람은 바로 말씀을 전했던 요나여야 했지만 오히려 그는 크게 불평하며 박넝쿨 그늘에서 잠을 잡니다. 이때 하나님은 벌레를 보내어 박넝쿨을 시들게 하시고 뜨거운 동풍을 불게 하십니다. 우리의 불평꾼 요나는 굽히지 않고 "차라리 죽여 달라!"고 하며 끝까지 하나님에게 맞섭니다. 요나서는 박넝쿨이 말라 죽었다고 화가 나서 씩씩대는 요나에게 하나님이 이렇게 대답하시는 것으로 끝이 납니다.

여호와께서 이르시되 네가 수고도 아니하였고 재배도 아니하였고 하룻밤에 났다가 하룻밤에 말라 버린 이 박넝쿨을 아꼈거든 하물며 이 큰 성읍 니느웨에는 좌우를 분변하지 못하는 자가 십이만여 명이요 가축도 많이 있나니 내가 어찌 아끼지 아니하겠느냐 하시니라(욘 4:10-11).

요나를 괴롭히고 힘들게 하려는 것이 아니라 요나의 인생에 하나님의 관점과 마음, 믿음을 주시려는 하나님의 초대인 것입니다. 이 말씀을 묵상하고 나서 저의 생각은 바뀌었습니다. 물론 상황은 변하지 않았고, 지갑도 여전히 비어 있었지만 기도가 바뀌었습니다.

"하나님, 돈이 없어서 감사합니다. 저를 요나처럼 불러주셔서 감사합니다. 이 고난과 어려움 속에서 제 관점과 마음을 넓혀주시고 하나님의 생각을 받아들여 주님이 말씀하시는 곳에 거하게 해 주소서."

여태까지는 하나님이 원하시는 것보다 내 필요에 관심이 많았습니다. 나는 가난하면 안 되고 하나님은 내게 먹고 살 비용을 꼬박꼬박 채워주셔야 한다고 생각습니다. 그러나 하나님은 우리가 그보다 먼저 그분의 뜻 가운데 거하기 원하십니다.

2) 하나님과 그분의 말씀을 근거 삼다

그렇다면 긍정적인 사고는 어떤 것일까요?

"컵에 물이 반밖에 안 남았네?"

"물이 반 이상 남았구나!"

이것이 세상에서 일반적으로 이야기하는 긍정적 사고와 부정적 사고의 차이입니다. 하지만 성경에서 말하는 긍정적 사고는 앞에서 나눈 것처럼 하나님과 그분의 말씀을 근거 삼은 믿음에서 나옵니다. 성경에서 말하는 긍정적 사고는 하나님이 주신 것 중에서 좋은 것, 그분이 역사하실 만한 것에서 나오는 생각입니다. 또한 부정적 사고는 그와 반대로 자신에게 없는 것, 부족한 것, 모자란 것, 허물에서 나오는 생각입니다.

하나님을 떠난 인간은 필연적으로 두려움이라는 감정에 시달리며 살아갑니다. 절대적인 안정감의 근원을 상실해서 자신의 인생을 어떻게 살아야 할지 모르기 때문입니다. 지구상에 자신의 미래가 어떻게 펼쳐질 지 정확하게 아는 사람은 단 한 명도 없습니다. 자녀와 가정, 사회가 앞으로 어떻게 될지 정확하게 아는 사람도 없습니다. 이렇게 모든 것이 불확실한데 백 퍼센트 믿고 의지할 대상이 없기 때문에 두려움을 떨쳐내지 못하는 것입니다. 그러나 하나님을 믿는 사람은 그렇게 살 필요가 없습니다.

> 우리가 알거니와 하나님을 사랑하는 자 곧 그의 뜻대로 부르심을 입은 자들에게는 모든 것이 합력하여 선을 이루느니라(롬 8:28).

그리스도인은 하나님의 뜻 안에서 모든 것이 합력하여 선을 이루는 삶을 살 수 있습니다. 세상 사람들이 생각하는 것처럼 눈에 보이는 재물과 지식, 힘을 갖고 있으면 걱정 없고 두려움 없이 살 수 있을까요? 하나님의 자리는 결코 다른 것으로 채울 수 없습니다. 아무리 가지고 더 가져도 현실과 미래가 여전히 불확실하니 두려움을 떨칠 수 없는 것입니다.

우리는 보이지 않는 하나님과 그분의 말씀으로 살아가는 삶, 즉 믿음의 삶으로 초대 받았습니다. 상황이 아무리 심각하고 어렵다고 해도 하나님은 모든 것에 합력하여 선을 이루십니다. 이것이 바로 성경에서 말하는 긍정적 사고의 근거입니다. 지금 내가 최악의 상황 가운데 있을지라도 모든 것에 합력하여 선을 이루실 하나님을 믿고 신뢰하면 긍정적으로 생각할 수 있는 것입니다. 가정과 교회와 사회와 나라를 바라보면 결코 그렇게 할 수 없지만 하나님이 하실 것이기 때문에 소망을 품을 수 있습니다.

저는 고등학교 2학년 때 처음 예수를 믿었습니다. 저희 할머니가 경상도 분인데, 그 지역에서 알아주는 유명한 3대 무당 중 한 분이셨습니다. 저는 우리 집에서 장남이자 장손이었습니다. 그래서 제가 교회에 다닌다는 것은 집안에서 난리가 날 일이었습니다. 그런데 신기하게도 집안 어르신들은 저를 교회에 다니게 해주셨습니다.

'어릴 적에 교회 한 번 안 다녀본 애가 어디 있겠냐? 크리스마스 때 교회에 가서 선물 한 번 안 받아온 애가 어디 있겠냐? 그건 다 어릴 적에 한 번씩 해보는 경험이다. 우리 집안은 워낙 종교색이 분명하니까 교회에 다니게 놔둬도 별 문제 없을 거다. 괜히 못하게 막으면 서로 불편해지고 애는 반항심 때문에 교회에 더 집착할 수도 있으니까 그냥 내버려 두자. 한동안 다니다가 제풀에 지쳐서 그만 둘

거다.'라는 이유에서였습니다. 할머니가 손자인 저의 성격을 정확하게 파악하신 것입니다. 하지만 할머니는 제가 믿는 하나님이 어떤 분인지는 알지 못하셨습니다. 지금 저희 가족 중에는 그리스도인이 아닌 사람이 없습니다. 우리 하나님은 그런 분이십니다.

물론 그렇게 되기까지 말도 못할 정도로 힘든 시간을 보내야 했습니다. '우리 집안은 안 되나 보다. 이제 그만 포기해야겠다.'는 부정적인 생각이 든 적도 많았습니다. 복음을 전하거나 하나님에 대한 이야기를 꺼내면 어르신들은 저를 붙잡아 앉혀놓고 종교가 무엇인가에 대해 30분이 넘게 설교를 하셨습니다. 저도 지지 않고 예수님을 믿으면 어떻게 되는지 설명했지만 즉시 "종교란 무엇인가? 어떻게 믿어야 하는가? 종교의 원리는 무엇인가?" 등의 이야기로 받아치셨습니다.

그러던 어느 날, 가족들의 구원을 위해 기도하다가 제 기도 소리에 피식 웃음이 나고 말았습니다. 제가 "하나님, 우리 가족 모두가 예수를 믿게 해주세요. 하지만 우리 아버지는 어려우실 거예요. 아버지는 세상 사람 모두가 예수를 믿는다고 해도 끝까지 고집을 꺾지 않을 분이에요."라고 기도를 하고 있었기 때문입니다. 문득 제가 하나님에게 부정적인 것을 얘기하고 있다는 사실을 깨달았습니다. 하나님께 가족들이 예수를 믿게 해달라고 하면서 다른 쪽으로는 그래도 아버지는 안 될 거라고 생각한 것입니다. 이때 하나님이 말씀 하나를 떠오르게 하셨습니다.

주 예수를 믿으라 그리하면 너와 네 집이 구원을 받으리라(행 16:31).

그제야 믿음이 생기기 시작했습니다. 그때 비로소 하나님의 말씀에 근거를 둔 긍정적인 생각을 갖게 되었습니다. 하나님은 제가 믿으면 저와 저희 가족을 구원하겠다고 하셨고, 그런 하나님은 어떤 상황에서도 모든 것에 합력하여 선을 이루게 하시는 분이셨습니다. 그래서 보이는 상황과 현상 때문에 부정적으로 생각하지 않게 되었고 가족들과 싸우지도 않게 되었습니다. 그전까지는 말씨름을 하고 나면 마음이 너무 불편했지만 어떤 상황에서도 약속을 이루실 하나님을 바라보니 보이는 것에 움직이던 삶이 달라지기 시작했습니다.

결국, 제가 기도하고 믿었던 것이 현실이 되었습니다.

3) 나는 부정적인 사람인가 긍정적인 사람인가

안타깝게도 많은 사람들이 부정적인 사고체계를 갖고 살아갑니다. 누구나 기쁨과 소망의 삶을 살기 원해서 좋은 일이 일어나기를, 소원이 이루어지기를, 하는 일이 잘 되기를 기대하지만 바라는 대로 안 될 때는 상처를 받기 때문입니다. 그래서 점점 부정적인 눈으로 모든 것을 바라보게 됩니다.

사람이 어떤 사고를 가지고 있는지는 언어생활을 살펴보면 알 수 있습니다. 마음속에 있는 것이 말로 나오기 때문입니다. 부정적인 사고를 가진 사람은 "안 돼요. 못 해요. 싫어요." 같은 부정적인 말과 비판적인 말을 많이 합니다. 자신은 이러이러한 부분에서 연약하고 이런저런 문제를 갖고 있다고 입버릇처럼 말합니다. 어찌나 부정적인지 이런 사람들은 "왜 하나님이 내 인생을 사용하지 못하시는가?"라는 주제로 열 편 이상의 논문을 쓸 수도 있을 것처럼 보입니다. 스스로에 대해 부정적인 이미지를 갖고 있기 때문입니다. 그의 말이 맞을까요, 틀릴까요? 안타깝게도 거의 대부분 맞습니다.

부정적인 사람은 마무리가 안 좋아야 속이 시원한 사람처럼 무슨 대화를 해도 좋은 방향으로 결론을 내는 경우가 별로 없습니다. "우리 교회 목사님 말씀이 너무 은혜롭지 않아요?"라고 물으면 "응, 하지만 설교 시간이 너무 긴 것 같아."라고 하고, "그 식당 음식 정말 맛있지 않아요?"라고 물으면 "응, 그런데 너무 짜,"라고 대답합니다. 부정적인 사고 체계 때문에 작은 단점 하나라도 찾아내서 부정적으로 이야기를 해야 직성이 풀리는 것입니다.

요즘 한국 교회에는 이 교회에서 저 교회로 옮겨 다니는 교인들이 많습니다. 좋은 교회처럼 보이면 원래 출석하던 교회를 떠납니다. 하지만 그 교회에서도 문제점이 보이기 시작하면 더 나은 교회를 찾으러 다시 떠납니다.

저도 전에 사역하던 교회에서 그런 분을 만난 적이 있습니다. 그분은 "제가 간 다음에 보세요."라며 쪽지 하나를 건네주고 교회를 떠나셨는데, 거기에는 그 교회의 문제점 열 가지가 적혀 있었습니다. 처음 와서 딱 한 번 예배드리고 점심 식사를 하고 갔을 뿐인데, 문제점을 열 가지나 찾아낸 것입니다. 게다가 그 중 몇 가지는 저도 깊이 인식하고 있는 정확한 지적이었습니다. 단 한 번 방문한 사람이 교회의 문제점을 그곳의 사역자만큼 정확하게 꿰뚫어 본 것입니다.

하지만 거기에는 치명적인 결함이 있었습니다. 그분은 '교회가 이런데도 불구하고' 하나님이 그곳에서 모든 것에 합력하여 선을 이루고 계시다는 것을 깨닫지 못했습니다. 그러니까 늘 부정적인 눈으로 부정적인 것들만 생각하고 부정적인 말만 하는 것입니다. 이런 사람은 어떤 사람을 만나도 비판하는 이야기만 합니다. "이건 이래서 문제고 저건 저래서 문제다."라면서 주변의 모든 사람과 환경, 심지어 자기 자신까지 비판합니다. 저는 모든 비판이 나쁘다거나 비판하는 것 자체가 잘못되었다고 말하는 것이 아닙니다. 비판을 위한 비판으로 끝나는 것이 문제라는 것입니다.

긍정적인 말을 하는 것이 왜 중요할까요? 언어가 사람의 마음과 연결되어 있기 때문입니다. 그러므로 배우자와 자녀, 주변 사람에게 부정적인 소리를 하지 않기 위해 끊임없이 노력하십시오. 언제 어디서나 긍정적인 눈으로 최대한 긍정적인 이야기를 많이 하십시오. 그것이 자신과 타인의 삶을 건강하게 만들기 때문입니다. 못하는 것, 허물, 부족함, 약점만 지적하지 말고 상대가 갖고 있는 것, 좋은 점, 감사할 것을 찾아 긍정적으로 말하십시오.

우리에게 없는 것, 부족한 것, 모자라는 것만 바라보며 남과 비교하고 원망하는 것은 올바른 삶이 아닙니다. 하나님이 각 사람에게 주신 장점과 좋은 것을 칭찬하고 그것이 더 자라날 수 있도록 도울 때, 우리는 열매 맺는 삶을 이룰 수 있습니다. 이미 있는 것, 하나님이 주신 것, 숨어있는 좋은 것을 찾아내서 말해 주고 칭찬하고 섬기기 바랍니다.

언어생활은 사고방식 형성에 영향을 미칠 수도 있습니다. 그러므로 언어도 훈련해야 합니다. 끊임없이 연습하지 않으면 긍정적으로 말할 수 없습니다. 마음만 먹는다고 저절로 되지 않습니다. 영어 점수가 낮은 자녀에게 "넌 누굴 닮아서 그렇게 영어를 못 하니? 수학은 잘하면서. 영어는 공부 안 할 거야? 이게 다 네 노력이 부족해서 그래."라고 하는 것보다 "너는 수학을 정말 잘하는구나. 영어도 그렇게 열심히 하면 분명 잘할 수 있을 거야."라고 이야기해야 합니다. 부정적인 언어는 듣는 사람의 내면에서 부정적인 영향을 줍니다. 그래서 우리는 언어를 잘 사용해야 합니다. 감사한 것, 좋은 것, 긍정적인 언어를 사용하려고 노력해야 합니다.

사람들은 환경과 상황 때문에 부정적인 사고를 갖게 된다고 생각합니다. 부정적이고 건강하지 않은 환경과 상황 때문에 부정적인 사고를 할 수밖에 없다고 핑계를 대는 것입니다. 하지만 그것은 잘못된 판단입니다. 내가 부정적으로 사고하는 것은 내 사고체계가 부정적이기 때문입니다.

4) 긍정적인 사고를 훈련하라

그리스도인은 상황과 환경에 부정적인 요소가 많아도 긍정적인 사고를 할 수 있습니다. 보이는 게 전부가 아니기 때문입니다. 보이지 않는 하나님이 모든 것에 합력하여 선을 이루시기 때문입니다.

그것을 믿기에 그럼에도 불구하고 긍정적으로 생각할 수 있습니다.

일본에서 '경영의 신(神)'이라 불리는 기업인 마쓰시다 고노스케에게 이런 일화가 있습니다. 한 사원이 마쓰시다 고노스케에게 "회장님은 어떻게 이렇게 큰 성공을 하셨습니까?"라고 질문했습니다. 그 자리에서 그는 그 사원에게 "나에게 하늘로부터 주어진 세 가지 은혜가 있다."고 말했습니다.

첫 번째 은혜는 어린 시절 집이 가난했던 것, 두 번째 은혜는 몸이 허약하게 태어난 것, 세 번째 은혜는 초등학교도 못 나온 그의 학력이었습니다. 놀랍게도 그가 '은혜'라고 표현한 세 가지 모두 부정적인 생각을 하기에 충분한 것들이었습니다. 그 소리를 듣고 깜짝 놀란 직원은 "세상의 불행을 모두 갖고 태어났는데도 오히려 하늘의 은혜라고 하시니 이해할 수 없습니다."라고 말했습니다. 그러자 마쓰시다 회장은 이렇게 대답했습니다.

"나는 가난 속에서 태어났기 때문에 부지런히 일하지 않고서는 잘 살 수 없다는 진리를 깨달았다네. 또 약하게 태어난 덕분에 건강의 소중함을 일찍부터 깨달아 몸을 아끼고 건강에 힘써 지금 90살이 넘었어도 건강한 몸으로 산다네. 또 초등학교를 중퇴했기 때문에 항상 세상 모든 사람을 스승으로 받들어 배우는데 노력하여 많은 지식과 상식을 얻었다네. 이런 불행한 환경이 나를 이만큼 성장시켜 주었기에 하늘이 준 은혜라 생각되어 감사하고 있다네."[13]

마쓰시다 고노스케는 부정적인 상황 속에서도 긍정적 사고를 통해 멋진 삶을 살아간 사람입니다. 그렇다면 성경에 등장하는 믿음의 선배들은 어떤 긍정적 사고를 가진 사람들이었을까요?

민수기 13장에서 천방지축 이스라엘 백성을 데리고 애굽을 빠져나온 모세는 하나님이 주겠다고 약속하신 가나안 땅을 정탐하기 위해 가데스 바네아라는 곳에서 열두 정탐꾼을 파견합니다. 그런데 희한하게도 임무를 마치고 돌아온 정탐꾼들의 보고 내용이 10대 2로 나뉘었습니다. 그들이 수집해온 객관적 정보, 즉 '팩트'(fact)는 동일한데 여호수아와 갈렙이 내놓은 결론과 나머지 열 명이 내놓은 결론이 정반대였던 것입니다.

열두 명 중 열 명의 생각은 이러했습니다.

"하나님이 주시려는 가나안 땅은 젖과 꿀이 흐르는 곳이다. 그런데 그 땅에는 이미 아낙 자손인 거인들이 살고 있다. 그 거인들이 지은 성읍은 엄청 높고 견고하다. 그들과 비교해 보면 우리는 메뚜기 같다. 붙어보나마나 우리가 완패할 것이 뻔하다."

하지만 열두 명 중 두 명인 여호수아와 갈렙은 다른 열 명과 똑같이 아낙 자손인 거인들과 그들의 크고 견고한 성읍을 보고서도 오히려 "그들은 우리의 식사감"이라고 말했습니다. 이들 열두 명 전원은 같은 곳에서 같은 것을 봤는데 왜 결론이 달랐을까요?

열두 명 중 열 명은 스스로를 메뚜기 같은 존재로 평가했습니다. 솔직히 맞는 것처럼 느껴집니다. 오합지졸인 이스라엘 백성이 이미 그 땅에서 터를 잡고 잔뼈가 굵은 터줏대감인 거인 족과 어떻게 싸워 이길 수 있겠습니까? 열 명은 수집한 정보를 바탕으로 합리적인 판단을 한 것 같습니다. 그런데 이게 뭐가 잘못되었다는 것일까요?

왜 이 사건 때문에 당시 이스라엘 백성 중에 성인이었던 사람들은 가나안 땅에 들어가지 못했을까요?

이스라엘은 눈에 보이는 것을 좇아 살도록 부름받은 사람들이 아니기 때문입니다. 눈에 보이는 것에 흔들리는 것은 하나님 백성이 추구해야 할 믿음의 삶이 아니었습니다. 열 명의 부정적인 보고를 듣고 집단으로 철야통곡을 하는 이스라엘 백성들에게 여호수아가 이렇게 얘기합니다.

> 이스라엘 자손의 온 회중에게 말하여 이르되 우리가 두루 다니며 정탐한 땅은 심히 아름다운 땅이라 여호와께서 우리를 기뻐하시면 우리를 그 땅으로 인도하여 들이시고 그 땅을 우리에게 주시리라 이는 과연 젖과 꿀이 흐르는 땅이니라 다만 여호와를 거역하지는 말라 또 그 땅 백성을 두려워하지 말라 그들은 우리의 먹이라 그들의 보호자는 그들에게서 떠났고 여호와는 우리와 함께하시느니라 그들을 두려워하지 말라 하나(민 14:7-9).

그는 "하나님이 우리와 함께하신다."라고 고백합니다. 하나님이 적의 강함과 자신들의 연약함까지도 합력하여 선을 이루게 하신다는 것입니다. 여호수아와 갈렙은 하나님과 그분의 말씀을 근거로 긍정적인 생각을 하는 믿음의 사람들이었고, 하나님은 그 생각을 통해 실제로 아낙 자손을 이길 수 있게 역사하셨습니다. 그러므로 보이는 것에만 집중해서 부정적으로 생각해서는 안 됩니다.

가정에서 자녀가 공부는 뒷전이고 말썽만 일으킬 때 종종 부모들이 이런 말을 합니다.

"이렇게 엄마 아빠 말도 안 듣고 공부도 안 하는데 네 미래가 잘 된다면 내 손에 장을 지진다."

하지만 그리스도인은 보이는 것만 가지고 부정적으로 말하면 안 됩니다.

"지금은 공부도 안 하고 말썽만 피우지만 엄마 아빠는 널 위해 하나님께 기도한단다. 기도할 때마다 엄마 아빠는 하나님이 네 인생에 대한 아름다운 계획을 갖고 계신 것을 느끼곤 해. 두고 보렴. 너는 이 어려움을 잘 극복하고 하나님께 쓰임 받는 사람이 될 거야."

이게 그리스도인들이 해야 할 말입니다. 현상을 보지 않고 모든 것에 합력하여 선을 이루게 하실 하나님을 바라볼 때에만 올바른 믿음의 삶을 살 수 있습니다. 하지만 긍정적인 사고는 저절로 되는 것이 아닙니다. 오직 훈련을 통해서만 가능합니다. '이러면 안 되지. 이건 하나님이 원하시는 생각이 아니야.'라는 결론이 나면 그 생각을 긍정적인 쪽으로 바꿔야 합니다. 힘든 일이고 실패할 때도 많겠지만 포기하면 안 됩니다.

생각은 달라질 수 있습니다. 하나님이 역사하시면 가능합니다. 물론 오늘 생각을 바꾸기로 결정한다고 다음날 바로 긍정적인 생각을 갖게 되는 것은 아닙니다. 많은 시간이 필요하겠지만 할 수 있고 해야 할 일입니다.

부정적인 사고의 조각들을 차근차근 떼어내야 합니다. 부정적인 면에 집중하며 다른 사람을 비판하는 바로 그 순간에 '내가 왜 이러지? 이런 생각을 하면 안 되지.'라고 분별하면서 입술로 긍정적인 언어를 말해야 합니다. 그럴 때 부정적인 생각의 조각들이 떨어져 나가고 긍정적인 생각의 새로운 조각이 맞춰질 것입니다. 처음에는 별로 달라지는 것이 느껴지지 않습니다. 하지만 이것을 반복하다 보면 어느 순간 긍정적으로 생각하고 있는 자기 자신을 보게 될 것입니다. 긍정적인 사고방식은 저절로 주어지는 것이 아니라 지속적인 훈련을 통해 배워야 하는 것입니다.

주도적 사고

하나님은 우리에게 삶을 선물로 주셨습니다. 물론 우리 인생의 주인은 하나님이시지만 우리는 청지기로서 자신의 인생을 선택해 나가도록 부름받은 사람들입니다. 이것이 주도적 사고의 출발점입니다. 주도적 사고란 환경과 상황에 인생을 맡기거나 타인의 영향을 그대로 받아들이는 대신 '내가 나의 인생을 만들어 가겠다.'라는 생각을 갖는 것입니다.

또한 주도적 사고는 "우리 인생에 우연이란 없다."는 믿음을 기초로 삼습니다. 우리가 좋아하든 싫어하든 지금의 상황은 하나님이 우리의 인생에 허락하신 것입니다. 우리는 그 상황을 허락하신 하나님의 뜻이 무엇인지 분별하고 그분의 뜻 가운데 살아가야 합니다.

주도적 사고의 반대말은 대응적 사고입니다. 거울을 보고 손을 흔들면 거울 속의 나는 내가 하는 행동을 그대로 따라합니다. 이와 같이 대응적 사고는 외부의 자극이나 상황, 환경이 어떠한가에 따라 거기 맞춰 반응하는 것입니다.

가족들이 모여 식사를 하는데 남편이 아내에게 "밥 좀 그만 먹어. 지금 당신 팔뚝이 팔뚝인지 허벅지인지 분간이 안 돼." 하고 핀잔을 줍니다. 나는 가만히 있는데 다른 사람이 내게 자극을 줍니다. 대응적 사고를 하는 사람은 이럴 때 느껴지는 대로 생각합니다. '저 인간이 이제는 애들 앞에서 대놓고 나를 무시하네. 내가 괜히 먹냐? 애들이 음식을 남기니까 먹지.' 그리고 그 생각에 따라 반응합니다.

"웃기시네. 당신 뱃살도 만만치 않거든?"

결국 부부싸움에 돌입하거나 남편에게 다른 식으로 복수를 합니다. 안타까운 것은 자극이 오는 대로 반응하면서 자신의 사고방식에 문제가 있다는 사실을 모르고 살아가는 것입니다.

동물은 자극에 즉각적으로 반응합니다. 먹이를 주면 좋아하고 때리면 도망가고 예뻐해 주면 다가옵니다. 하지만 자극이 주어지지 않으면 (거의 대부분) 이렇게 행동하지 않습니다. 동물은 자신의 의사나 계획이 아니라 외부의 자극에 의해 지극히 수동적으로 반응할 뿐입니다. 그러나 사람은 그렇지 않습니다. 사람은 스스로의 선택과 결정으로 인생을 만들어가는 책임감 있는 존재이기 때문입니다.

그렇다면 대응적 사고의 반대인 주도적 사고는 어떤 것일까요? 다른 사람들이 있는데서 배우자가 "밥 좀 그만 먹어. 지금 당신 팔뚝이 팔뚝인지 허벅지인지 분간이 안 돼." 하고 핀잔을 줍니다. 이렇게 수치스럽고 참기 힘들 정도로 화가 나는 상황에서 주도적으로 사고하려면 어떻게 해야 할까요? 그 순간 머릿속을 멈추고 이 사건과 상황을 어떻게 바라봐야 배우자와 더 친밀하게 사랑하는 관계를 맺고 더 행복한 가정을 만들 수 있을지를 고민해야 합니다.

인생에는 여러 가지 다양한 사건과 상황이 찾아옵니다. 하지만 늘 똑같은 생각을 하고 똑같이 반응하면 똑같은 결과를 만들 뿐입니다. 매일 동일한 상황이 펼쳐진다고 해도 내가 다르게 생각하고 다르게 행동하면 지금까지와 전혀 다른 삶이 펼쳐집니다. 주도적으로 사고하는 사람은 자신을 공격하는 것처럼 들리는 배우자의 말에도 이렇게 대답할 수 있습니다.

"여보, 고마워요. 아이들이 다 컸는데도 변함없이 내 몸매에 관심을 가져주고. 건강에도 좋고 당신이 원하기도 하니까 이참에 다이어트라도 해볼까요?"

평소에 자주 보기 힘든 모습이라 비현실적으로 느껴질 수도 있습니다만, 이것이 바로 주도적 사고가 만들어 내는 변화입니다.

문제는 우리는 그렇게 하고 싶어 하지 않는다는 데 있습니다. 여태까지 살아온 방식대로 하고 싶기 때문입니다. 그래서 상황과 환경에 맞춰서, 자극이 주어지는 대로 반응합니다. 그러나 기억하십시오. 당신이 지금 그곳에서 그 사람들과 만나 함께 살고 있는 것은 결코 우연이 아닙니다. 내 인생에 일어나는 모든 일을 내가 선택할 수는 없지만, 그 결과가 복이 될지 화가 될지는 내가 선택할 수 있습니다. 그것은 우리 자신이 결정하는 것입니다.

다만 이뿐 아니라 우리가 환난 중에도 즐거워하나니 이는 환난은 인내를, 인내는 연단을, 연단은 소망을 이루는 줄 앎이로다(롬 5:3-4).

살다 보면 원치 않는 고난을 만나게 될 수 있습니다. 그럴 때에도 주도적 사고를 통해 고난을 고난으로 여기지 말고 소망을 이루는 삶을 선택하십시오. 지금의 상황이 우연이나 재수가 없어서 일어난 것이 아니라 하나님의 뜻 가운데 있는 것임을 믿는다면, 그분이 내게 원하시는 것이 무엇인지 고민해야 합니다. 그리고 하나님의 뜻에 순종하는 삶으로 나아가야 합니다.

1) 어떤 상황에서도 주도적으로 살았던 사람, 요셉

성경에서 하나님과 동행한 믿음의 사람들은 모두 주도적 사고방식을 갖고 있었으며, 그들의 주도적 사고는 하나님의 손길을 이끌어 냈습니다. 하나님과의 관계를 죄로 깨뜨린 것은 우리 인간입니다. 그러나 주도적 사고를 하시는 하나님은 스스로 '십자가 대속'이라는 방법을 찾으시고 그것을 통해 우리를 구원하셨습니다.

볼지어다 내가 문 밖에 서서 두드리노니(계 3:20).

하나님이 먼저 우리에게 찾아오셔서 문을 두드리셨습니다. 그런 하나님은 주도적 사고를 하는 사람들을 통해 역사하십니다. 성경의 인물 중 주도적 사고를 한 대표적인 사람은 요셉입니다. 요셉은 평생 자기가 원하는 대로 살아본 적이 거의 없었습니다. 요셉은 배다른 형들의 손에 가족과 고향을 떠나 애굽이라는 이방 나라에 종으로 팔려갑니다.

> 요셉이 이끌려 애굽에 내려가매 바로의 신하 친위대장 애굽 사람 보디발이 그를 그리로 데려간 이스마엘 사람의 손에서 요셉을 사니라 여호와께서 요셉과 함께하시므로 그가 형통한 자가 되어 그의 주인 애굽 사람의 집에 있으니 그의 주인이 여호와께서 그와 함께하심을 보며 또 여호와께서 그의 범사에 형통하게 하심을 보았더라(창 39:1-3).

요셉의 종살이를 지켜본 모든 사람은 그가 '하나님이 함께하시는 사람, 하나님이 형통케 하시는 사람'이라고 칭찬했습니다. 어떻게 그럴 수 있었을까요? 종은 말 그대로 노예이며, 노예는 가장 대응적으로 사고하고 가장 대응적으로 행동하는 사람이었습니다. 하지만 요셉은 다르게 행동했습니다. 보디발의 종이었지만 그는 자기 인생의 주인으로, 그리고 하나님의 종으로 살았습니다. 저는 골로새서 3장에서 사도 바울이 한 권면의 말씀이 요셉을 붙들고 이끌어준 하나님의 생각이라고 믿습니다.

> 종들아 모든 일에 육신의 상전들에게 순종하되 사람을 기쁘게 하는 자와 같이 눈가림만 하지 말고 오직 주를 두려워하여 성실한 마음으로 하라 무슨 일을 하든지 마음을 다하여 주께 하듯 하고 사람에게 하듯

하지 말라 이는 기업의 상을 주께 받을 줄 아나니 너희는 주 그리스도를 섬기느니라(골 3:22-24).

비록 자기가 선택한 삶은 아니었지만, 요셉은 계속해서 스스로에게 "나는 왜 종이 되었을까? 하나님은 왜 형들이 나를 종으로 팔도록 내버려 두셨을까?", "하나님이 나를 애굽 땅의 종으로 두신 거라면 지금 이곳에서 하나님이 내게 원하시는 것은 무엇일까?" 하는 질문들을 던졌을 것입니다. 그리고 이 질문들에 대한 답을 찾으며 살다 보니 모든 일에 형통하게 된 것입니다.

덕분에 요셉은 주인 보디발의 전 재산을 관리하는 집사가 됩니다. 그때부터 인생이 좀 풀리나 싶었지만 그 이후에 요셉은 누명을 써서 감옥에 갇히고 맙니다. 하나님 앞에서 거룩하게 살려고 보디발 아내의 유혹을 뿌리쳤을 뿐인데 성추행범으로 몰려 감옥에 갇힌 것입니다. 보통 사람 같으면 자신의 삶을 비관하고 자포자기할법한데 요셉은 감옥에서도 주도적으로 자신의 삶을 선택해 나갑니다. 감옥 속에서도 변함없이 하나님의 계획이 있음을 믿은 것입니다.

종 못지않게 대응적으로 생각하고 대응적으로 행동하는 사람들이 바로 감옥에 수감된 죄수들입니다. 자의로 감옥에 들어온 사람은 아무도 없기 때문입니다. 그런데 요셉은 감옥에서도 기존의 죄수들과 다른 삶을 추구합니다. 언제 어디서나 최선을 다하고, 무슨 일을 맡기든 열심히 땀 흘려 수고하고, 지켜보는 사람이 있든 없든 태도와 자세에 변함이 없었습니다. 하지만 동료들에게는 그런 모습이 별로 좋게 보이지 않았을 것입니다. 자기들은 대충 일하고 마는데 요셉은 무슨 일이든 하나님께 하듯 하니 얼마나 비교가 되었겠습니까? 아마도 요셉의 주변 사람들은 늘 그를 심하게 질투하고 시기했을 것입니다.

종처럼 대충 사는 것은 쉽습니다. 하지만 종인데도 최선을 다해 사는 일은 힘이 듭니다. 처음에는 주변 사람들이 "혼자 튄다"며 그를 비판하고 미워할 것입니다. 주도적 사고를 하는 사람은 남의 질투와 시기를 겪을 수 있습니다. 그러나 요셉이 그랬던 것처럼 나중에는 영향력 있는 훌륭한 인물이라고 칭송받을 것입니다. 우리는 남의 눈이 아니라 주님을 의식하며 살아가는 사람들임을 기억해야 합니다.

2) 주도적 사고는 하나님의 창조 역사를 완성한다

터키에 성지순례를 다녀온 적이 있습니다. 일정이 매우 촘촘한 여행이었습니다. 아침 일찍 일어나서 묵상하고 예배하고, 식사 후에 차로 이동해서 유물을 보면서 설명을 듣고, 다시 차로 이동해서 유적을 보고 설명을 듣고, 그렇게 온종일 돌아다니다가 숙소에 도착하면 저녁 예배를 드리고 씻고 잠을 잤습니다. 다른 것을 할 시간 자체가 없는 일정이었습니다. 일주일을 이렇게 보내고 나니 불평이 나오기 시작했습니다. 결국 우리를 인도하는 선교사님에게 "방문 코스를 줄이더라도 여유 있게 쉬면서 하지, 왜 이렇게 빡빡하게 돌아다니는 겁니까?" 하고 짜증 섞인 질문을 했습니다. 선교사님은 "사도 바울은 이 길을 전부 걸어 다녔어요."라고 대답하셨습니다. 그 말을 들은 뒤로는 언제 어디를 가든 감사하며 다니게 되었습니다. 바울 사도는 복음을 전하기 위해 모든 길을 걸어 다녔는데 나는 차를 타고 이동하면서도 불평하고 있다는 것을 깨닫자 너무 부끄러웠습니다.

하나님은 우리가 주도적으로 생각하기를 원하십니다. 주도적 사고와 대응적 사고는 어떻게 다를까요? 예배를 드리러 교회에 가야 하는데 많이 피곤하고 상황도 여의치가 않습니다. 이럴 때 주도적으로 생각하는 사람은 힘들고 어렵지만 그래도 예배에 가야겠다고 결정합니다. 살아계신 하나님께 나아가 전심으로 예배하겠다고 주도적으로 생각을 바꾸는 것입니다. 이와 반대로 대응적으로 생각하는 사람은 '가기 싫다'는 생각에 가득 차서 의무감으로 교회에 옵니다. 겉으로 봐서는 주도적으로 예배하러 온 사람인지 대응적으로 끌려온 사람인지 구분할 수 없습니다.

하지만 나중에는 이것이 큰 차이를 만들어 냅니다. 사람의 신체도 내면의 생각을 따라 가기 때문입니다. 주도적으로 예배하러 온 사람은 예배하는 가운데 조금씩 지치고 피곤한 것에서 벗어나기 시작해서 하나님이 주시는 새 힘을 누리게 됩니다. 하지만 대응적으로 끌려온 사람은 잠에 빠지거나 예배하는 내내 지겹고 지루한 시간만 보내게 될 것입니다.

다른 사람과 갈등이 일어날 때도 주도적 사고를 하는 사람과 대응적 사고를 하는 사람은 전혀 다른 반응을 나타냅니다. 주도적으로 생각하는 사람은 누가 자기를 화나게 해도 스스로 감정을 조절합니다. 그러나 대응적으로 생각하는 사람은 "너 때문이야!" 하고 상대방에게 분노를 터뜨립니다. 우리는 자신의 감정까지도 선택할 수 있습니다. 그러므로 절대 남을 탓하면 안 됩니다. 그리스도인은 남 탓이나 하며 사는 사람이 아닙니다.

같은 상황에서도 다르게 사는 사람이 있습니다. 문제는 외적 조건이 아니라 내면의 관점입니다. 인생에 여러 가지 문제가 찾아올 때 주도적인 사람은 '나는 이 문제를 해결할 수 있어. 대안을 찾아보자.'라고 생각하지만, 대응적인 사람은 '내가 할 수 있는 건 아무것도 없어.'라고 생각합니다. 하지만 주도적인 사람이 "문제를 해결할 수 있다."고 하는 것을 "내게 모든 것을 해결할 능력이 있다."라는 뜻으로 오해하지 않기를 바랍니다. 이것은 지금 이곳에 나를 부르신 하나님이 문제를 해결하도록 방법을 허락하실 거라는 믿음의 선언입니다.

> 너희 안에서 행하시는 이는 하나님이시니 자기의 기쁘신 뜻을 위하여 너희에게 소원을 두고 행하게 하시나니 (빌 2:13).

이 말씀에는 '행하다'라는 말이 두 번 나옵니다. 앞의 '행하다'의 주어는 하나님이고 뒤의 '행하다'의 주어는 이 말씀을 읽는 우리들입니다. 여기서 '행하다'로 번역된 헬라어 단어는 '에네르게오'인데, 이 단어에서 영어 단어 '에너지'가 파생되었습니다. 그래서 "너희 안에서 행하신다."는 말씀은 "하나님이 우리 안에서 에너지를 주신다."는 의미가 됩니다. 하지만 아무리 많은 에너지를 공급해도 시동을 걸지 않으면 기계는 움직이지 않습니다. 반대로 아무리 시동을 걸어도 에너지가 없으면 기계를 움직일 수 없습니다. 하나님이 우리 안에서 행하시기 위해서는 먼저 그분이 주시는 에너지를 받을 준비를 해야 합니다.

저는 대학생들에게 관심이 많아서 대학생들을 훈련하는 사역을 십 년 정도 섬겼습니다. 삼백 명이 넘는 대학생들과 함께 살았던 것이나 그들과 해외로 전도여행을 다녀온 것은 제 평생에 잊지 못할 즐거운 추억입니다. 그런데 해외 전도여행은 비용이 많이 들다 보니 전도여행 기간과 경비를 공지하면 말이 끝나기가 무섭게 "저는 못 갈 것 같아요."라고 하는 학생들이 꼭 있습니다. 그러면 담당 사역자들이 "돈이 없다고 포기하지 말고 하나님이 필요한 경비를 채워주실 것을 믿고 기도해 보자." 하고 권면합니다. 하지만 이 친구들은 아무리 이야기를 해도 꿈쩍하지 않습니다.

재미있는 것은 동일한 조건에 있는데도 "하나님이 저를 전도여행에 보내기 원하시면 필요한 재정을 주실 거예요."라고 고백하며 엎드려 기도하는 학생들이 있다는 사실입니다. 이런 친구들은 없는 용돈을 아껴서 천 원, 이천 원씩 전도여행비로 냅니다. 재정의 우선순위를 알고, 조금이라도 돈이 생겼을 때는 다른 곳에 사용할까 봐 곧장 여행비로 내놓습니다. 대응적 사고를 하는 학생들은 절대로 할 수 없는 행동입니다. 대응적인 학생들은 "백만 원이나 채워야 하는데 겨우 몇천 원씩 모아서 어느 세월에 다 모아요?"라고 하면서 자기 쓸 것은 다 씁니다. 그러고는 늘 돈이 없다고 불평합니다.

하지만 주도적인 학생들은 할 수 있는 방법을 찾아 최선을 다합니다. 기도편지를 통해 기도와 재정 후원자를 일으키고, 스스로 열심히 기도하고, 용돈을 아껴서 적은 액수라도 모읍니다. 이런 학생들은 반드시 경비 전액을 모아서 전도여행을 갑니다. 대응적인 학생들은 자기와 형편이 비슷한 친구가 경비 전액을 채우는 것을 보면서도 "내가 할 수 있는 건 없다."는 말을 입에 달고 삽니다. 저는 대응적 사고로 일관하는 학생들을 볼 때는 안타깝고, 주도적 사고를 하는 학생들을 보면 마음이 시원해졌습니다. 제가 이 정도인데 하나님은 어떠실까요?

이와 같이 주도적 사고를 하는 사람은 자신의 인생을 자기 손으로 가꾸고, 대응적 사고를 하는 사람은 자신의 인생을 환경과 타인의 손에 맡깁니다. 하나님은 주도적 사고를 하는 사람을 통해 창조의 사역을 하기 원하십니다. 사실 하나님은 누구의 도움도 필요 없으신 최고의 창조자이십니다. 그렇지만 우리를 하나님의 창조 사역에 동참시키기 원하시는 것입니다.

대응적 사고를 하는 사람은 상황과 환경에 갇혀 비판만 늘어놓습니다. 비판만 하며 사는 것은 쉽습니다. 그러나 하나님은 비판하며 사는 쪽을 선택한 이들에게 이렇게 말씀하십니다.

"그래서 널 보낸 거야. 나는 너를 통해 미움이 있는 곳에 사랑을, 다툼이 있는 곳에 용서를, 분열이 있는 곳에 일치를, 하나됨이 없는 곳에 하나됨을 창조하기 원한단다."

주도적 사고를 하는 사람은 어디에서든지 하나님의 뜻대로 창조의 사역을 이끌어 내지만, 대응적인 사고를 하는 사람들은 비판만 하다가 끝나고 말 것입니다. 그래서 대응적 사고를 하는 교인이 많은 교회는 정말 안타깝습니다. 주인의식이 없으니까 교인들은 목사님을 일만 만들어 내는 사람으로 생각하고 늘 불평만 합니다. 교회 생활이 즐거울 리가 없습니다. 그러면서도 언제나 교회에서 받을 것만 기대합니다. 하나님의 사람은 그렇게 살면 안 됩니다. 하나님이 작은 교회에 보내셨다고 해도 주도적으로 생각하고 만들고 움직이고 창조해야 합니다.

한국 교회의 문제점 중 하나는 교회를 백화점처럼 생각하게 만든 것입니다.

"우리 교회는 이런 예배가 있고, 이런 훈련이 있고, 목사님 말씀이 좋고, 건물이 좋습니다. 우리 교회에 꼭 오세요!"

그러면 다니던 교회보다 좋아 보이니까 교회를 옮깁니다. 하지만 교회는 원하는 것만 골라 누릴 수 있는 곳이 아니라 전적으로 헌신하는 곳입니다. 아무리 어렵고 힘들어도 나를 부르신 하나님과 함께 바꾸고 변화시키고 새로운 창조의 역사가 일어나게 해야 합니다.

교회 공동체는 주도적인 사고를 하는 사람이 많을 때 행복해집니다. 먼저 찾고 섬기고 주인처럼 일해야 합니다. 자리 받기를 기다리는 것이 아니라 자신의 은사를 통해 먼저 섬기고 베풀고, 할 수 있는 것을 찾아야 합니다. 가정에서도 마찬가지입니다. 어떻게 해야 배우자와 자녀들이 변화되어 새로운 삶을 살 수 있을지, 어떻게 해야 그 일에 삶을 드려 도울 수 있을지 찾고 고민해야 합니다. 우리는 삶의 모든 자리에서 주도적 사고를 훈련해야 합니다.

단순한 사고

━

단순한 사고를 하라는 뜻은 생각 자체를 하지 말라는 것이 아니라 자신의 사고체계에 도움이 되지 않는 쓸데없고 복잡한 생각을 하지 말라는 것입니다. '오버씽킹'(over-thinking)이라는 말이 있습니다. 부정적인 생각이 꼬리에 꼬리를 물고 일어나는 것을 뜻합니다. 부정적인 생각이 한 번 시작되면 이것이 그치지 않고 꼬리에 꼬리를 물고 부정적인 생각을 하게 되고 습관이 됩니다.

공부에는 관심이 없고 게임에 빠진 자녀를 지켜보며 부모는 자기도 모르게 머릿속으로 소설을 써 나갑니다.

'저렇게 공부를 안 하고 놀기만 하면 대학에 못 가고 대학에 못 가면 변변한 직장 하나 구하기 어렵고 직장이 별 볼 일 없으면 결혼도 하기 어렵고 그러면 나는 손주도 못 보겠고….'

하지만 손주가 생겨도 걱정입니다.

'아버지가 별 볼 일 없는 사람이니 손주들 학교 공부도 제대로 시키기 어렵고 그러면 손주들도 대학에 못 가고….'

하지만 이런 걱정들은 인생에 전혀 도움이 안 되는 것들입니다. 이 오버씽킹과 관련된 걱정, 근심, 염려 같은 개념들 대부분은 성경에서도 하지 말라고 권면하는 생각들입니다. 그래서 필요한 것이 바로 단순한 사고입니다. 단순한 사고는 이런 생각들로부터 우리를 지키고 하나님이 우리의 인생을 신실하게 인도하신다는 믿음으로 사는 것입니다.

사람들은 습관적으로 걱정에 빠집니다. 진짜 근심거리가 있어서 그런 것이 아니라 걱정이 습관이 된 것입니다. 그러다가 주님 앞에 나와 찬양하고 예배하면 걱정과 염려가 사라지는 것을 경험합니다. 걱정하던 문제들은 그대로 있지만 하나님을 만나니까 그 문제들에 믿음으로 반응하게 되는 것입니다. 믿음은 평안을 주고 습관적인 걱정으로부터 자유하게 합니다. 걱정에 빠진 사람은 문제를 크게 보고 하나님을 아주 작게 보거나 아예 보지 못합니다. 오직 믿음으로 반응할 때 하나님이 크게 보이고 문제는 작게 보입니다.

1) 걱정에 관한 연구

캐나다의 베스트셀러 작가인 어니 젤린스키는 그의 저서 『모르고 사는 즐거움』에서 사람들이 어떤 것을 걱정하는지 조사한 결과를 소개했습니다.

그의 연구에 따르면 사람들이 걱정하는 내용 중 96퍼센트는 전혀 걱정할 필요가 없는 것들이라고 합니다. 그중에서 40퍼센트는 절대로 일어나지 않을 일에 대한 걱정이고, 30퍼센트는 이미 지나간 것에 대한 걱정이라고 합니다. 과거의 문제와 잘못을 돌아보고 반성하는 것은 분명히 유익한 일입니다. 하지만 의미 없는 후회와 자책은 건강한 생각이 아닙니다. 오히려 '지금 어떻게 해야 멋진 삶을 살 수 있을까'를 생각하는 것이 건강한 일입니다.

그리고 96퍼센트 중 22퍼센트는 사소한 문제를 크게 부풀린 걱정이라고 합니다. 물론, 다른 사람에게는 작게 보여도 내가 크다고 생각하면 큰 문제입니다. 다른 사람 입장에서는 몇 푼 안 되는 돈 문제지만 그 몇 푼이 아쉬운 사람에게는 큰 부담과 걱정이 될 수 있습니다.

그러나 우리가 알아야 할 중요한 사실이 하나 있습니다. 나는 정말 내 생각대로 연약하고 어리석은 사람일 수 있지만, 하나님까지 나와 같은 수준으로 생각해서는 안 된다는 것입니다. 하나님은 능치 못할 일이 없으신 위대한 분이십니다. 내게는 엄청나게 커다란 문제가 그분에게는 작고 사소한 일입니다. 문제들 속에서 걱정에 빠져 살지 않으려면 반드시 이런 믿음을 붙들어야 합니다.

오랜 노예생활을 끝내고 애굽을 떠난 이스라엘 백성이 지도자인 모세를 따라 하나님이 약속하신 땅 가나안으로 가고 있었습니다. 그러던 어느 날 이스라엘 백성들이 "이제 만나는 질렸으니 고기 좀 먹게 해달라!"며 불평하기 시작했습니다. 모세는 잔뜩 언짢은 마음으로 백성들의 불평을 가지고 하나님께 나아갔습니다. 그에 대해 하나님은 "내일 당장 너희에게 고기를 먹여주겠다. 그것도 한 끼가 아니라 고기 냄새까지 싫어할 정도로 한 달 내내 실컷 먹게 해주겠다." 하고 말씀하셨습니다. 정말 화끈한 답변이긴 하지만 모세는 더 심란해졌습니다. 아무리 계산해 봐도 답이 나오지 않았기 때문입니다.

"하나님, 한 달 내내 먹이신다고요? 지금 걸을 수 있는 사람만 60만 명인데요? 어떻게 이 많은 사람들이 한 달 동안 먹을 고기를 단 하루 만에 조달할 수 있습니까? 죄송합니다만 이번에는 허풍이 좀 과하십니다. 백성들이 끌고 나온 소와 양을 다 잡아도 부족하고 바다의 물고기를 다 잡아도 불가능한 일입니다."

그러자 하나님은 이렇게 대답하십니다.

> 여호와께서 모세에게 이르시되 여호와의 손이 짧으냐 네가 이제 내 말이 네게 응하는 여부를 보리라(민 11:23).

부모들은 공부 못 하고 말썽 피우는 자녀를 바라보며 이런 질문 아닌 질문을 던집니다. '쟤 진짜 뭐가 되려고 저러지?' 심지어는 '쟤는 나중에 직업도 제대로 못 구하고 사람 구실도 못하게 될 거야.'라고 단정 지어 생각합니다. 그러나 하나님은 그렇게 여기지 않으십니다. 그분은 부모가 포기한 자녀들의 삶에서도 넉넉하게 역사하실 수 있는 분입니다.

신앙에는 관심도 없고 방탕한 길에 빠져 타락한 삶을 살아가는 한 청년이 있었습니다. 성숙한 신앙의 소유자였던 청년의 어머니 모니카는 하나님이 자신의 아들을 변화시키실 수 있음을 믿고 15년 동안 그를 위해 간절히 기도했습니다. 결국 어머니의 기도 덕분에 청년은 하나님을 만나 신앙을 갖게 되고 방탕한 삶을 청산할 수 있었습니다. 뿐만 아니라 나중에 이 청년은 기독교 역사에 중요한 인물이 됩니다. 그는 바로 성 어거스틴입니다.

우리 하나님은 능치 못할 일이 없으신 분입니다. 하나님이 어떻게 고기를 주실지 모세와 이스라엘 백성은 상상도 할 수 없었을 것입니다. 아니, 그들은 한 달 내내 고기를 먹여주시겠다는 하나님의 말씀을 아예 믿지도 않았을 것입니다. 당신은 하늘에서 수십만 마리의 새가 한꺼번에 날아오는 광경을 상상할 수 있겠습니까? 이스라엘 백성들 중에서 걸어서 여행하고 있는 사람들이 한 마리씩만 먹어도 60만 마리가 필요했습니다. 60만 마리가 날아오는 것도 놀랍지만 더 놀라운 것은 그 60만 마리가 하나님이 보내시는 바람에 의해 전부 땅으로 떨어졌다는 사실입니다.

하나님은 우리의 생각을 초월해서 역사하는 분이십니다. 나한테 큰 문제라고 해서 하나님께도 큰 문제인 것은 아닙니다. 재정에 대해서 걱정하고 있는 사람에게 걱정하지 말라고 하면 "1~2백만 원 정도면 저도 걱정하지 않을 거예요. 하지만 몇 억이 걸린 문제인데 어떻게 걱정을 안 하겠어요?"라고 말합니다. 하지만 하나님께는 1~2백만 원이나 몇 억이나 똑같습니다. 그분에게는 액수가 아무런 의미가 없습니다.

하나님을 자꾸 자신의 수준으로 끌어내리지 마십시오. 믿음의 근거를 자기 자신이나 상황과 환경, 사람들의 반응에 두지 마십시오. 하나님은 우리와 전적으로 다른 분이십니다. 하나님은 능히 하실 수 있습니다. 그러니까 걱정할 필요가 없습니다.

마지막으로 96퍼센트 중 나머지 4퍼센트는 걱정해도 손쓸 수 없는 것들이라고 합니다. 이 연구 결과가 우리에게 말해 주는 것은 무엇일까요? 우리가 하는 걱정의 거의 대부분이 쓸데없는 걱정이라는 말입니다. 정말로 걱정해야 할 것은 겨우 4퍼센트뿐입니다.

2) 있는 그대로, 주님께 맡기라

살다 보면 누구나 걱정할 일이 참 많습니다. 자녀들 성적이나 진로도 걱정되고, 배우자나 가족의 건강도 걱정되고, 예수를 믿지 않는 가족이나 지인들도 걱정됩니다. 그것뿐만이 아닙니다. 걱정할 일은 그 외에도 셀 수 없을 만큼 많습니다. 그런데 어떻게 걱정하지 말고 단순하게 생각하며 살라는 것일까요? 하지만 하나님은 그렇게 하라고 명하셨습니다.

> 너희 염려를 다 주께 맡기라 이는 그가 너희를 돌보심이라(벧전 5:7).

아무리 걱정해도 해결할 수 없다면 하나님께 맡기면 됩니다. 하나님이 돌보겠다고 약속하셨기 때문입니다. 근심하는 것보다 더 건설적인 방법은 그 근심과 걱정을 하나님께 드리는 것입니다. 걱정은 습관입니다. 습관대로 걱정하면 믿음에 기초해서 생각할 수 없습니다. 태양은 늘 찬란하게 뜨지만 조그만 구름 하나가 우리의 시야를 가릴 수 있듯이, 작은 걱정 하나가 하나님이 안 계신 것처럼 느끼게 하고, 하나님이 아무것도 하실 수 없는 것처럼 상황과 환경을 보게 만듭니다. 그럴 때마다 믿음을 붙잡고 하나님께 모든 염려를 맡겨야 합니다.

하지만 습관이 무섭습니다. 하나님께 걱정을 맡겼는데 자기도 모르게 다시 걱정을 하게 됩니다. 걱정을 물리치고 좋은 생각을 하나 싶었는데 다시 걱정을 하고 있습니다. 이것이 바로 습관의 힘입니다.

저도 걱정을 많이 하는 사람이었습니다. 그런데 어느 날 하나님이 좋은 방법을 깨닫게 하셨습니다. 걱정이 생길 때마다 하나님을 찬양하는 것입니다. 시시해 보일 수 있지만 하나님을 찬양하는 것만큼 효과적으로 걱정을 다스릴 수 있는 방법은 없습니다. 찬양의 가사에는 성경 말씀을 인용했거나 하나님이 어떤 분인지 고백하고 선포하는 내용이 담겨있기 때문입니다. 그래서 찬양은 우리의 생각을 하나님이 기뻐하시는 방향으로 인도합니다.

걱정이 몰려올 때, 즉시 분별하고 생각의 흐름을 다른 곳으로 이끌어 가야합니다. 걱정을 그냥 놔두면 안 됩니다. 습관이 되기 때문입니다. 원하지 않는데도 자동으로 걱정하고 있다는 것을 깨닫는 순간, 즉시 하나님을 찬양하면서 당신이 걱정하고 있는 문제들을 바라보기 바랍니다.

걱정을 버리고 단순한 사고로 돌아가는 연습을 하다 보면 생각의 습관 자체가 달라지는 것을 느끼게 될 것입니다. 단순한 사고를 통해 하나님이 행하신다는 믿음을 붙잡으면, 정말로 돌보고 역사하시는 하나님을 보게 될 것입니다.

복의 근원 되는 사고

― 아래의 말씀은 하나님이 아브라함에게 바벨론을 떠나 가나안으로 가라고 명하신 말씀입니다.

여호와께서 아브람에게 이르시되 너는 너의 고향과 친척과 아버지의 집을 떠나 내가 네게 보여 줄 땅으로 가라 내가 너로 큰 민족을 이루고 네게 복을 주어 네 이름을 창대하게 하리니 너는 복이 될지라 너를 축복하는 자에게는 내가 복을 내리고 너를 저주하는 자에게는 내가 저주하리니 땅의 모든 족속이 너로 말미암아 복을 얻을 것이라 하신지라 (창 12:1-3).

이때부터 아브라함의 삶은 복이 되라는 말씀과 연결됩니다. 떠나고 머물고 살아가는 궁극적인 이유가 복의 근원이 되기 위해서라는 것입니다. 그런데 이것은 하나님이 아브라함 한 사람에게만 하신 약속이 아닙니다. 이 약속은 동일한 믿음의 삶으로 부름받은 우리들의 것이기도 합니다. 아브라함에게 주신 하나님의 약속은 지금 이 땅에서 믿음으로 살아가는 우리 모두에게 주신 약속입니다.

사람들이 바벨탑을 쌓고 스스로 하나님이 되고자 했던 땅에서 하나님은 그들을 향한 사랑의 표현이자 방법으로 아브라함을 불러 자신과 동행하는 삶으로 인도하셨습니다. 마찬가지로 스스로 하나님 되기를 기뻐하는 이 세대에 하나님과 동행하며 그분의 사랑을 드러내는 길과 방법은 바로 우리 그리스도인입니다.

그런즉 믿음으로 말미암은 자들은 아브라함의 자손인 줄 알지어다 (갈 3:7).

믿음으로 살아가는 모든 이는 하나님이 아브라함에게 주신 약속의 계승자입니다. 하나님은 아브라함에게 가나안 땅으로 가라고 말씀하시며 두 가지 약속을 하셨습니다.

첫 번째는 '복을 주시겠다'는 약속입니다. 우리 인생은 특별한 인생입니다. 우리는 우연에 기대어 살아가는 인생이 아니라 복 주시려는 하나님의 계획에 따라 선택된 사람들인 것입니다. 하지만 거기서 끝나면 안 됩니다. 그렇게 되면 기독교는 기복신앙에 그치고 맙니다. 하나님이 우리에게 복을 주시는 이유가 있는데, 그것은 두 번째 약속과 관련이 되어 있습니다.

두 번째는 '하나님이 주신 복을 받아 온 세상 가운데 복이 되게 하겠다'는 약속입니다. 자기 혼자 복 받는 차원을 넘어 남에게 복 주는 사람, 즉 복의 근원이 되라는 말씀입니다. 우리는 우리의 가정과 직장, 교회와 나라뿐 아니라 온 열방에 복을 전해야 합니다. 그러나 안타까운 것은 이 약속을 받은 우리가 복의 근원과는 거리가 먼 사고방식을 따라 살고 있다는 사실입니다.

1) 자신이 살기 위해 애쓰는가, 남을 살리기 위해 애쓰는가

'복 받는 것에 멈춰있는' 사람과 '받은 복을 나눠주는' 사람은 어떻게 다를까요? 복 받는 것에 멈춰있는 사람은 서바이벌(survival), 즉 생존하기 위한 사고를 합니다. 그는 자신이 살아남기 위해 살아가는 사람입니다.

"어떻게 해야 돈을 많이 벌 수 있는가?"

"어떻게 해야 이 모든 것을 통해 다른 사람에게 존경받고 인정받는 삶을 살 수 있는가?"

이런 사고에 따라 살아가는 사람의 중심에는 자기 자신이 자리 잡고 있습니다. 복의 근원으로 부름 받아 가나안 땅에 들어갔지만 여전히 바벨론의 삶을 마음에 두고 있는 것입니다. 이는 자신에게 주어진 것을 자랑하며, 다른 사람과의 비교와 경쟁을 통해 자신의 존재감을 발견하는 서바이벌 사고방식을 하는 사람입니다.

반대로 받은 복을 나눠주는, 즉 복의 근원이 되는 사람은 리바이벌(revival) 사고를 합니다. 리바이벌 사고란 나뿐 아니라 다른 사람까지 살리는데 초점을 맞춰 생각하는 것을 말합니다. 하나님의 부흥은 한 사람이 아니라 여러 사람을 살리며 지역과 자연환경까지 변화시킵니다. 개인의 차원을 넘어 공동체와 피조세계 전체를 풍성하게 하고 부요케 합니다.

서바이벌 사고를 하는 사람은 악한 세상 속에서 자신이 피해를 당하지 않고 어려운 일을 겪지 않는 것이 목표입니다. 그래서 길을 가다가 유흥가가 나오면 시험이 든다며 피해갑니다. 하지만 리바이벌 사고를 하는 그리스도인은 오히려 그곳을 지나갑니다. 거리를 당당하게 지나면서 "하나님! 이곳을 거룩한 하나님의 땅으로 변화시켜주세요."라고 기도합니다. 그리스도인이 해야 하는 기도는 바로 이런 기도입니다. 우리는 그저 생존하기 위해 이 땅에 머물러 있는 것이 아닙니다. 교회는 지옥의 권세가 감히 넘볼 수 없는 곳입니다. 사탄은 교회와 맞서 견뎌낼 수 없습니다.

예수님은 말씀하셨습니다.

> 너희는 나를 누구라 하느냐 시몬 베드로가 대답하여 이르되 주는 그리스도시요 살아 계신 하나님의 아들이시니이다 예수께서 대답하여 이르시되 바요나 시몬아 네가 복이 있도다 이를 네게 알게 한 이는 혈육이 아니요 하늘에 계신 내 아버지시니라 또 내가 네게 이르노니 너는 베드로라 내가 이 반석 위에 내 교회를 세우리니 음부의 권세가 이기지 못하리라(마 16:15-18).

본문에서 예수님이 '음부의 권세'라고 말씀하신 것을 영어성경(NIV)에서는 '음부의 대문'(the gates of Hades)으로 번역하고 있습니다. 즉, 지옥문은 교회의 공격을 막아낼 수 없다는 뜻입니다. 예수님이 이 말씀을 하실 당시는 성을 중심으로 전쟁을 했습니다. 수비하는 쪽은 땅을 지키기 위해 성을 쌓고, 공격하는 쪽은 땅을 빼앗기 위해 성을 무너뜨리려 합니다. 그래서 성을 놓고 벌어지는 전쟁의 초점은 성문에 있었습니다. 수비하는 쪽은 필사적으로 성문을 보호하고, 공격하는 쪽은 성문만 집중 공략합니다. 성문을 열거나 부수는 순간, 성을 쌓은 의미는 사라지고 공격자나 수비자 모두 같은 조건에서 싸우게 되는 것입니다.

여기에서 "원수의 대문이 교회를 이기지 못한다."는 예수님의 말씀은 교회가 공격하는 쪽이라는 뜻입니다. 그런데 문제는 원수의 대문을 깨뜨릴 공격자인 그리스도인이 서바이벌 사고에 빠져 오로지 자신을 지키는 데만 몰두하고 있다는 사실입니다. 하지만 그렇게 살기에는 우리 인생을 향한 하나님의 부르심이 너무 큽니다.

교회는 이 땅에서 승리하고 변화시키며 복을 주시는 하나님의 '방법'입니다. 그리스도인은 자신이 아니라 하나님을 높이는 사람입니다. 내가 하나님을 높이면 하나님이 나를 높여주십니다. 그러므로 자신만 복 받는 것에 집중하는 것이 아니라 복의 근원이 되는 사고를 따라 하나님 나라와 그분의 사람들을 먼저 생각하며 살아야 합니다. 자신의 필요를 우선순위 삼는 대신 하나님 나라와 그분의 의를 먼저 생각하는 것, 그것이 진정으로 행복한 삶입니다.

> 먼저 그의 나라와 그의 의를 구하라 그리하면 이 모든 것을 너희에게 더하시리라(마 6:33).

하나님은 그분의 나라와 의를 먼저 생각하는 사람에게 그의 인생에 필요한 모든 것을 더하십니다. 그러나 하나님을 믿지 않는 사람들은 자신의 필요에만 초점을 맞춥니다. 주의 나라와 그분의 의를 구하는 것은 우리의 일이고 우리에게 필요한 모든 것을 더해 주시는 것은 주님의 일입니다.

저는 브라질에서 사업을 하시는 한인 사업가 한 분을 만난 적이 있는데, 그분은 늘 입버릇처럼 "나는 주님 일 하고 주님은 내 일 해주십니다."라고 말씀하셨습니다. 그분은 사업 초창기에 돈을 많이 벌었는데 예수를 안 믿던 시절이라 세상적인 즐거움을 추구하는데 돈을 다 써버리다가 뜻하지 않게 사업이 어려워져 회사 문을 닫아야 할 상황에서 예수님을 만나 신앙생활을 시작하셨습니다.

그때부터 말씀을 따라 살기로 결정하고 하루하루 믿음으로 회사를 경영하는 가운데, 하나님이 사업을 회복시켜주시는 은혜를 경험하면서 재물이 하나님 손 위에 있다는 사실을 깨달았다고 합니다. 신앙 연륜은 오래되지 않았지만 삶의 체험을 통해 제대로 배운 것입니다. 그때부터 그분은 자신의 생업이 아니라 하나님 섬기는 일을 우선순위로 삼아 살고 계십니다.

예수님의 제자들과 예수님은 늘 생각하는 것이 달랐습니다. 제자들은 서바이벌 사고를 했고 예수님은 리바이벌 사고를 하셨습니다.

> 제자들이 이르되 여기 우리에게 있는 것은 떡 다섯 개와 물고기 두 마리뿐이니이다 이르시되 그것을 내게 가져오라 하시고 무리를 명하여 잔디 위에 앉히시고 떡 다섯 개와 물고기 두 마리를 가지사 하늘을 우러러 축사하시고 떡을 떼어 제자들에게 주시매 제자들이 무리에게 주니 다 배불리 먹고 남은 조각을 열두 바구니에 차게 거두었으며 먹은 사람은 여자와 어린이 외에 오천 명이나 되었더라(마 14:17-21).

예수님의 말씀을 들으러 사람들이 몰려왔습니다. 남자만 세어도 족히 오천 명은 될 만큼 엄청나게 많았습니다. 넋을 놓고 예수님의 말씀을 듣다 보니 저녁식사를 할 시간이 되었고 제자들은 예수님께 "날이 저물어 사람들이 배고파하니 밥을 먹고 오게 해야 하지 않겠습니까?"하고 얘기합니다. 그런데 예수님은 오히려 제자들에게 "너희가 이들에게 먹을 것을 주라"고 명령하십니다. 예수님의 갑작스러운 발언에 제자들은 "저희에게 있는 것은 떡 다섯 덩이와 물고기 두 마리 밖에 없는데요?"라고 대답합니다.

제자들의 대답은 지극히 당연하고 합리적이고 이성적이었습니다. 하지만 이것은 "음식은 이것 밖에 없고 먹을 입은 셀 수 없을 정도로 많다. 이런 조건에서는 아무것도 할 수 없다."는 '빈곤의 사고'에서 나온 말입니다. 빈곤의 사고를 하는 사람은 떡 다섯 덩이와 물고기 두 마리를 놓고 "고작 이것뿐?"이라고 반응할 수밖에 없습니다. 자신이 누구인지, 어떤 존재인지 모르기 때문입니다.

이런 제자들에게 예수님은 그들이 어떤 사고로 살아야 할지를 보여주십니다. 예수님은 떡 다섯 덩이와 물고기 두 마리를 혼자서 드시지 않았습니다. 미리 준비해 놓은 음식 덕분에 오병이어의 기적을 일으키신 것도 아닙니다. 예수님도 가진 것이 없으셨지만 하나님께 감사하는 기도를 하셨습니다. 떡 다섯 덩이와 물고기 두 마리로 모인 사람들을 먹이려고 리바이벌 사고를 하신 것입니다.

"하나님. 제게 이런 것을 주셔서 감사합니다."

예수님은 빈곤의 사고를 하는 대신 가진 것에 감사하며 그것들을 나누셨습니다. 그랬더니 오병이어의 기적이 벌어졌습니다. 이 사건은 우리에게 이런 질문을 던집니다.

"당신은 어떤 인생을 살고 싶습니까?"

저는 높은뜻연합선교회 대표인 김동호 목사님이 '오천 명분을 혼자 먹는 사람과 오천 명을 먹이는 사람'이라는 주제로 설교하신 것을 듣고 큰 은혜를 받은 적이 있습니다. 안타깝게도 한국 교회의 많은 그리스도인이 오천 명분을 혼자 먹는 삶을 원합니다. 오천 명분을 다 먹고 배가 터지더라도 그것을 통해 하나님 없는 내면의 빈자리가 주는 두려움을 극복하려는 것입니다.

그러나 하나님은 오천 명을 먹이는 인생으로 우리를 초대하셨고, 예수님이 바로 그런 삶을 사셨습니다. 예수님은 혼자 살아남으려고 하지 않으시고 자신의 죽음으로 인류를 살리는 길을 선택하셨습니다. 그 선택의 결과로 하나님은 예수 그리스도의 이름을 '모든 통치와 권세와 능력과 주권과 이 세상뿐 아니라 오는 세상에 일컫는 모든 이름 위에 뛰어나게' 하셨습니다(엡 1:21).

우리는 스스로를 높이는 삶을 선택하면 안 됩니다. 하나님은 우리가 오천 명을 먹이는 삶을 살기로 결정할 때 오천 명분을 주십니다. 그래서 부자가 되는 것은 야망이 아니라 비전이어야 합니다. 오천 명을 먹여야 하니까 그렇게 할 수 있는 복을 받는 비전 말입니다. 그러나 비전 없이 야망을 추구하는 사람은 재물이 많을수록 오히려 믿음이 해를 입고 영혼은 쇠퇴합니다.

주님은 우리에게 이렇게 말씀하십니다.

> 내게 구하라 내가 이방 나라를 네 유업으로 주리니 네 소유가 땅 끝까지 이르리로다(시 2:8).

열방이 우리의 땅입니다. 우리는 기도로 열방을 소유하는 사람들입니다. 우리는 우리 삶의 터전을 변화시킬 하나님의 일꾼들입니다. 우리는 날마다 그 땅과 그 백성들을 바라보며 하나님의 비전을 품어야 합니다. 이 땅에 복 주시는 하나님의 방법이 바로 우리이고 우리의 기도이기 때문입니다. 눈에 보이는 것만 바라보며 낙담하고 실망해서는 안 됩니다.

2) 내 삶이 다른 이들에게 복이 되기를

우리가 주목하는 것은 보이는 것이 아니요 보이지 않는 것이니 보이는 것은 잠깐이요 보이지 않는 것은 영원함이라(고후 4:18).

우리 눈에 보이는 이 땅의 문제는 우리를 사용하기 원하시는 하나님의 계획입니다. 그러므로 가정과 직장과 학교와 나라의 악하고 안타까운 상황을 보고 실망하며 어려워하지 말고, 오히려 우리의 삶과 기도를 통해 그 상황을 변화시킬 수 있다는 믿음으로 반응해야 합니다. 그리스도인들까지 이 사회가 아무런 소망도 없는 세대인 것처럼 생각해서는 안 됩니다.

그 옛날 아브라함의 시대에도 사회의 타락은 극에 달했습니다. 하나님이 불로 멸하신 소돔 땅은 동성애가 창궐한 곳이었습니다. 하지만 하나님은 그곳을 멸하시기 전에 아브라함을 주목하셨습니다. 그리고 아브라함에게 소돔을 위해 중보기도하게 하셨습니다.

그 사람들이 거기서 떠나 소돔으로 향하여 가고 아브라함은 여호와 앞에 그대로 섰더니 아브라함이 가까이 나아가 이르되 주께서 의인을 악인과 함께 멸하려 하시나이까(창 18:22-23).

소돔같이 죄가 가득한 지역에서도 살아남은 사람들이 있습니다. 아브라함의 조카 롯과 그의 가족들입니다. 불로 멸하는 심판 속에서도 그들이 하나님의 긍휼을 입어 살아남은 이유가 무엇입니까?

하나님이 그 지역의 성을 멸하실 때 곧 롯이 거주하는 성을 엎으실 때에 하나님이 아브라함을 생각하사 롯을 그 엎으시는 중에서 내보내셨더라(창 19:29).

롯과 그의 가족들은 그들의 어떠함이 아니라 아브라함으로 말미암아 살아남았습니다. 아브라함이 복의 근원이 된 것입니다. 소돔같이 악한 이 땅에서 우리의 존재도 이와 같습니다. 우리는 살리는 사람들이며 변화시키는 사람들입니다. 이 땅의 죄악을 바라보며 하나님의 마음으로 그 가운데 들어가야 합니다. 나만 잘 먹고 잘 살려는 욕심을 내려놓고 그 땅 백성의 깨어짐과 눈물, 고통과 슬픔 속으로 나아가야 합니다. 하나님은 바로 그 지점에서 우리에게 비전을 주십니다.

모세는 사십 세 때 오랜 노예생활에서 자신의 민족을 구하고 싶었습니다. 필요하다면 기꺼이 그들의 지도자가 될 마음까지 품고 있었습니다. 하지만 그 생각은 어디까지나 자신의 생각과 의지였습니다. 바로의 왕궁에서 배운 지식과 왕자라는 지위, 그리고 건강한 신체를 갖고 있으니 지도자로서 이스라엘의 해방이라는 비전을 이루기에 충분하다고 생각했던 모양입니다. 그러나 하나님은 이런 그를 지도자로 사용하지 않으셨습니다. 결국 모세는 이스라엘 사람을 괴롭히는 애굽 사람을 죽이고 도망자로 미디안 광야에서 사십 년을 지냅니다.

하나님의 비전은 우리가 잘하는 것에서 출발하는 것이 아닙니다. 우리가 이루고 싶은 것을 향해 나아가는 것도 아닙니다. 그것은 비전이 아니라 야망입니다. 내게서 나오는 것은 온통 야망뿐이며 참된 비전은 오직 하나님께로부터 옵니다.

사십 년 동안의 광야생활 후 팔십 세가 된 모세는 더 이상 자기를 자랑하는 사람이 아니었습니다. 그제야 모세는 애굽의 억압과 폭정 속에서 하나님을 향해 터져 나오는 백성의 부르짖음을 자신의 아픔과 고통으로 삼습니다. 이스라엘 백성을 애굽에서 구해내라는 하나님의 부름을 자기 것으로 받아들인 것입니다. 비전은 이 땅 백성들의 고통과 아픔과 부르짖음을 보고 듣고 느낄 때 찾아오는 것입니다. 고통받는 백성의 부르짖음을 들으신 하나님은 바로 그때 모세를 만나 "네가 가서 치유하고 회복하고 섬기는 사람이 되라."고 보내십니다.

아브람의 경우도 동일합니다. 하나님은 복의 근원 되는 삶을 이해하기 위해 아브람의 이름을 바꿔주십니다. 어느 날 아브람을 부르신 하나님은 그와 그의 아내 사래에게 '아브라함'과 '사라'라는 새로운 이름을 주십니다. '아브람'이라는 이름의 뜻은 '존귀한 자'이며, '사래'는 '공주'라는 뜻입니다. 힘든 일 없이 호의호식하고 사랑받으며 살라는 바람을 담은 이름입니다. 그런데 하나님은 두 사람의 이름을 각각 '아브라함'(열국의 아비)과 '사라'(열국의 어미)로 바꿔 주셨습니다.

열국의 아비로 살 때 하나님은 우리에게 복을 더해 주실 수밖에 없습니다. 복의 근원 되라고 복을 더하시는 것이기 때문입니다. 하지만 반대로 나 홀로 복 받고 존귀한 삶을 사는 데 초점을 맞춘다면 갖고 있는 복조차 제대로 누리지 못하게 될 것입니다. 그런 복은 우리 인생을 향한 하나님의 계획을 성취하는 데 도움은커녕 방해만 되기 때문입니다.

신명기 14장에서 하나님은 구제헌금에 관한 말씀을 하십니다.

> 매 삼 년 끝에 그 해 소산의 십분의 일을 다 내어 네 성읍에 저축하여 너희 중에 분깃이나 기업이 없는 레위인과 네 성중에 거류하는 객과 및 고아와 과부들이 와서 먹고 배부르게 하라 그리하면 네 하나님 여호와께서 네 손으로 하는 범사에 네게 복을 주시리라(신 14:28-29).

우리는 이 구절을 빈곤의 사고로 받아들이면 안 됩니다. 하나님은 이 명령을 통해 인생의 목적을 제시하십니다. 나눠줄 것이 없다고 생각돼도 그 작은 재산 중 일부를 떼어 다른 사람을 위해 나누며 살아야 합니다. 없으면 없는 대로 나눠야 합니다. 이 말은 돈과 물질에만 해당되는 것이 아닙니다. 삶을 나눌 수도 있고 자신이 가진 은사로 도움을 줄 수도 있습니다. 놀라운 것은 그럴 때 우리 각자가 가진 것을 뛰어넘는 풍성함을 경험하게 된다는 사실입니다. 이것이 하나님의 사람들에게 주어진 귀하고 값진 인생의 비결입니다.

우리 하나님은 과부의 두 렙돈을 귀하게 여기시는 분입니다. 우리의 적은 재정을 통해서도 그분은 능히 큰일을 행하실 수 있습니다.

소그룹을 위한 '읽다, 살피다, 나누다'

01. 이번 장을 읽으면서 이해하기 어려웠던 부분이 있었다면 어떤 것입니까? 읽으면서 특히 부담스러운 부분이 있었다면 어느 곳입니까?

02. 저자가 이번 장에서 나이 들수록 멋진 사람의 조건으로 네 가지 사고방식을 제시한 이유가 무엇이라고 생각합니까? 저자의 의도에 대한 당신의 입장은 무엇입니까?

03. 이번 장에서 소개한 네 가지 사고방식 중에서 자신에게 가장 필요한 것은 무엇이라고 생각합니까? 그 사고방식을 갖게 될 때 당신의 삶이 어떻게 달라질지 구체적으로 생각해 보십시오.

04. 위의 질문에서 당신이 선택한 사고방식을 일상에서 어떻게 훈련할 수 있을지 구체적으로 계획해 보십시오.

6장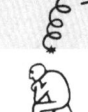

질문하라. 거기 길이 있나니

질문하라. 거기 길이 있나니
―
하나님을 모르는 세상 사람들에게도 생각하는 방식이 있습니다. 그런데 그들의 생각은 앞에서 나눈 것처럼 주로 눈에 보이고 느껴지는 것을 통해 형성됩니다. 하나님은 우리가 이 세상에 살지만 세상 사람들과 달리 분별하는 삶을 살기 원하십니다.

> 너희는 이 세대를 본받지 말고 오직 마음을 새롭게 함으로 변화를 받아 하나님의 선하시고 기뻐하시고 온전하신 뜻이 무엇인지 분별하도록 하라(롬 12:2).

우리는 하나님의 백성이지만 지금 이 땅에 살고 있습니다. 그래서 알지 못하는 사이에 세상의 생각에 영향을 받습니다. 정신을 바짝 차리고 깨어 있지 않으면 자연스럽게 세상의 생각을 좇아 세상적인 삶을 살게 됩니다. 그리스도인답게 생각하고 살아가려면 지금 하고 있는 생각들을 꼼꼼하게 분별해야 합니다. 하나님의 선하시고 기뻐하시고 온전하신 생각을 우리의 사고방식으로 삼아야 합니다.

그렇다면 지금 생각하고 있는 것이 하나님이 선하게 여기시고 기뻐하시고 온전하다 칭찬하실만한 것인지 분별할 수 있는 방법은 무엇일까요? 저는 그렇게 할 수 있는 가장 좋은 도구 중 하나가 '질문'이라고 생각합니다. 우리는 질문을 통해 자신의 생각을 분별하고 좋은 생각으로 바꿔나갈 수 있습니다.

질문이 있어야 답도 있다

2010년, 세계 주요 20개국 정상들의 회의인 G20이 대한민국의 서울에서 개최되었습니다. 행사를 마치고 폐막식 때 미국의 오바마 대통령은 개최국으로서 최선을 다해준 한국에 고맙다며 특별히 한국 기자에게 질문할 권한을 주겠다고 했습니다. 그러나 한국 기자들은 아무도 질문하지 않았습니다. 계속 정적이 흐르자 중국 기자 한 사람이 대신 질문하게 되었습니다.

한국 기자들이 질문하지 않았던 것은 질문하는 것에 대한 두려움이나 영어 울렁증 때문만은 아니었을 것입니다. 강대국의 눈치를 봐야 하는 나라의 언론인으로서 정치적인 갈등이 빚어질 수 있는 언행을 삼가려는 생각도 크게 작용했을 것입니다. 하지만 그럼에도 불구하고 아무런 질문도 하지 못한 것은 질문에 대한 한국인의 안타까운 정서를 그대로 보여줍니다. 우리나라 사람들에게는 질문하는 것을 긍정적으로 받아들이지 않는 묘한 정서가 있습니다. 타인의 시선 때문에, 실수하거나 실례를 범하게 될까 봐, 또는 튀지 않으려고 질문하지 않는 것입니다. 하지만 질문은 매우 중요합니다. 수많은 책과 강연에서 질문의 중요성을 다루고 있기 때문에 여기에서는 성경과 관련된 부분에만 국한해서 살펴보려고 합니다.

우리가 질문을 멈추지 말아야 할 가장 중요한 이유가 두 가지 있습니다. 첫 번째, 질문을 던져야 자신이 지금 어디에 서있는지 돌아볼 수 있습니다. 창세기 3장에는 인간이 스스로 인생의 주인이 되고자 하나님을 떠나는 엄청난 죄악의 순간이 기록되어 있습니다. 여기에서 하나님은 '도둑이 제 발 저려' 숨어버린 아담과 하와에게 "아담아, 네가 어디 있느냐?" 하고 말씀하십니다. 하나님은 아담이 어디 있는지 몰라서 물어보시는 것이 아닙니다. 아담이 왜 숨어있는지 몰라서 물어보시는 것은 더더욱 아닙니다. 아담의 물리적 위치에 대해 묻고 있는 것도 아닙니다. 하나님은 아담 스스로 자신을 돌아보게 하려고 질문을 던지신 것입니다. 물리학자이자 기독교 영성가인 최형섭 교수도 하나님이 우리에게 질문하시는 이유를 이렇게 설명합니다.

질문이라는 것은 그것을 듣는 이들로 하여금 상황을 생각하게 하는 것이며 그의 응답을 이끌어 내기 위한 것이다. 그렇기에 하나님이 우리에게 무언가를 물으시는 이유는 우리로 하여금 자신의 삶을 돌이켜 볼 수 있도록 초대하기 위한 것이다. 우리의 삶이 잘못되었을 때, 우리의 삶에 필요한 것이 있을 때, 우리가 깨달아야 할 것이 있을 때 하나님은 우리에게 질문하심으로써 우리를 돌이키시고, 올바른 자리로 인도하시며 우리에게 필요한 것을 가르쳐주기 원하신다.[14]

하나님이 질문하시는 것은, 질문이 자신의 상황과 입장과 처지에 눈을 돌려 있는 그대로의 현실과 직면하게 하기 위해서입니다. 또한 그 질문의 답이 자신에게 없음을 깨달아 굳게 걸어 잠근 마음의 문을 열고 하나님과 다른 사람들 앞으로 나아오게 하기 때문입니다.
두 번째, 질문을 던져야 자신에게 정말로 필요하고 중요한 것이 무엇인지 발견할 수 있습니다. 사복음서를 읽어보면 수많은 사람들이 예수님에게 질문하는 것을 보게 됩니다. 어떤 사람은 답을 얻기 위해, 어떤 사람은 칭찬받고 싶어서, 어떤 사람은 도움을 얻기 위해, 또 어떤 사람은 예수님을 곤경에 빠뜨리기 위해 질문합니다. 그런데 흥미로운 것은 예수님이 그들의 질문에 질문으로 답하신 경우가 많다는 것입니다. 그들이 질문하는 동기와 의도를 뻔히 아시면서도 짐짓 모르는 척 반문하시는 것입니다. 우리가 자신에게 정말 필요한 것이 무엇인지 모르거나 알면서도 모른 체 하기 때문입니다.
청년 목회자이자 성경적 세계관 강사인 우성환 목사는 이와 같은 모습을 병원에 찾아간 환자에 비유합니다.

의사가 상처 부위를 눌러 보며 "아프지 않으세요?" 하는데 환자가 "참을 만 해요."라며 견디겠다고 하면 어떻게 될까요? 치료를 할 수 없겠지요. "어디가 아파서 오셨어요?"라고 묻는데 "선생님이 한 번 맞춰 보세요."라고 대답하거나 "안 가르쳐줄래요." 한다면 어떨까요? 정신과로 옮겨야 하지 않겠습니까?

그런데 놀라운 것은 우리가 하나님 앞에서 이렇게 할 때가 많다는 것입니다. 하나님은 우리가 변화되길 원하시는데, 우리는 끝까지 모른 척, 아닌 척, 없는 척합니다. 저항하는 것이지요. 물론 행동으로 저항하는 경우는 많지 않아요. 그러나 마음속으로 끝없이 저항합니다. 하지만 상한 심령이 변화되기 위해 제일 먼저 필요한 일은 상한 심령을 끄집어내는 것입니다.[15]

무뎌져서 느끼지 못하는, 혹은 교묘하게 숨겨진 우리의 속내를 예리하게 집어내는 비유입니다. 사복음서에서 예수님에게 질문했던 대부분의 사람들이 그러했습니다. 겉으로는 답을 구하는 것처럼 보였지만 그들을 움직이는 것은 마음 깊은 곳의 무지와 불신앙과 이기적인 욕망과 절망감과 낮은 자존감과 증오였습니다. 그들은 예수님에게 묻기 전에 먼저 자신의 내면을 들여다봐야 했습니다. 예수님이 질문에 답을 하는 대신 반문하신 것은 그 때문이었습니다.

그래서 질문은 매우 중요합니다. 이제부터 우리의 생각을 분별하고 하나님이 원하시는 사고방식을 훈련하는데 도움이 될 대표적인 질문 몇 가지를 살펴보려고 합니다. 이외에도 더 많은 적절한 질문들이 있으니 스스로 찾아가며 분별의 도구들을 늘려가기 바랍니다.

주관적인 생각인가 객관적인 생각인가?

━ 주관적이라는 것은 자신이 갖고 있는 취향과 독특성, 의견을 기준으로 삼는 것입니다. 부모는 "우리 아이는 머리는 정말 좋은데 공부를 안 하는 게 문제다."라고 주장할 수 있지만 사실 이는 부모의 주관적인 생각일 뿐입니다. 자녀의 머리가 나쁘다는 것이 아니라 부모만 그렇게 느낄 수 있다는 뜻입니다. 다른 사람은 다른 기준과 관점을 갖고 다르게 판단할 수 있습니다. 반대로 객관적이라는 것은 시대와 문화, 나라와 관계없이 한결같은 결론을 낼 수 있다는 뜻입니다. '해는 동쪽에서 떠서 서쪽으로 진다.'는 명제에 대해서 이의가 있는 사람은 없을 겁니다. 객관적으로 올바른 내용이기 때문입니다.

사탄이 즐겨 구사하는 전략 중 하나는 주관적인 생각을 객관적인 것처럼 다른 사람들과 공유하고 받아들이게 하는 것입니다. 우리는 TV나 영화, 교육을 통해 접했다는 이유로 그것을 사실이라고 착각하는 경향이 많습니다. 주관적 생각인데도 여러 사람이 맞다고 하면 사실로 믿는 것입니다. 예를 들어 '뚱뚱한 여자의 몸은 예쁘지 않다.'라는 가제가 있습니다. 내심 맞는 말이라고 느끼는 사람도 있겠지만, 이것은 명백히 주관적인 생각입니다. 그런데도 우리 사회는 (물론 많은 그리스도인들도) 이것이 사실인 것처럼 말하고 행동합니다. 몸에 조금만 살이 붙어도 자기관리를 하지 않아서 그런 것이고,

그렇게 계속해서 살이 찌면 멋진 인생을 살기는 어려울 것이라고 생각합니다. 하지만 이것은 시대와 나라, 문화에 따라 변해가는 주관적인 생각입니다. 외모를 판단하는 우리의 기준들은 대부분 주관적인 것입니다. 그런데 그 주관적인 생각들을 (오로지 상업적인 이유로) 각종 미디어에서 차곡차곡 모아 "날씬해야 미인"이라고 떠들어대니까 그게 맞는 말이라고 생각하게 되는 것입니다.

아프리카의 어떤 부족은 입술 주변이 까만 여성을 최고의 미인으로 여긴다고 합니다. 그래서 그 부족의 여자들은 수염을 기른 것처럼 입 주위가 까맣습니다. 이 부족의 여자아이들은 성인식 날에 바늘을 백 개 정도 묶어서 얼굴을 마구 때린다고 합니다. 상처가 생겨서 피가 많이 나면 나중에 문신처럼 굳어져서 입 주변이 까맣게 되기 때문입니다.

우리는 이런 이야기를 들으면 모두 경악하며 야만적이라고 비난할 것입니다. 하지만 그 사람들 입장에서는 얼굴 피부를 절개하고 들춰서 머리뼈를 깎고, 칼로 몸 이곳저곳을 째서 인공 보형물을 집어넣는 우리가 더 야만적이라고 생각할 것입니다. 이처럼 미인의 기준은 시대와 문화에 따라 바뀝니다. 그런데도 우리는 자신의 미의 기준이 객관적인 진리라고 믿고 있는 것입니다.

우리가 주목해야 할 것은 '성경이 그에 대해 어떻게 말하고 있는가?' 하는 것입니다. 성경은 진리입니다. 성경은 수천 년 동안 사람들의 인생을 바꾸고 참된 삶을 살게 한 생명의 책입니다. 우리는 열심히 성경을 읽고 묵상해야 합니다. 성경이 뭐라고 말씀하는지 알지 못하면 결코 올바른 생각으로 살 수 없습니다.

각주구검(刻舟求劍)이라는 사자성어가 있습니다. 배를 타고 가다가 물에 검을 빠뜨린 사람이 검을 찾으려고 검을 떨어뜨린 뱃전에 표시를 한다는 의미입니다. 계속해서 움직이고 있는 배를 위치의 기준으로 삼는 것은 어리석은 행동입니다. 때와 상황에 따라 변하는 것은 절대적인 기준이 될 수 없습니다.

하나님의 말씀은 다림줄과 같습니다. 다림줄이란 건축물을 세울 때 벽이 지면에 수직으로 세워져 있는지 확인하기 위해 줄에 매어 높은 곳에 달아두는 무거운 추를 말합니다. 이 줄이 없으면 주관적인 느낌이나 과거의 경험에 의해 벽을 쌓을 수밖에 없습니다. 마찬가지로 하나님의 말씀을 모르면 눈에 보이는 상황을 기준으로 삼아 생각하며 살게 됩니다.

그러므로 지금 자신이 하고 있는 생각을 분별하기 원한다면, 먼저 그것이 주관적인 생각인지 객관적인 생각인지 따져보고 성경에서는 그에 대해 뭐라고 말씀하는지 살펴봐야 합니다.

내게 유익한 생각인가?

'남들이 나를 어떻게 보는가.'를 존재의 근거로 삼는 사람들은 결코 현재에 만족하지 못합니다. 만족하는 것처럼 보일 때도 있지만 끝없는 욕심 때문에 늘 목말라 합니다. 내 인생에 하나님이 주신 것이 참 많은데도 늘 다른 사람과 비교하며 불만을 갖습니다. 그러다 보니 자신의 삶에 대한 실망감과 낮은 자존감으로 사는 경우가 많습니다. 자신에게 없는 것들만 바라보며 열등감에 시달립니다. 하지만 그것은 하나님이 원하시는 생각이 아닙니다. 우리는 자신의 좋은 점과 하나님이 내게 주신 것들을 바라보아야 합니다. 자기 자신에 대한 좋은 생각을 해야 합니다. 그게 하나님이 원하시는 생각입니다.

물론 자신의 연약함과 죄악을 반성하고 부족한 점을 고치는 자세도 필요합니다. 하지만 그럴 때에도 가장 중요한 것은 자신에게 유익한 사고를 하는 것입니다. 하나님은 우리들 한 사람 한 사람 모두를 기뻐하십니다(습 3:7).

예전에 대학생들을 모아놓고 '자존감'이라는 주제로 세미나를 한 적이 있습니다. 그때 한 젊은 여성이 찾아와 상담을 요청했습니다. 그는 낮은 자존감의 문제로 고통받고 있었는데, 신앙으로도 해결할 수 없는 상태였습니다. 교회에 가서는 "당신은 사랑받기 위해 태어난 사람입니다. 당신은 하나님의 형상으로 지음 받았습니다."라는 메시지를 듣거나 찬양을 부르지만, 일상으로 돌아오면 '나는 왜 이렇게 못 생겼지? 나는 왜 공부를 못 할까? 우리 집은 왜 이렇게 가난하지?'라고 갈등하며 낮은 자존감으로 살고 있었던 것입니다.

저는 그녀에게 단도직입적으로 이렇게 말했습니다.

"자매님은 아마도 계속 이런 삶을 살아갈 것입니다. 왜냐하면 하나님을 믿으면서도 여전히 하나님을 믿지 않는 사람처럼 생각하기 때문입니다. 하나님을 믿는다고 예쁘지 않은 얼굴이 예쁜 얼굴이 되는 것은 아닙니다. 신앙생활을 열심히 한다고 학벌이 바뀌지 않습니다. 교회에 다니면 가난한 집안이 복을 받아 잘 살게 될까요? 그런 경우도 있습니다만 대부분 그렇지 않습니다. 하나님은 어떤 사람이 귀하고 가치 있는 사람인지 성경 말씀을 통해 분명하게 이야기하십니다. 그런데도 외모나 학벌, 돈으로 자존감을 세우고 싶어 한다면 아무리 큰 믿음이 있어도 계속해서 그렇게 살 수밖에 없습니다."

그러고 나서 자매에게 이런 요청을 했습니다.

"아침에 눈을 뜨면 성경을 들고 거울 앞에 서서 창세기 1장 26절, '하나님이 이르시되 우리의 형상을 따라 우리의 모양대로 우리가 사람을 만들고 그들로 바다의 물고기와 하늘의 새와 가축과 온 땅과 땅에 기는 모든 것을 다스리게 하자 하시고'를 읽으며 '너는 하나님의 형상으로 지음 받은 가치 있고 귀한 사람이야'라고 세 번 이야기하세요." 그리고 "중복되어도 좋으니 자신의 장점을 찾아 매일 세 가지씩 스스로에게 들려주세요."라고 얘기했습니다.

믿음은 듣는 데서 생깁니다. 물론 처음에는 아무리 거울을 보며 자신에게 이야기해도 믿음이 생기지 않습니다. 하지만 자꾸 하다 보면 조금씩 생각에 변화가 일어납니다. 우리는 연약하지만 하나님이 주신 좋은 것이 더 많은 사람들입니다. 위대한 믿음의 사람 다윗도 하나님 앞에서 이런 고백을 했습니다. 저는 다윗이 어쩌다 한 번이 아니라 매일 이렇게 고백했을 거라 생각합니다.

내가 주께 감사하옴은 나를 지으심이 심히 기묘하심이라 주께서 하시는 일이 기이함을 내 영혼이 잘 아나이다(시 139:14).

해보지 않은 사람은 선뜻 믿기 힘들겠지만 이런 믿음의 고백은 우리가 건강한 자아상을 갖는 데 큰 유익이 됩니다. 요즘 당신을 사로잡고 있는 생각은 어떤 것입니까? 그것은 당신의 내면과 삶을 풍성하게 하고 부요케 하는 생각입니까? 이 질문에 "그렇다."고 선뜻 대답할 수 없다면 그 생각을 다시 한 번 따져볼 필요가 있습니다.

다른 사람과의 관계에 유익한 생각인가?

━ 하나님은 세상에 나만 창조하신 것이 아니라 더불어 살도록 다른 사람들도 창조하셨습니다. 내가 만나는 모든 사람들은 하나님이 주신 선물입니다. 다른 사람과의 만남은 내 삶을 축복하시는 하나님의 방법입니다. 그렇지만 우리가 받는 대부분의 상처와 어려움도 다른 사람과의 관계에서 주어집니다. 당나라의 시인 백낙천은 이런 이야기를 했습니다.

"인생행로의 어려움은 물에 있는 것도 아니요 산에 있는 것도 아니다. 인간관계의 어려움 때문이다."[16]

그 옛날 당나라 때 사람들에게도 대인관계는 어려운 문제였던 것 같습니다. 살다 보면 어렵지 않게 좋은 관계를 맺고 지낼 수 있는 사람도 있고 차라리 만나지 않는 것이 좋겠다는 생각이 드는 사람도 있습니다. 대인관계도 우리의 생각을 통해 결정된다는 말입니다. 우리는 사람들과 만나며 관계할 때마다 자신이 생각하는 바가 그 관계를 유익하게 하는 것인지 분별해야 합니다. 다른 사람에 대해 나쁜 생각을 하지 말아야 합니다. 그것은 하나님이 원하시는 생각이 아닙니다.

남의 허물과 약점, 문제에 집중하고 그런 생각 속에서 관계를 맺는 사람이 있습니다. 반대로 남의 장점과 좋은 것에 주목하고 다른 사람에 대한 긍정적인 생각으로 관계를 맺는 사람도 있습니다. 사실, 대부분의 사람들은 자신이 어떤 부분에서 부족한지 잘 알고 있습니다. 그런데 어떤 사람이 만날 때마다 나의 연약한 부분을 집어내고 지적한다면 어떨까요? 나를 아예 그런 사람으로 생각하고 있는 것이 눈에 보인다면 어떻게 하겠습니까? 그런데도 그 사람과 지속적인 관계를 맺겠습니까?

우리는 내가 부족한 사람이지만 만날 때마다 나를 이해해 주고 용납해 주고, 있는 그대로 사랑해 주는 사람과 관계하고 싶어 합니다. 당신뿐 아니라 모든 사람이 그렇게 느낄 것입니다. 그렇다면 우리가 다른 사람을 어떻게 대해야 할지에 대한 답은 자동으로 나옵니다.

예전에 다른 사람의 약점을 정확하게 집어내는, 거의 은사 차원의 능력을 가진 사람과 일한 적이 있습니다. 그 사람은 다른 사람의 문제가 무엇인지 금세 파악할 뿐 아니라, 그런 사람과 일하면 어떤 결과가 나오는지까지 정확하게 예측하곤 했습니다. 그의 이야기를 들으면서 '어떻게 사람을 저렇게 잘 분석하지? 나도 저런 분별력이 있었으면 좋겠다.' 하고 부러울 때가 많았습니다. 그런데 문제는 그가 사람들의 장점에 대해서는 별로 이야기하지 않는다는 것이었습니다. 그래서 그에게는 친구가 없었습니다. 또한 함께 일하고 싶어 하고 함께 삶을 나누고 싶어 하는 사람도 없었습니다.

우리가 맺어야 하는 관계는 '사람들이 어떻게 행동하는가?', '그들이 내게 얼마나 유익을 주는가?'를 기준 삼는 '행위 중심적' 관계가 아닙니다. 이런 관계에서는 행동을 잘해야 대접 받고 존중받습니다. 하지만 우리에게 필요한 것은, 연약하고 부족하지만 하나님의 가족이기에 여전히 사랑하고 섬기며 존귀하게 여겨주는 '존재 중심적' 관계입니다. 이런 의미에서 교회는 사랑받을 만한 사람은 물론 사랑받을 수 없는 사람까지 사랑해 주는 곳이 되어야 합니다.

> 그뿐 아니라 더 약하게 보이는 몸의 지체가 도리어 요긴하고 우리가 몸의 덜 귀히 여기는 그것들을 더욱 귀한 것들로 입혀 주며 우리의 아름답지 못한 지체는 더욱 아름다운 것을 얻느니라 그런즉 우리의 아름다운 지체는 그럴 필요가 없느니라 오직 하나님이 몸을 고르게 하여 부족한 지체에게 귀중함을 더하사(고전 12:22-24).

부족하면 부족한 대로 사람들을 긍정적으로 바라보고 존중해 주며 사랑으로 섬기는 것이 하나님이 우리에게 원하시는 인간관계입니다.

당신은 어떤 관점과 입장으로 다른 사람들을 대하며 관계하고 있습니까? 사실 다른 사람에 대해 좋은 생각을 하는 훈련은 그리 어렵지 않습니다. '사람들이 나에 대해 이렇게 생각해줬으면 좋겠다'

하는 그대로 다른 사람을 대하면 됩니다.

목표를 이루는 데 도움이 되는 생각인가?

━ 우리가 하는 모든 것에는 목표가 있습니다. 그런데 많은 사람들이 자신이 원하는 목표를 이루는 데 가장 중요한 것을 놓치고 있습니다. 그것은 바로 목표에 맞게 생각하는 것입니다.

부산에 가기 위해 기차를 타는데 실수로 광주행 열차를 탔습니다. 나는 어디로 가게 될까요? 당연히 광주로 가게 될 것입니다. 부산에 가고 싶다면 부산행 열차를 타야 합니다. 생각도 이와 같습니다. 우리가 갖고 있는 목표의 대부분은 좋은 생각에서 나온 것들입니다. 그런데 이런 좋은 목표가 현실에서 잘 이뤄지지 않는 것은 그것을 이뤄가는 과정 속에서 우리가 하게 되는 생각 때문입니다.

우리는 늘 자신의 인생과 가정과 일터와 교회에 대해 "아름답고 행복한 가정이 되었으면 좋겠다." 혹은 "올해에는 가족이 다 건강하고 원하는 일이 이뤄지면 좋겠다." 하고 좋은 목표를 세웁니다. 그러나 살다 보면 '이 여자랑 결혼하는 게 아니었어', '남편 잘 만난 이웃집 여자는 얼마나 행복할까?' 하는 생각에 너무나 쉽게 빠지는 자기 자신을 발견하게 됩니다. 하지만 아름답고 행복한 가정을 이루기 원한다면 이렇게 생각해서는 안 됩니다. 당신의 배우자가 완벽한 상대가 아닐 수 있습니다.

그러나 하나님은 당신이 바로 그 사람과 아름답고 행복한 가정을 만들기 원하십니다. 그렇다면 목표를 붙잡고 어떻게 해야 그렇게 할 수 있는지 그에 맞는 생각을 해야 합니다.

속 썩이는 자녀를 원수처럼 여기면서 '이 아이는 낳는 게 아니었는데….'라고 후회하는 부모가 있습니다. 정말로 말썽부리는 자녀를 호적에서 파내려고 하는 것이라면 이런 생각을 해도 괜찮습니다. 하지만 이 말썽꾸러기 자녀가 그럼에도 불구하고 하나님께 쓰임 받고 가정과 사회에 기여하는 멋진 사람이 되기를 바란다면 그런 생각을 해서는 안 됩니다. 어떻게 하면 이 부족한 아이가 그런 인생이 될 수 있을지 생각하고 거기에 맞게 행동해야 합니다. 목표를 잊으면 보이는 것에 따라 생각하며 살게 됩니다. 그러므로 하나님이 당신에게 주신 귀한 목표를 절대 놓치면 안 됩니다.

머리핀 공장을 운영하며 직영 판매점도 여러 곳을 소유하고 있는 사업가 한 분을 만난 적이 있습니다. 지금은 성공한 삶을 살고 있지만, 그렇게 되기까지 그는 말로 다 할 수 없이 고되고 힘겨운 시간을 보내야 했습니다. 그의 삶은 그리스도인이 살아가는 목표가 무엇이며 그것을 성취하는데 생각이 얼마나 중요한지 보여주는 살아있는 증거입니다. 원래 그분은 의류업을 했는데, 사업 수완이 좋아서 성공 가도를 달리고 있었습니다. 하지만 욕심을 부려 매장을 확장하다가 부도를 내고 빚쟁이에게 쫓기는 신세가 되고 말았습니다. 이후 몇 년 동안 그는 재기는커녕 변변한 직업도 없이 이 일 저 일을 닥치는 대로 해가며 어렵게 살아야 했습니다.

그러는 가운데 마음속에 '도대체 내가 뭘 잘못했기에 이런 일을 겪어야 하는 것일까? 내 인생이 뭐가 잘못된 거지?' 하는 질문이 생겼습니다. 이 질문에 대한 답을 찾기 위해 선택한 것은 성경이었습니다. 그는 1년 동안 성경을 들고 도서관으로 출근했습니다. 성경을 펴들고 끈질기게 읽어내려가다가 문득 '내가 주인이 되어 살아가는 삶이 죄구나.' 하는 생각이 들어서 '이제부터는 내 욕심을 채우고 내 소원을 이루는 것이 아니라 오직 하나님께 영광 돌리기 위해 살아야겠다. 하나님이 말씀하시고 이끄시는 대로만 살자.'라고 결심했습니다. 고난을 겪으면서 인생의 목표가 새롭게 바뀐 것입니다. 그런데 전에는 아무리 노력해도 듣지 못했던 하나님의 음성이 그때 비로소 들리더랍니다.

"내가 원하는 대로 살겠다고? 그러면 지금 당장 네가 빚을 진 사람에게 찾아가 용서를 구하고 새로운 삶을 시작해라."

이런 마음이 드는 순간 눈앞이 캄캄해졌습니다. 못하겠다는 생각이 계속 들었습니다. 또다시 자기 뜻대로 하고 싶은 것입니다. 그러나 결국 하나님이 주신 마음에 순종하기로 하고 그 길로 빚쟁이를 찾아갔습니다. 아니나 다를까 빚쟁이는 제 발로 찾아온 그를 잡아먹을 것처럼 혼내고 야단쳤습니다. 한참을 퍼붓고 나서 화가 누그러지자 빚쟁이가 그에게 이렇게 물었답니다.

"그래, 지금은 무슨 일을 하고 있소?"

"닥치는 대로 일 하면서 겨우 입에 풀칠하고 있습니다."

"그래요? 그럼 오늘부터 내 가게에서 일해 보쇼."

놀랍게도 빚을 지고 도망쳤던 그에게 일자리를 준 것입니다. 6개월이 지난 뒤에 빚쟁이가 그를 불러 이렇게 말했답니다.

"나는 여태까지 살면서 사람이 변하는 것을 단 한 번도 본 적이 없소. 그런데 당신은 지난 6개월 동안 완전히 변화되었소. 내가 사업 자금을 빌려줄 테니 다른 일을 한 번 해보면 어떻겠소?"

제안을 받아들이고 어떤 사업을 할까 궁리하던 그는 문득 '하나님의 영광을 위해 사는 것이 인생의 목표니까 어떤 사업을 할지도 하나님께 먼저 여쭤봐야겠다.' 하는 생각이 들었답니다. 그래서 "하나님. 이 돈으로 무슨 일을 하는 게 좋을까요?" 하고 기도하는데 이 말씀이 생각났답니다.

> 주인이 이르되 잘하였다 착한 종이여 네가 지극히 작은 것에 충성하였으니 열 고을 권세를 차지하라 하고(눅 19:17).

하나님이 무엇을 말씀하시는 건지 몰라 이 말씀을 붙들고 기도하다가 '지극히 작은 것'에서 떠오른 아이디어가 바로 헤어 액세서리였습니다. 싸고 자그마한 물건이었지만 사업은 점점 번창하기 시작했고 나중에는 체인점을 낼 정도로 성공하게 되었습니다.

지금 당신이 하고 있는 생각이 현실로 이루어진다면 어떻게 될까요? 그것이 진정으로 당신이 원하는 바가 맞습니까? 그렇다면 건강하고 목표를 이루는데 도움이 되는 생각입니다. 하지만 결과를 그려보았을 때 자신이 원하는 바와 전혀 다르다면 하루 빨리 목표를 이룰 수 있는 생각으로 돌아서야 합니다.

소그룹을 위한 '읽다, 살피다, 나누다'

01. 이번 장의 내용 중에서 무슨 의미인지 이해가 되지 않거나 저자의 생각에 동의할 수 없는 부분이 있습니까?

02. 평소 당신이 자주 하는 생각 하나를 골라 이번 장에서 소개한 네 가지 질문을 던져 보십시오. 여러 사람의 생각을 무기명으로 모아놓고 함께 네 가지 질문을 던져 보는 것도 좋습니다.

03. 이번 장에서 소개한 네 가지 질문 외에 하나님이 기뻐하시는 사고방식, 즉 성경적 사고방식을 갖기 위해 유용하다고 생각되는 질문을 더 찾아보십시오.

04. 일상에서 질문을 통해 자신의 생각을 점검하고 분별하기 위해 무엇이 필요한지 생각해 보십시오(예: 시간이나 공간, 점검한 내용을 나눌 공동체 등).

• 3부 •

격하게
격(格)있는 삶

7장

묻어둔 꿈을
다시 꺼내어

피터 팬이었던 '아재'

─   스티븐 스필버그가 감독하고 지금은 고인이 된 로빈 윌리엄스가 주연을 맡은 〈후크〉(Hook, 1991)라는 영화가 있습니다. 영화의 주인공인 피터 배닝은 사십 대의 성공한 변호사입니다. 그에게는 사랑하는 아내와 두 아이가 있었지만, 그는 늘 일만 쫓아다니며 가족들을 소홀히 대합니다. 그러던 어느 크리스마스이브 날, 누군가 배닝의 아이들을 납치합니다. 아이들의 흔적을 쫓던 그가 도착한 곳은 동화 피터 팬의 무대인 네버랜드였습니다.

알고 보니 아이들을 납치한 사람은 오랫동안 피터 팬에게 복수를 꿈꾸던 후크 선장의 부하들이었고, 주인공인 배닝은 모든 기억을 잊고 어른이 되어버린 피터 팬이었습니다. 피터 팬이었을 때 그는 웬디(피터 팬 이야기의 여주인공인)의 손녀에게 반해 문명세계로 돌아와 평범한 사람으로 살게 되었습니다. 그리고 피터 팬으로서의 기억은 모두 잊고 웬디의 손녀와 결혼해 두 아이를 둔 너무 바쁜 어른이 되어버린 것입니다. 결국 배닝은 우여곡절 끝에 자신이 피터 팬이었음을 기억해낸 후 후크 선장을 물리치고 아이들을 구해냅니다.

이 영화는 인생의 참된 가치를 잊고 사는 어른들의 이야기지만, 사회가 요구하는 사람이 되기 위해서 하나님을 만나 삶의 본질과 참 의미를 추구하던 젊은 시절을 잊어버린 어른들의 이야기이기도 합니다.

당신은 교회에서 뜨거운 열정으로 기도하며 헌신하는 젊은이들을 보면 어떤 생각을 합니까?

'좋을 때다.'

'나도 저럴 때가 있었는데 부럽네.'

'아예 교회에서 사는구먼. 학교 공부는 하면서 저러는 건가? 나중에 후회할 텐데….'

'왕년에 헌신 안 한 사람 있나? 뭘 저런 거 갖고 유난 떨고 그래.'

그리스도인이라면 누구나 하나님에 대한 첫사랑으로 뜨겁던 시절이 있었을 것입니다. 하지만 누구나 그 마음을 유지하며 신앙생활을 하는 것은 아닙니다.

이 책을 읽는 당신도 대부분 생계와 가정사, 교회 일과 온갖 인간관계로 바쁘게 살아가는 어른일 것입니다. 매주 교회에는 나가지만 사는 게 바빠 하나님과의 관계에 관심을 둘 여력이 없고, 청년 시절의 열정과 헌신은 완벽하게 잊은 채 사회생활에만 매달리고 있을 것입니다. 그렇게 거칠고 고된 현실에 이리저리 치이다 보면 물불 가리지 않고 주님 나라 위해 살겠다는 청년기의 고백은 사치처럼 느껴질 수밖에 없습니다.

더 안타까운 것은 이대로 가면 앞으로도 지금과 별반 달라지지 않을 것이라는 사실입니다. 하나님이 주시는 비전은커녕 불확실성으로 충만한 자신의 미래, 아니 노후를 바라보는 것조차 힘겹고 두려울 것이기 때문입니다.

신학적 입장과 평가하는 관점에 따라 이견이 있을 수 있겠지만, 80년대 말과 90년대 초 한국 교회는 폭발적으로 일어난 제자훈련과 예배갱신운동의 덕을 크게 보았습니다. 당시 선교단체와 대형교회를 중심으로 여러 훈련 프로그램과 예배 모임이 생겨났고, 이십 대에서 삼십대 초반의 수많은 청년들에게 큰 은혜를 받고 세계선교에 헌신하겠다고 결단하는 것이 유행처럼 번져나갔습니다.

만약 기도한 것이 모두 이루어졌다면 그 당시 결단했던 청년들은 모두 해외 선교사로 사역하고 있거나 사회 각 영역에서 선교사적 삶을 살고 있어야 합니다. 그런데 지금 그들은 모두 어디에 있을까요? 한국 교회와 사회의 현실을 보면 그렇지 않다는 것을 명확하게 알 수 있습니다.

멋있지만 더는 내게 의미 없는

사도 바울은 고린도 교회를 향하여 이렇게 이야기합니다.

하나님 아는 것을 대적하여 높아진 것을 다 무너뜨리고 모든 생각을 사로잡아 그리스도에게 복종하게 하니 너희의 복종이 온전하게 될 때에 모든 복종하지 않는 것을 벌하려고 준비하는 중에 있노라(고후 10:5-6).

우리가 살아가는 이 세상에 하나님과 맞서 높아지려 하고 예수 그리스도의 말을 들으려고 하지 않는 무언가가 있다는 것입니다. 그것은 바로 인간의 사고체계입니다. 그런데 하나님은 "그러니까 너희는 도망쳐라. 피해라. 가까이 가지 말라."고 말씀하시지 않고 오히려 "무너뜨려라. 사로잡아 복종시켜라."라고 '강하게' 말씀하십니다. 영어성경(NIV)에서는 '무너뜨리다'라는 단어를 'demolish'로 번역했습니다. 'demolish'는 '분쇄하다'는 뜻입니다. 세상 속에서 잘못된 생각, 거짓된 생각, 하나님에게 맞서 교만해진 생각을 찾아내어 산산이 부숴버리라는 것입니다. 마태복음의 말씀도 이 구절과 연결됩니다.

예수께서 나아와 말씀하여 이르시되 하늘과 땅의 모든 권세를 내게 주셨으니 그러므로 너희는 가서 모든 민족을 제자로 삼아 아버지와 아들과 성령의 이름으로 세례를 베풀고 내가 너희에게 분부한 모든 것을 가르쳐 지키게 하라 볼지어다 내가 세상 끝날까지 너희와 항상 함께 있으리라 하시니라(마 28:18-20).

이 본문에서 예수님은 우리에게 세상으로 나아가라고 말씀하십니다. 물론 가는 것 자체가 목적이 되면 안 됩니다. 우리는 가서 해야 할 일이 있습니다. 모든 족속(all nations)과 모든 나라를 예수 그리스도의 제자로 변화시켜야 합니다. 이것은 개인 전도보다 훨씬 더 크고 폭넓은 차원의 비전입니다. '나라를 제자 삼는다'는 말은 정치, 경제, 교육, 가정, 매스컴, 예술, 종교 등 사회의 모든 영역을 하나님의 말씀 위에 다시 세우는 것을 의미합니다.

하나님을 처음 믿고 마음이 뜨거울 때는 그 일이 인생을 내놓아도 아깝지 않을 만큼 멋지고 가치 있는 일 같습니다. 그러나 지금 우리는 생각이 좀 다릅니다. "믿음으로 사는 건 교회 안에서만 가능한 거예요. 그러니까 신앙생활은 교회에서 열심히 하고 직장과 학교, 지역사회에까지 갖고 나오지는 맙시다."라고 말하면서 나라와 세상을 제자 삼는 비전을 이야기하거나 그것을 위해 헌신하는 사람들을 안타까운 눈으로 바라봅니다. 그러나 이는 하나님의 말씀을 부분적인 진리로 전락시키려는 사탄의 계략입니다.

스위스 라브리 출신의 기독교 사상가인 낸시 피어시 박사는 하나님의 말씀이 "교회 안에서만 유의미한 부분적 진리가 아니라 세상에서도 동일하게 모든 것의 기초가 되어야 하는 '완전한 진리'라고" 이야기합니다.[17]

오늘날의 그리스도인들도 이천 년 전 예수님이 명하신 것처럼 하나님의 말씀을 듣고 가정, 경제, 정치, 교육, 매스컴, 예술, 종교 등 삶의 모든 영역으로 들어가 제자 삼는 일을 해야 한다는 뜻입니다. 하나님은 우리에게 성경의 시작인 창세기부터 끝인 요한계시록에 이르기까지 계속해서 "세상으로 나아가라!"고 말씀하고 계십니다. 하지만 우리는 "예수님, 저는 그냥 여기 있는 게 좋습니다."라는 말만 반복하며 교회 안에 틀어박혀 세상으로 나아가지 않습니다.

물론 교회 안에서만 사는 것은 아닙니다. 세상에 가긴 하지만 주무대가 교회라는 의미입니다. 세상에 나아가는 참된 목적을 알지 못합니다. 그 결과가 바로 '교회는 하나님의 것이고 세상은 하나님의 것이 아니다.'라는 관점입니다.

모임을 마치고 돌아갈 때 "하나님, 이제 우리가 세상으로 나아갑니다. 우리가 세상에 물들지 않게 하시고 시험 들지 않게 해주세요."라고 기도하고, 교회에 오면 "세상에서 죄악에 찌든 영혼이 이제 주께 왔습니다."라고 기도하는 교인들이 가끔 있습니다. 하나님은 온 세상을 창조하셨습니다. 하나님은 온 세상의 주인이시며 세상을 통해서도 영광과 찬송을 받으셔야 합니다. 그런데 우리는 온 세상을 창조하시고 모든 영역 속에서 영광과 찬송을 받으셔야 할 하나님을 오직 교회 안에서만 역사하시는 분으로 믿고 있는 것입니다. 그러니까 교회에서는 하나님께 영광 돌리고 세상에서는 그냥 세상 사람들처럼 사는 것입니다. 이것이 바로 '이원론적 사고'입니다.

반쪽짜리 하나님

이원론적 사고는 헬라 철학에서 나온 것입니다. 고대 그리스 철학자들은 이 세상이 '거룩하고 성스럽고 귀한' 것과 '속되고 가치 없고 천한' 것으로 구성되어 있다고 생각했습니다. 이런 관점으로 보면 세상의 모든 것은 가치 있는 것이거나 무가치한 것 중 하나입니다. 그들은 인간의 이성을 가장 고귀하고 가치 있는 것으로 여겼습니다.

"인간은 어디로부터 와서 어디로 가는가?"
"인간이 추구해야 할 궁극적인 삶은 어떤 것인가?"
"진정한 행복이란 어떤 것인가?"

이런 질문을 던지며 사색하고 탐구하는 것만이 가치 있는 삶이라고 믿었습니다. 반대로 그들은 인간의 육체를 가장 천하고 무가치한 것으로 여겼습니다. 그래서 직업을 갖는 것을 속된 삶이라고 여겼습니다.

고대 그리스 철학자들이 무슨 생각을 하며 살았든 그게 나랑 무슨 상관이냐고 생각할 수도 있겠지만, 문제는 교회가 헬라 문화권에 복음을 전하기 시작하면서 기독교 신앙도 헬라 철학의 영향을 받게 되었다는 사실입니다. 다시 말해서 지금의 교회도 옛날 헬라 철학자들처럼 이원론적 관점으로 세상을 바라보고 있다는 말입니다.

"교회는 성스럽고 거룩하고 영적인 곳이고 세상은 속되고 육적인 곳이다!"

이런 가르침 속에서 우리는 교회 일에 전념하면 믿음이 좋은 성도이고, 교회 밖 사회에서 벌어지는 일에 관심을 가지면 세속적인 교인이라는 관점을 갖게 되었습니다.

그리스도인이 시위에 참여하거나 개인의 정치적 의견을 개진하는 것을 불편해하거나 금기로 여기는 것도 그 때문입니다. 그래서 똑같은 일을 해도 교회에서 하면 영적인 일, 하나님의 일이 되고 교회가 아닌 다른 곳에서 하면 육적인 일, 세상 일이 됩니다.

교회 차량을 운전할 때는 출발하기 전에 기도를 하고, 아무리 피곤하고 바빠도 즐겁고 기쁜 얼굴로 운전합니다. 이는 교회를 섬기고 하나님께 영광 돌리는 일이기 때문입니다. 그러고 나서 집에 돌아갈 때는 태도가 완전히 달라져서 얼굴에 미소는커녕 차 키를 배우자에게 던져주며 짜증나는 목소리로 "피곤하니까 당신이 좀 운전해."라고 말합니다. 이제부터는 하나님 일이 아니니 자기 마음대로 해도 된다고 생각하는 것입니다.

물 한 잔을 떠와서 설교자를 위해 강단에 갖다 놓으면 하나님을 섬기는 일이 됩니다. 문제는 똑같은 일을 하는데 집에서는 전혀 다르게 반응한다는 사실입니다. 설거지도 마찬가지입니다. 집에서는 허구한 날 그릇만 씻는다고 지겨워하면서도 교회 주방에서는 자원함으로 찬양을 부르며 합니다. 집에서는 가장 하기 싫은 허드렛일인 설거지가 교회에서는 하나님을 위한 거룩한 '사역'이 됩니다.

또한 영적인(하지만 사실은 종교적인) 형식과 모양을 갖춘 것만 중요하게 생각하고 그렇지 않은 것은 하찮게 대합니다. 대학생 때 저는 선교단체 동아리에서 활동했는데, 어느 날 캠퍼스 간사님이 제게

"넌 전공이 뭐니?" 하고 물으셨습니다. 제가 "영어"라고 대답하자 간사님은 비장한 얼굴로 이렇게 말씀하셨습니다.

"아니야. 네 전공은 전도와 선교이고 영어는 부전공이란다. 하나님은 이 캠퍼스의 잃어버린 영혼을 살리기 위해 너를 여기 보내셨어. 네 전공은 전도하고 예배하고 후배들을 양육하는 것이란다."

간사님은 하나님을 위해 캠퍼스 복음화에 전념하는 것이 그리스도인으로서 멋지고 마땅한 삶이라고 가르쳐주신 것이지만, 저는 그 얘기를 듣고 난 뒤부터 학과 공부를 열심히 해야 할 이유를 잃어버리고 말았습니다.

운동도 그렇습니다. 예전에 제자훈련 프로그램을 진행할 때, 점심시간에 운동하는 것 때문에 다른 사역자들과 갈등을 겪은 적이 있었습니다. 식사를 마치고 남는 시간에 남자들이 모여서 족구 게임을 했는데 그것이 불편하게 느껴졌던 것입니다. 그들에게 운동은 전혀 영적이지 않은 육체의 일이었습니다. 급기야 간사들이 회의하는 자리에서 한 여자 간사는 제게 이렇게 항의했습니다.

"족구는 훈련을 마친 뒤에도 얼마든지 할 수 있지 않을까요? 지금은 하나님 앞에서 영적인 훈련을 받는데 집중할 때입니다. 이렇게 귀중한 때에 꼭 육적인 것을 해야 할까요?"

아무리 설명해도 그분들은 끝까지 '운동은 육적인 것이기 때문에 하찮다.'는 고정관념을 버리지 않았습니다.

안타깝게도 한국 교회 안에는 이런 예가 무수히 많습니다. 만물을 지으신 창조자이며 모든 영역의 주인이신 하나님을 우리 손으로 세상에서는 아무런 존재감이 없는 '반쪽짜리 하나님'으로 전락시키는 것입니다.

이원론적 사고 깨뜨리기

정말로 예배나 말씀, 기도와 관련되면 영적인 일이고 교회에서 하는 것이면 다 거룩한 일일까요? 하나님은 예배라면 무조건 기뻐하고 교회 일이라면 일단 영광부터 받고 보는 분입니까? 결론부터 말하자면 전혀 그렇지 않습니다. 성경은 하나님이 예배와 성전에서 벌어지는 일들에 대해 서릿발 같이 매섭게 비판하시는 장면을 그대로 보여주고 있습니다.

모세 때부터 정교하고 완벽하게 조율된 제사 제도, 다윗 때부터 착실하게 준비해서 솔로몬 때에 호화롭고 웅장하게 세운 성전, 이 두 가지만으로도 이스라엘의 예배가 얼마나 경건하고 아름다웠을지를 짐작할 수가 있습니다. 그러나 하나님은 종교적 열심의 극치를 보여주는 이스라엘의 예배를 대놓고 거절하셨습니다. 죄에 빠져 살면서 예배하러 나오는 사람들의 위선 때문이었습니다.

여호와께서 말씀하시되 너희의 무수한 제물이 내게 무엇이 유익하뇨 나는 숫양의 번제와 살진 짐승의 기름에 배불렀고 나는 수송아지나 어린 양이나 숫염소의 피를 기뻐하지 아니하노라 너희가 내 앞에 보이러 오니 이것을 누가 너희에게 요구하였느냐 내 마당만 밟을 뿐이니라 헛된 제물을 다시 가져오지 말라 분향은 내가 가증히 여기는 바요 월삭과 안식일과 대회로 모이는 것도 그러하니 성회와 아울러 악을 행하는 것을 내가 견디지 못하겠노라(사 1:11-13).

예배는 기독교에서 가장 영적이고 거룩한 종교행위입니다. 하지만 예배하는 사람이 몰래 죄를 짓고 있다면 그의 예배는 영적이기는커녕 하나님 앞에서 가증한 행동이 되고 맙니다. 그런데도 예배와 관련됐다고 해서 무조건 영적이라고 할 수 있을까요?

예수께서 성전에 들어가사 성전 안에서 매매하는 모든 사람들을 내쫓으시며 돈 바꾸는 사람들의 상과 비둘기 파는 사람들의 의자를 둘러 엎으시고 그들에게 이르시되 기록된 바 내 집은 기도하는 집이라 일컬음을 받으리라 하였거늘 너희는 강도의 소굴을 만드는도다(마 21:12-13).

이스라엘 민족에게 예루살렘 성전은 예배와 삶의 중심이었습니다. 하지만 이 사건이 일어날 당시의 성전은 성전세를 환전할 때 발생하는 수수료에 바가지를 씌우고, 제물로 사용할 가축의 거래를 부당하게 독점하는 거짓과 비리의 현장이었습니다.

유월절에 성전에 들어갔다가 이런 상황을 보신 예수님은 불같이 화를 내시고 폭력행위까지 불사하며 상인들을 내쫓으십니다. 예수님은 그들에게 "내 아버지와 만나고 대화하는 자리를 탐욕으로 가득 찬 쇼핑몰로 만들지 말라!"고 말씀하셨습니다.

이는 하나님의 집과 성전이라 불리는 교회도 언제든 죄악을 저지르는 현장과 욕심을 채우는 도구로 전락할 수 있다는 뜻입니다. 교회에서 하는 일이라도 무조건 거룩한 것은 아닙니다. 교회 일도 교만과 탐욕과 거짓으로 행하면 육적이고 세속적인 것이 됩니다.

우리는 우리가 세속적이라고 생각하는 것들에 대해 성경이 정반대의 목소리를 내고 있다는 사실도 알아야 합니다.

> 베드로가 이르되 주여 그럴 수 없나이다 속되고 깨끗하지 아니한 것을 내가 결코 먹지 아니하였나이다 한대 또 두 번째 소리가 있으되 하나님께서 깨끗하게 하신 것을 네가 속되다 하지 말라 하더라(행 10:14-15).
> 내가 주 예수 안에서 알고 확신하노니 무엇이든지 스스로 속된 것이 없으되 다만 속되게 여기는 그 사람에게는 속되니라(롬 14:14).
> 그런즉 너희가 먹든지 마시든지 무엇을 하든지 다 하나님의 영광을 위하여 하라(고전 10:31).
> 무슨 일을 하든지 마음을 다하여 주께 하듯 하고 사람에게 하듯 하지 말라 이는 기업의 상을 주께 받을 줄 아나니 너희는 주 그리스도를 섬기느니라(골 3:23-24).

성경은 일하고 공부하고 운동하고 가정생활을 하는 것이 육적이고 세속적인 일이 아니라고 말합니다. 이것도 교회에서 하는 일 못지않게 영적인 하나님의 일이라는 것입니다. 하나님은 우리를 가정과 직장 같은 삶의 모든 영역으로 나아가 말씀으로 그곳을 변화시키는 대사(embassador)로 임명하셨습니다. 가정에서든 직장에서든 이 부르심을 따라 하나님의 사람들과 이 땅을 섬기면, 그것이 하나님께 영광을 돌리는 귀한 일이라는 것입니다. 아브라함, 이삭, 야곱, 요셉, 다윗과 같은 수많은 믿음의 사람들 대부분이 성전이나 예배(제사)시간이 아니라 삶의 현장에서 하나님을 만나고 경험한 것도 그 때문입니다.

브라질의 상파울로에서 의상실을 운영하는 한 교포 집사님을 만난 적이 있는데, 그분이 들려주신 이야기가 아주 인상적이었습니다.

"저는 돈을 벌려고 옷을 만드는 게 아닙니다. 저는 어떻게 해야 고객이 이 옷을 입고 예쁘고 아름답게 보일지 고민하며 만들어요. 하나님의 형상대로 지음 받은 사람들이 제가 만든 옷을 입고 아름다워지고 행복해할 것을 생각하면 말로 형용할 수 없는 보람과 자부심을 느낍니다."

이런 생각을 갖고 일하다 보니 브라질 직원들이 옷을 함부로 취급하는 모습을 보면 자기도 모르게 화가 난다고 합니다. 그 집사님은 직업을 통해 자신이 이루어야 할 하나님의 부르심, 즉 소명을 제대로 발견한 것입니다. 그러니까 하나님이 그분의 손길과 사업장에 복을 주시는 것입니다. 하나님은 부르심 때문에 노력하는 사람에게 복을 더하십니다.

지금 그 자리에서, 지금 하고 있는 그 일로

─   이탈리아 AC 밀란과 스페인의 레알마드리드에서 뛰었던 브라질 출신의 '카카'라는 축구선수가 있

습니다. 2013년 그가 소속된 AC 밀란이 유럽 챔피언스리그에서 우승한 적이 있습니다. 동료들과 함께 기뻐하며 환호하는 카카의 유니폼에는 "I belong to Jesus."라는 문장이 선명하게 새겨져 있었습니다. 그래서 이 장면을 지켜본 전 세계의 스포츠 팬들이 "나는 예수님께 속한 사람입니다."라는 카카의 신앙고백을 보게 되었습니다. 그는 늘 "제게는 축구를 하는 목적이 있습니다. 그래서 늘 제 유니폼을 통해 관중들에게 이런 메시지를 전하고 있습니다. '저는 축구를 통해 여러분에게 예수님을 전하고 싶습니다. 제가 어떻게 축구를 잘하게 되었는지 아세요? 예수님이 제게 그 은사를 주셨어요.'"라고 이야기 했습니다.

제가 그런 티셔츠를 입으면 아무도 신경 쓰지 않지만 카카 같은 유명 스포츠 스타가 입으면 많은 사람들에게 큰 영향을 줍니다. 축구를 좋아하기 때문에 축구를 잘하는 카카를 좋아하게 되고, 그러면 그의 말과 행동과 삶 하나하나에 관심을 갖게 되기 때문입니다.

카카는 축구화에도 "I belong to Jesus"라고 적어놓고, 골세레모니를 할 때도 하늘을 향해 두 손을 들어 하나님께 감사하며 영광을 돌립니다. 그는 하나님과 전혀 상관없어 보이는 축구를 통해 세상에 그리스도인의 영향력을 흘려보내고 있습니다. 축구를 통해 자신이 믿는 하나님이 어떤 분인지 온 세상에 고백하는 것입니다. 한 번은 TV 프로그램에서 카카의 삶을 다룬 적이 있었는데 그 내용 중에 이런 자막이 나왔다고 합니다.

"He thanks God and we thank God for his talent."(카카는

하나님께 감사하고 우리는 카카에게 재능을 주신 하나님께 감사한다.)

그리스도인이든 아니든 카카의 경기를 보는 모든 사람이 하나님께 영광을 돌린 것입니다. 그가 육적인 것처럼 여겨지는 스포츠의 영역에서 하나님께 영광을 돌렸듯이 우리도 삶의 모든 영역에서 하나님께 영광을 돌리며 살 수 있다는 것을 보여줍니다.

프랑스의 종교개혁가인 칼뱅은 "모든 직업이 성직"이라고 말했습니다. 목회자만 성직이 아니라 회사원과 가정주부도 하나님 앞에서 거룩하게 섬기는 사람들이라는 뜻입니다. 또 다른 종교개혁가인 마틴 루터는 "직장이 하나님의 가면"이라고 말했습니다. 하나님이 우리의 얼굴과 손과 발과 몸을 가지고 우리의 일터에 들어가신다는 뜻입니다. 우리는 가정과 직장에 그냥 들어가는 것이 아닙니다. 하나님이 우리 안에 계셔서 우리와 함께하십니다. 우리가 때를 얻든지 못 얻든지, 장소를 불문하고 전도와 선교 같은 기독교 사역을 하는 것은 하나님 나라를 이루기 위해서입니다.

또한 하나님이 창조하신 인간과 자연의 원리와 이치를 따라 학문을 연구하고 제품을 생산하고 기업을 경영하고 영업 활동을 하고 예술 작업을 하는 것도 그분의 나라를 이루기 위해서입니다. 그리스도인이 사회에서 성실하고 탁월하게 살아야 하는 이유가 바로 이것입니다. 그래야 하나님이 주시는 지식과 지혜로 삶의 현장을 섬기며 변화시킬 수 있기 때문입니다. 우리가 나아가는 세상이 우리의 선교지이며 성직자로 섬겨야 할 하나님의 부르심의 처소입니다.

다시, 피터 팬

—

한국 교회가 '세상에서 하나님께 영광 돌리는 그리스도인'에 대해 갖고 있는 또 한 가지 오해가 있습니다. 교회나 신앙생활과 관련 없는 분야에서 하나님께 영광을 돌리기 원한다면 남들보다 뛰어난 성과를 이뤄야 한다는 것입니다. 즉, 기독교 신앙을 가진 학생은 공부를 잘해서 전교 1등을 해야 하고, 기독교 신앙을 가진 부모는 자기 자녀를 명문대에 보내야 하고, 기독교 신앙을 가진 직장인은 고속 승진하고 고소득을 올려야 하나님께 영광이 된다는 이야기입니다.

하지만 이 논리는 우리 주님이 CEO와 대기업 엘리트 사원, 명문대생과 전교 1등, 각 분야의 유명 인사, 대형교회의 담임 목회자들을 통해서만 영광을 받으신다는 결론으로 이어집니다. 뒤집어 말하면 경비실 직원이나 운전기사, 지방대생과 전교 꼴찌, 무명의 종사자들, 단독 건물은커녕 교인조차 없는 개척교회 목회자들은 절대로 하나님께 영광을 돌릴 수 없다는 뜻입니다. 무슨 일을 하든 하나님께 하는 것처럼 하라는 사도 바울의 권면을 정면으로 뒤집는 말도 안 되는 소리입니다.

미국의 탁월한 기독교 교육학자인 하워드 헨드릭스 박사는 이렇게 말했습니다.

"세상은 우리의 유창한 논쟁이나 상세한 설명에 감동받지 않는다. 세상은 개인의 생활에서 현실을 보기 원한다. 세상은 자신이 만들어 낼 수 없는 것만을 주목하는데 그것은 바로 의로움에 의해 변화된 삶이다. 그러나 오직 하나님께서만 그러한 삶을 만들어 내실 수 있으며 이것이 세상에서 기독교가 가장 혁명적인 힘을 갖고 있는 이유일 것이다. 기독교는 참된 삶의 변화를 약속한다."[18]

예수 그리스도를 전하는 가장 능력 있는 방법은 변화된 삶입니다. 유창한 말이나 거액의 연봉, 좋은 직함이 아니라 '사람이 달라지는' 변화가 하나님께 영광 돌리는 최고의 방법이라는 것입니다.

사람들은 뛰어난 언변이나 놀라운 성공이 아니라 삶이 변화된 사람을 보기 원합니다. 이 세상에는 예수 그리스도 없이도 말 잘하는 사람, 엄청난 성공을 거둔 사람이 많습니다. 하지만 '인간' 자체가 완전히 달라진 사람은 없습니다. 이것이 기독교 신앙의 핵심이자 능력인 '사람이 바뀌고 삶이 달라지는' 변화입니다. 그러므로 교회나 신앙생활과 관련 없는 분야에서 하나님께 영광을 돌리기 원한다면 성공하고 유명해지는 것보다 우리 자신이 변화되어야 합니다.

주님 말씀대로 세상에 나아가 그곳을 예수 그리스도의 제자로 삼으려면 먼저 무엇을 해야 할까요? 우리 자신부터 예수 그리스도의 제자가 되어야 합니다. 그렇게 하려면 날마다 하나님 말씀을 붙들고 그분의 말씀에 기초를 둔 거룩한 삶으로 세상에 나아가 부르심의 길을 걸어가야 합니다.

제자가 된다는 것은 '하나님 말씀으로 분별하는 사고를 한다.'는 뜻이기도 합니다. 성경적 사고방식 없이 세상을 제자 삼으려 하면 사람들로부터 "너나 잘하세요."라는 소리나 듣게 될 것입니다. 부르심은 있지만 그에 합당한 삶이 없기 때문입니다. 그래서 하나님은 우리가 분별된 삶을 살기 원하십니다. 하나님이 분별하며 살아가는 사람에게 임하시면 그의 삶 자체가 세상을 바꾸고 변화시키고 움직이는 강력한 방법이 되기 때문입니다.

영화 〈후크〉 이야기로 다시 돌아가 봅시다. 피터 팬과 온갖 모험을 함께하는 동료였던 네버랜드의 어린이들은 배불뚝이 중년이 된 피터를 알아보지 못하고 오히려 구박하고 밀어냅니다. 피터 본인도 자신이 누구인지 잊고 있었으니 그런 반응은 당연했을 것입니다. 아이들을 구하기 위해 도움을 청할 수 있는 유일한 대상인 동료들로부터 쫓겨나기 직전, 한 어린 소년이 곰곰이 피터의 눈을 들여다 보고 얼굴을 만져보다가 그가 정말로 피터 팬이라는 것을 알게 됩니다. 덕분에 피터는 동료들의 신뢰를 회복하고 후크 선장에게 붙잡힌 아이들을 구하게 됩니다.

욕심이 겹겹이 붙어 있고 주름이 새겨진 얼굴이었지만 중년의 피터에게는 여전히 (어른이 되기를 거부하며 꿈을 꾸며 하늘을 날아다니던) 소년 피터 팬의 모습이 남아있었던 것입니다.

저는 이 책을 읽는 우리에게도 아직 이전의 모습이 남아있을 것이라고 생각합니다. 많은 시간이 흘렀고, 형식적인 종교생활을 하고 있고, 세상에 찌들어 있지만 하나님을 향한 첫사랑에 불타 뜨겁게 헌신했던 그 시절 믿음의 불씨는 지금도 우리 심령 가운데 살아있습니다. 피터 팬을 알아본 그 어린 소년처럼 우리 안에 있는 잊히고 식어버린 열정을 성령께서 다시 타오르게 해주시기를 간절히 소망합니다.

소그룹을 위한 '읽다, 살피다, 나누다'

01. 하나님을 향한 첫사랑을 경험하던 시절의 당신과 지금의 당신을 비교해 보십시오. 혹시 영화 〈후크〉의 주인공 피터처럼 과거를 모두 잊고 현실에 매달려 살고 있지는 않습니까?

02. 신앙생활을 하면서 교회나 같은 그리스도인들 사이에서 이원론적 사고방식에서 나온 말이나 행동을 경험한 적이 있습니까? 그 말과 행동을 접했을 때 당신은 어떻게 반응했습니까? 무엇을 깨달았습니까?

03. 당신이 갖고 있는 이원론적 생각에는 어떤 것이 있습니까? 그 생각이 갖고 있는 문제점이 무엇이라고 생각합니까?

04. 당신이 직장과 가정과 교회에서 성경적 사고방식으로 살아갈 때, 제일 먼저 달라질 변화를 두 가지 이상 찾아보십시오.

8장

다시 아브라함

생각의 차이, 전혀 다른 선택

— 하나님의 인도하심으로 가나안에 도착한 아브라함은 약속의 땅에서 새로운 삶을 시작합니다. 성경을 살펴보면 아브라함이 등장할 때마다 반드시 함께 언급되는 사람이 있는데, 바로 아브라함의 조카인 롯입니다. 성경은 바벨론식 사고를 벗어버리고 가나안에서 새로운 하나님의 생각을 배우며 살아가는 아브라함과 가나안에 살지만 여전히 바벨론식으로 사고하는 롯의 삶이 어떻게 다른지 보여줍니다. 두 사람은 같은 지역에서 살았지만 전혀 다른 사고방식 때문에 전혀 다른 삶을 살았습니다.

    아브라함 수하의 목자들과 롯 수하의 목자들이 물이 부족하여 다투게 되자, 아브라함은 롯에게 각자 따로 살 것을 제안합니다.

아브람이 롯에게 이르되 우리는 한 친족이라 나나 너나 내 목자나 네 목자나 서로 다투게 하지 말자 네 앞에 온 땅이 있지 아니하냐 나를 떠나가라 네가 좌하면 나는 우하고 네가 우하면 나는 좌하리라(창 13:8-9).

삼촌의 제안을 받아들인 롯은 물이 넉넉한 요단 지역을 선택하고 소돔으로 이주합니다. 이 장면은 롯이 어떤 사고방식을 가진 사람이었는지를 명확하게 보여줍니다.

이에 롯이 눈을 들어 요단 지역을 바라본즉 소알까지 온 땅에 물이 넉넉하니 여호와께서 소돔과 고모라를 멸하시기 전이었으므로 여호와의 동산 같고 애굽 땅과 같았더라(창 13:10).

하나님이 멸하실 만큼 영적으로나 도덕적으로나 심각한 상황이었을 소돔 땅이 롯의 눈에는 에덴동산으로 보였습니다. 그러나 소돔은 여호와 앞에 악한 큰 죄인들이 사는 땅이었습니다(창 13:13).

그런데도 롯은 소돔을 새로운 거주지로 결정하는데 조금도 주저함이 없었습니다. 그는 하나님이 그곳 사람들을 어떻게 보시든, 그곳이 죄악과 음란이 판을 치는 곳이든 상관하지 않고 오로지 사회적 성공과 물질적 풍요만을 주목했습니다. 이것이 롯의 사고방식이었습니다. 물질적 풍요만 얻을 수 있다면 그는 아무리 악한 땅도 에덴동산처럼 바라볼 수 있었습니다.

하지만 아브라함은 롯과 달리 가나안 땅에 그대로 머물렀습니다

(창 13:12). 가나안은 황무지였고 소돔은 바벨론을 떠올리게 할만큼 발달하고 번영한 도시 지역입니다. 물도 넉넉해서 목축업에도 안성맞춤이었습니다. 세상 사람들 눈에는 롯이 아브라함보다 더 현명하고 똑똑한 선택을 한 것처럼 보였을 것입니다.

그러나 아브라함에게 그런 것들은 별로 중요하지 않았습니다. 그에게는 '하나님이 주신 땅'이라는 점이 중요했습니다. 그래서 그는 계속해서 가나안에 머물렀습니다.

생각의 차이는 다른 선택을 하게 합니다. 그리고 삶의 차이를 만듭니다. 세상의 기준에서 더 좋은 것을 선택한 롯과 미련해 보이지만 하나님이 원하시는 것을 선택한 아브라함이 각각 어떤 삶을 살아가는지를 통해 우리는 그 사실을 확인할 수 있습니다.

변화시키는 삶 vs 영향 받는 삶

― 아브라함은 복의 근원으로 섬기며, 살리고 변화시키는 삶을 살았습니다. 그는 하나님이 자신을 이 땅에 왜 보내셨는지를 알고 그 목적에 맞는 삶을 살았습니다. 창세기 14장은 아브라함이 자신의 삶의 현장에서 다른 사람들에게 어떤 영향을 주었는지를 보여주고 있습니다.

메소포타미아 지역의 네 도시국가가 요단 지역의 다섯 도시국가를 공격하는 중동대전이 발발합니다. 이 전쟁에서 소돔과 고모라가 패배하면서 그곳에 살던 롯은 적군에게 포로로 끌려갔습니다. 그 소식을 들은 아브라함은 부하들을 이끌고 적들을 추격해서 무찌르고 롯과 다른 포로들은 물론 빼앗겼던 재물까지 되찾아옵니다. 이 사건에서 아브라함은 복의 근원으로, 롯은 복을 받는 자로 나타납니다.

아브라함이 318명밖에 안 되는 인원으로 네 도시국가의 연합군을 격파하는 것을 본 주변 사람들은 충격에 휩싸였습니다. 이것은 아브라함이 믿는 하나님의 능력이 얼마나 크고 놀라운지 모두가 보게 되는 사건이었습니다. 그래서 전쟁에 승리하고 자랑스럽게 돌아오는 아브라함을 영접한 살렘 왕 멜기세덱은 이런 고백을 합니다.

> 그가 아브람에게 축복하여 이르되 천지의 주재이시요 지극히 높으신 하나님이여 아브람에게 복을 주옵소서 너희 대적을 네 손에 붙이신 지극히 높으신 하나님을 찬송할지로다 하매(창 14:19-20).

멜기세덱의 고백은 우리에게 세 가지 사실을 가르쳐줍니다.

첫 번째, 사람들은 아브라함이 하나님을 믿는 사람이라는 것을 알고 있었습니다. 하나님을 믿지 않는 사람에게 "하나님이 네게 승리를 주셨다."고 이야기할 리가 없기 때문입니다.

두 번째, 사람들은 아브라함이 소수 병력으로 승리를 거둔 것이 하나님 덕분이라는 것을 알고 있었습니다. "하나님이 너희 대적을 네 손에 붙이셨다."는 말은 "너는 하나님이 함께하시는 사람."이라는 말과 같습니다. 즉, "네가 살아가는 것을 보고 네가 싸우는 것을 보니 너는 하나님이 함께하시고 승리를 주시는 사람이다."라는 의미인 것입니다.

세 번째, 사람들은 아브라함의 승리를 통해 하나님을 찬양하며 영광을 돌리고 있습니다. 아브라함으로 인해 세상이 하나님을 알게 되었고, 아브라함의 삶으로 인해 세상 가운데 하나님의 능력이 드러났습니다. 아브라함은 살아계신 하나님이 얼마나 신실하게 역사하시는지 보여주는 삶을 살았습니다.

이것이 바로 사람들에게 영향을 미치는 그리스도인의 삶입니다. 그런데 롯의 삶은 어땠습니까? 분명히 좋은 선택을 한 것 같은데 재산을 빼앗기고 포로로 끌려갔습니다. 아브라함 덕분에 목숨과 가족과 재산을 되찾았으면 '나도 삼촌처럼 살아야겠다.'는 생각을 할 만한데, 이후에도 그는 여전히 소돔에서 살아갑니다. 창세기 19장은 그의 삶이 어땠는지 보여줍니다.

하나님은 죄악으로 가득 찬 소돔 땅을 불로 멸하기 위해 천사 둘을 보내십니다. 두 천사는 남자의 모습으로 소돔 땅에 들어가 롯을 만나 그의 집에 묵게 됩니다. 낯선 사람들이 롯의 집에 들어가는 것을 본 소돔 사람들은 떼거리로 모여 롯의 집을 에워싸고 이렇게 협박합니다.

> 롯을 부르고 그에게 이르되 오늘 밤에 네게 온 사람들이 어디 있느냐 이끌어 내라 우리가 그들을 상관하리라(창 19:5).

이 구절에서 '상관한다'는 단어는 동성연애를 뜻하는 말입니다. 소돔은 마을의 남자들이 남자 방문객에게 몰려들어 집단 강간을 하는 곳이었습니다. 롯은 그들의 음란한 행동을 나무라는 대신 중재안을 내놓습니다.

> 내 형제들아 이런 악을 행하지 말라 내게 남자를 가까이 하지 아니한 두 딸이 있노라 청하건대 내가 그들을 너희에게로 이끌어 내리니 너희 눈에 좋을 대로 그들에게 행하고 이 사람들은 내 집에 들어왔은즉 이 사람들에게는 아무 일도 저지르지 말라(창 19:7-8).

음란한 소돔 사람들에게 이것은 악한 행동이라며 옳은 말을 하는 롯의 대안이 참으로 어이가 없습니다. 처녀인 자신의 두 딸을 내어줄 테니 그들과 관계를 하라는 것입니다. 이것이 롯의 사고방식입니다. 음란 행위를 피하기 위해 또 다른 음란 행위를 제공합니다. 말하는 것은 다른 것 같지만, 롯 역시 소돔에 살면서 그들과 동화된 것입니다. 롯은 영향을 주는 사람이 아니라 받는 사람으로, 결국 그들과 똑같은 삶을 살고 있었습니다. 롯의 말을 들은 소돔 사람들의 반응이 이를 입증합니다.

> 이 자가 들어와서 거류하면서 우리의 법관이 되려 하는도다 이제 우리가 그들보다 너를 더 해하리라 하고(창 19:9).

소돔 사람들은 "소돔 사람도 아니면서 이 땅에 흘러들어와 지금까지 별 다를 것도 없이 우리랑 똑같은 삶을 살았는데, 이제 와서 새삼 우리 행동의 옳고 그름을 따지려고 하느냐? 웃기지도 않는다!"며 분노하고 롯을 조롱합니다.

바벨론을 떠났지만 여전히 바벨론식으로 사고하던 롯은 하나님 백성의 영향력을 잃어버렸습니다. 그는 주변 사람들에게 "너나 나나 뭐가 다른데?"라는 조롱을 받으며 살았습니다. 하나님이 소돔 땅을 멸하실 때 롯의 가족은 구원받습니다. 하지만 자신의 삶 때문이 아니라 아브라함의 간구 덕분에 구원을 받은 것입니다(창 19:29). 계속해서 아브라함은 살리는 사람으로, 롯은 삼촌 덕에 복 받는 사람으로 나타납니다.

생각이 변하지 않으면 삶도 변하지 않습니다. 하지만 생각은 경험이 많다고 바뀌는 것이 아닙니다. 인생에 일어나는 여러 가지 일들이 우리의 생각에 영향을 줄 수는 있지만, 온전한 생각의 변화는 스스로의 선택에 의해 일어납니다. 롯은 어려움을 당하면서도 자신의 생각을 바꿔서 새로운 삶을 살겠다고 선택하지 않습니다. 아브라함 덕분에 살아남은 롯과 그의 두 딸은 소알이라는 도시로 갑니다. 그런데 롯의 두 딸은 신랑감을 찾을 수 없다는 생각에 아버지에게 술을 먹인 뒤 관계를 하고 각각 모압 족속과 암몬 족속의 조상을 낳습니다. 사는 곳은 달라졌지만 여전히 소돔에서 하던 사고방식으로 동일한 삶을 반복하고 있는 것입니다.

하나님의 생각을 따라가는 것은 때때로 미련해 보입니다. 그러나 하나님이 함께하심으로 형통한 삶을 살게 됩니다. 이것이 세상에 영향을 주는 삶입니다. 하나님은 그분을 자랑하는 우리의 삶을 보고 세상 사람들이 이렇게 말하기 원하십니다.

"내 생각에는 세상적으로 살아가는 것이 더 좋은 것 같은데 어떻게 네가 나보다 더 행복하지? 너는 하나님이 함께하시는 형통한 삶을 살고 있구나."

이것이 영향을 주는 삶입니다. 세상 사람들보다 많이 소유하고 더 뛰어나게 사는 것이 하나님께 영광 돌리는 삶 같지만, 그것은 결국 자신을 자랑하는 삶일 뿐입니다. 하나님은 그렇게 일하지 않으십니다. 하나님의 생각과 방식으로 사는 것을 기뻐하지 않는 사람들과 영역에서 역사하시는 그분을 온 세상에 자랑하기 원하십니다.

아브라함, 꼭 나 같다

━ 아브라함의 삶에서 우리는 무엇을 보아야 할까요? 아브라함은 인생의 절반을 넘어서는 시점에 하나님의 부름을 받아 영적 여정을 시작했고, 나아가 자신의 인생까지 다시 시작하는 계기를 맞습니다. 나그네가 된 그는 하나님이 자신을 어디로 부르시는지 모르는 채 '약속의 땅은 어디이며 어떤 곳인가'에 대한 질문을 끊임없이 던지며 고민하고 탐색했을 것입니다.

하지만 그도 늘 하나님의 생각대로 사는 사람은 아니었습니다. 아브라함은 가나안에 온 지 얼마 안 되어 기근을 만납니다. 하나님이 무엇을 원하시는지 먼저 생각해야 하지만 아브라함은 기근에서 살아남을 방법부터 궁리했습니다. 그래서 자기 생각에 좋은 선택을 합니다. 바로 애굽 땅으로 이사를 가는 것입니다.

그러나 인생은 사람의 생각대로 흘러가지 않습니다. 아브라함이 식량과 안전을 얻을 수 있을 거라 믿었던 애굽에서 아내 사라를 빼앗길 위기에 처한 것입니다. 다행히 신실하신 하나님이 당시 중동 지역에서 가장 강대국이었던 애굽의 바로 왕으로부터 아내를 구해 주시고 그의 모든 소유를 가지고 가나안으로 돌아오게 하십니다. 이 사건을 보면 아브라함도 롯과 별 다른 점이 없어 보입니다. 하지만 아브라함은 이 사건을 통해 하나님의 생각을 배우기 시작합니다.

'내 생각보다 하나님의 생각이 나를 더 부요케 하는구나. 하나님의 생각은 나와 비교할 수 없을 만큼 지혜롭구나.'

이때부터 그는 이전과는 다른 모습을 조금씩 보이기 시작합니다. 이것은 세월이 갈수록 아브라함이 하나님과의 생각의 간극을 좁히면서 '얼마나 많이 가질 것인가.'가 아니라 '어떤 사람이 될 것인가.', '어떤 삶을 살 것인가.'를 고민하게 되었음을 보여줍니다. 그는 자기보다 남을 먼저 섬기는 마음을 갖게 되었고, 고대 부족 간의 전쟁에서 하나님의 능력을 만천하에 드러내는 놀라운 체험을 했습니다.

짐승을 찢어 그 사이를 지나는 당시의 계약 관습을 통해 후손을 주고 번창하는 복을 주시겠다는 하나님의 약속을 받았고, 중간에 자기 마음대로 이스마엘을 낳아 하나님과 소원해지는 기간도 있었지만 결국에는 하나님 말씀에 순종하여 모리아 산에서 독자 이삭을 하나님께 드리는 수준까지 변화되었습니다(창 22:1-24).

만약 이삭을 하나님께 드린 사건이 창세기 12장에 기록되어 있었다면 우리는 절망하며 그 본문을 대했을 것입니다. 성경에 처음 등장하자마자 하나님의 생각을 신뢰하고 그분과의 생각의 간극이 크지 않아 무슨 일이 생겨도 즉시 온전히 기쁘게 순종하는 사람을 우리 같이 연약한 사람들이 어떻게 본받고 따라갈 수 있겠습니까?

하지만 아브라함은 절대 그런 사람이 아니었습니다. 모리아 산 사건은 아브라함이 125세 정도 되었을 때 일어난 것입니다. 125세쯤 되니까 하나님이 무슨 말씀을 하셔도 신뢰할 수 있는, 심지어 아들을 달라고 하셔도 기쁨으로 순종할 수 있는 신앙의 수준이 된 것입니다.

또한 100세가 될 즈음의 아브라함은 소돔을 멸하시겠다는 하나님의 뜻을 듣고 죄인인 그들을 살리기 위해 하나님과의 거래도 서슴지 않습니다. 아들을 주시겠다는 기쁜 소식을 받아든 순간에도 다른 이들을 걱정하며 힘닿는 데까지 기여하려고 애쓴 것입니다. 이전에는 볼 수 없었던 중보자인 아브라함의 모습은 장차 인류를 구원하기 위해 십자가 대속의 죽음을 선택하실 예수 그리스도를 닮았습니다. 진정으로 그는 '하나님의 아들을 믿는 것과 아는 일에 하나가 되어 온전한 사람을 이루어 그리스도의 장성한 분량이 충만한 데까지 이른' 사람이었습니다(엡 4:13). 아브라함은 나이 들수록 더 멋진 사람이 되어가고 있었습니다.

하나님의 명령으로 인해 잘 살고 있던 곳을 무작정 떠나면서 시작됐던 아브라함의 인생 여정은 이제 우리에게 어떤 삶을 꿈꿔야 하는지 보여주고 있습니다. 물론 아브라함의 이야기는 우리가 이미 알고 있고, 지금까지 수도 없이 접해본 메시지입니다. 하지만 이 이야기에서 우리는 축복과 순종이라는 주제보다 훨씬 더 절박한 무언가와 만날 수 있습니다. 아브라함은 우리에게 잊지 않아야 했지만 잊어버린 것을 기억하게 합니다.

'원래 그런 거야. 사회생활을 하면서 어떻게 믿음대로만 살아? 남들도 다 그렇게 살아.'라는 소리를 아무런 반박도 없이 그대로 받아들여서는 안 된다고 말합니다. '부르심? 그런 건 앞뒤 분간 못하던 젊은 시절에나 하던 이야기지. 당장 현실이 목을 조이는데 어떻게 부르심만 따라 살 수 있어?'라는 말에 시도해 보지도 않고 고개 끄덕이지 말 것을 요구합니다. 그리고 무엇보다 변화하기에 결코 늦은 시기는 없다며 우리를 북돋아 줍니다.

다르게 생각하면 다르게 살 수 있다

성경은 아브라함, 이삭, 야곱, 요셉과 같은 신앙 선배들의 나이 들어가는 과정을 통해서 우리가 세상에서 습득한 '생존법'을 정면으로 반박합니다. 우리가 몸담고 있는 초고도 무한 경쟁 사회에는 종착지 자체가 없습니다. 그 치열한 삶 바깥에 서 있는 상위 몇 퍼센트의 사람들을 제외한 대부분의 사람들은 성공주의와 물질주의의 환상을 쫓아 끝없이 내달려야 합니다. 사후에 경험하게 될 하나님 나라는 변함없이 유효하지만 그곳에 가는 것만이 우리의 부르심은 아닙니다. 교회는 우리에게 영적성장에 필요한 것을 제공해 주지만, 안타깝게도 총체적이고 통합적인 관점에서 우리가 이 세상에서 어떤 사람으로 살아야 할지에 대해서는 별 영향을 주지 못합니다. 결국 내가 어디에 서 있는지 발견하고 어떤 현재와 미래를 살아갈지에 대한 결정은 하나님 앞에 선 우리들 자신이 해야 한다는 뜻입니다.

한국 교회는 영적성장이 둔화되거나 멈춰 있는 '이름뿐인' 그리스도인들을 깨우기 위해 애쓰고 있습니다. 하지만 대안은 하나같이 다시 헌신하고 더 열심을 내는 것입니다. 아니면 하나님을 처음 만나 뜨거웠던 첫사랑을 회복하라며 감성에 호소합니다. 열심히 하고 마음이 뜨겁고 굳은 결심이 있으면 성숙한 신앙인이라는 인식이 지배적인 것입니다. 속사람, 즉 그 생각과 성품에 대해서는 거의 대부분 간과해 온 것이 사실입니다.

그러나 성경에 등장하는 수많은 신앙 인물들의 영적성장의 원동력이 된 것은 의지적 결단이나 종교적 활동, 감성적 에너지가 아니었습니다. 바로 인생의 다양한 굴곡을 통해 변화된 사고방식이었습니다. 부르심은 그것을 받았을 때가 아니라 하나님과 생각의 간극을 좁혀가기 시작할 때 비로소 작동합니다.

헌신적이던 그리스도인이 신앙생활에 시들해지는 과정은 저마다 다르겠지만 아마 그 첫 시기는 생존 자체가 목적인 치열한 사회에 발을 들여놓는 때가 아닐까 싶습니다. 구직 활동을 하고 취업을 하게 되면 많은 그리스도인들이 신앙생활의 속력을 줄이기 시작하면서 전방위적 불만 속에서 살게 됩니다. 하나님, 교회, 가정, 직장, 그리고 자기 자신에 대한 불만 말입니다. 그러나 오직 자신의 생각을 분별하는 이들만이 사회에 더 깊숙이 연관되고 나이 들어가는 과정을 긍정적으로 경험하며 하나님의 부르심을 지속적으로 붙드는데, 바로 이것이 나이 들수록 멋진 사람이 되는 길입니다.

물론 요즘에는 한국 교회 이곳저곳에서 생각의 중요성에 대해 언급하는 것을 볼 수 있습니다. 하지만 대부분 청년층에게 한정되어 있거나 '하면 된다'는 자기계발식 발상에만 매여있습니다. 인생의 뒤쪽 절반을 의식하며 가슴속에 신앙과 삶에 대한 묵직한 고민을 품고 있는 세대를 향한 복음적이며 지속 가능한 사고방식의 계발과 변화에 대한 언급은 아직 찾아보기 어렵습니다.

저에게는 선교훈련단체를 오랫동안 섬기면서 수많은 사람들을 지켜보며 깨닫게 된 몇 가지 사실이 있습니다.

첫 번째는 열린 사고와 열린 마음은 나이에 비례하지 않는다는 것입니다. 젊다고 해서 유연하고 개방적인 사고를 하는 것이 아니고 나이가 많다고 해서 넉넉하고 품어주는 마음을 가진 것이 아니라는 뜻입니다.

두 번째는 자신이 몸담은 조직과 공동체의 내적 규범을 검토하고 분별하여 나름대로 정리하는 사람이 금세 적응해서 마치 5년, 10년 동안 일했던 것처럼 보이는 사람보다 훨씬 더 분명하게 '그 단체 사람'이 되며 장기간 사역한다는 것입니다.

마지막 세 번째는 단체에 몸담은 기간이 길어질수록 대부분 미래에 대해 불안해하고 당황해하기 마련인데, 그럼에도 불구하고 끊임없이 변화와 쇄신을 경험하는 소수의 사람들이 있다는 점입니다.

어쩌면 우리는 하나님의 부르심을 따라 사는 것을 인생 전체가 아닌 특정한 기간(특정한 직업이나 단체에 소속되어 있는 동안)에만 하는 것으로 여기고 있는지도 모릅니다. 특정 기간에는 믿음을 최고의 가치로 여기며 살아가지만, 그 이후에는 사회와 현실에 순응하며 살아갑니다. 그러나 하나님의 생각과 간극을 좁혀가는 사람은 그런 삶을 따라가지 않습니다. 우리는 마음(mind)을 새롭게 변화시키는 것을 통해 그 대안을 찾게 될 것입니다. 그리고 우리 앞에 놓인 인생 후반전의 시간 동안 올바른 방향으로 전력 질주하게 될 것입니다.

지금 다시 시작하라

생각은 영적인 삶의 핵심 영역입니다. 기도와 말씀과 예배 없이 건강한 신앙을 가질 수 없는 것처럼 날마다 자신의 내면을 분별하며 하나님 말씀에 기초한 생각을 갖지 않으면 건강한 삶을 살 수 없습니다.

이 책에 담긴 메시지를 실천하려면 먼저 고정관념부터 떨쳐버려야 합니다. 내 생각과 내 말이 맞다는 근거 없는 자신감을 버리고 하나님의 말씀으로 좁은 시야와 마음을 확장해 나가기 바랍니다. 롯처럼 가나안에 살면서 바벨론식 생각을 좋게 여기며 살아서는 안 됩니다. 세상 사람들의 삶을 좋게 여기고 그들과 같은 생각으로 살아서는 안 됩니다. 매일 하나님의 생각을 붙들고 그분과 생각의 간극을 좁혀가는 믿음의 길을 걸어야 합니다. 신앙의 연수가 길어질수록 하나님이 무엇을 말씀하셔도 신뢰할 수 있고, 그분의 생각과 동일한 생각을 소유한 사람으로 변해야 합니다.

우리의 생각은 세상을 변화시키는 하나님의 방법입니다. 왕년에 성경 읽었던 것, 열심히 기도했던 것, 열심히 훈련받았던 것, 열심히 사역했던 것만 붙들고 살아서는 안 됩니다. 영적성장이 그런 것처럼 교회에서 봉사하고 선교단체에서 사역하는 것에도 지속적인 변화와 쇄신이 필요합니다.

우리는 이전 세대보다 더 불확실하고 불투명한 미래 앞에 서 있는지도 모릅니다. 하지만 언제나 그랬던 것처럼 이것은 하나님이 우리에게 주신 기회입니다. 우리에게는 어떻게 살아야 할지 선택할 시간들이 있고, 하나님의 부르심을 따라 그날들을 사용할 수 있습니다. 이 중요한 시점에 무엇을 선택하는가 하는 것은 전적으로 우리의 몫입니다. 우리가 다른 생각으로 세상에 나아가 다른 삶을 살기 시작할 때, 종이었던 요셉 한 사람을 통해 애굽 전체를 변화시킨 하나님의 역사가 우리의 가정과 직장과 교회와 세상 가운데 임할 것입니다.

매일, 매 순간, 성경적인 사고방식을 할 때 우리의 삶을 통해 역사하시는 하나님을 경험할 수 있을 것입니다.

소그룹을 위한 '읽다, 살피다, 나누다'

01. 아브라함과 롯 두 사람 모두 "떠나라. 그리고 가라."는 하나님의 말씀만 붙잡고 무작정 살던 곳을 떠나는 믿음의 결단을 한 사람들이었습니다. 이렇게 출발점이 같았던 두 사람이 왜 전혀 다른 신앙과 삶의 궤적을 그리게 되었는지 생각해 봅시다. 아브라함은 어떻게 롯과 다른 선택을 할 수 있었을까요? 왜 롯은 아브라함처럼 될 수 없었을까요?

02. "하나님의 부르심은 그것을 받았을 때가 아니라 마음이 새롭게 변화되는 시점부터 작동한다"는 것이 무슨 의미라고 생각합니까? 하나님이 주신 꿈이나 비전, 계획이 있다면 지금 그것이 작동 중인지 휴면상태인지 돌아봅시다.

03. 지금 마음속에 갖고 있는 전방위적 불만들을 종이에 적고, 하나님이 그것에 대해 원하시는 것이 무엇일지 하나씩 생각해 봅시다.

04. 하나님의 생각과 간극을 좁히기 위해 당신에게 필요하고 해야 할 것은 무엇입니까? 도움을 청해야 한다면 어떤 도움이 필요하고 누구에게 이야기하면 좋을까요?

주

1. 『욥기 강해』. 데이비드 앳킨슨. IVP. 1999
2. 『하루에 만가지 생각 다스리기』. 제이 데니스&마릴린 제프코트. 미션월드라이브러리. 2002. 재인용
3. 『교회의 성, 잠금해제?』. 이상원, 정재영, 송인규. IVP. 2014
4. 『십자가의 완전한 복음』. 김용의. 예수전도단. 2010
5. https://www.nutradex.co.kr/news/news.html?mode=view&cat=30&nid=40667&nStart=4480
6. http://kftc.tistory.com/6636
7. 『은밀한 세계관』. 스티브 윌킨스&마크 샌포드. IVP. 2013
8. 새번역성경 참고
9. 『거룩VS유혹』. 브루스 윌킨스. 디모데. 1999
10. 『신학자가 풀어 쓴 유교 이야기』. 배요한. IVP. 2014
11. 『예수가 바라본 하나님 나라』. 도널드 크레이빌. 복있는사람. 2010
12. 『종의 마음』. 토미 테니&데이빗 케이프. 토기장이. 2008
13. 『사업의 마음가짐』. 마쓰시다 고노스케. 청림출판. 2007
14. 『하나님의 일곱 가지 질문』. 최형섭. 예수전도단. 2012
15. 『나는 왜 아무 생각이 없을까?』. 우성환. 예수전도단. 2015
16. 『카네기 명언집』. 최염순. 씨앗을뿌리는사람. 2004
17. 『완전한 진리』. 낸시 피어시. 복있는사람. 2006
18. 『사람을 세우는 사람』. 하워드 헨드릭스. 디모데. 2000

「바디매오 이야기」와 함께 하는 2020 신년 기도회

바디매오 이야기는 그리스도의 은혜로 치유된 성도가 기쁨으로 주를 따라가는 제자도의 궁극을 보여줍니다. 2020년도를 기쁨으로 주를 따르는 한 해로 만들어가기 위해 다음의 예시에 따라 한 주간의 특별 새벽집회 내지는 저녁집회를 계획하실 수 있습니다.

5일 새벽기도 플랜

일시	단원	성경구절	타이틀
2020년 1월 6일	1장, 2장	막 10:46-49	1장 시각장애인 vs 시각장애인 2장 거룩한 멈춤
2020년 1월 7일	3장, 4장	막 10:46, 50,51,52	3장 '지루한' 헬라어 문법과 흥미진진한 마가의 예수중심 이야기 4장 "네게 무엇을 하여 주기를 원하느냐"
2020년 1월 8일	5장, 6장	막 10:51-52	5장 '그저 말뿐인' 예수님 6장 바디매오의 '믿음'
2020년 1월 9일	7장, 8장	막 10:46, 52	7장 '주와 같이 길 가는 것 즐거운 일 아닌가' 8장 기쁨으로 겉옷 내팽개치기
2020년 1월 10일	9장, 10장	막 10:52 하	9장 관계적인 제자도 10장 십자가의 제자도

1. 본 집회 플랜은 하나의 예시이며 각 교회의 사정에 따라 변경 및 수정이 가능합니다.
2. 본 도서는 집회 이외에도 소그룹 모임용 교재로 이용이 가능합니다.
3. 『바디매오 이야기』와 함께 2020년 한 해를 행복한 제자도를 경험하는 한 해로 만드십시오.

3일 부흥성회 플랜(새벽집회 / 저녁집회 컨셉)

일시	단원	성경구절	타이틀
2020년 1월 2일 아침	1장	막 10:46-48	1장 시각장애인 vs 시각장애인
2020년 1월 2일 저녁	2장, 4장	막 10:49-51	2장 거룩한 멈춤 4장 "네게 무엇을 하여 주기를 원하느냐"
2020년 1월 3일 아침	3장	막 10:46-52	3장 '지루한' 헬라어 문법과 흥미진진한 마가의 예수중심 이야기
2020년 1월 3일 저녁	5장, 6장	막 10:50-52	5장 '그저 말뿐인' 예수님 6장 바디매오의 '믿음'
2020년 1월 4일 아침	7장, 8장	막 10:51-52	7장 '주와 같이 길 가는 것 즐거운 일 아닌가' 8장 기쁨으로 겉옷 내팽개치기
2020년 1월 4일 저녁	9장, 10장	막 10:51-52	9장 관계적인 제자도 10장 십자가의 제자도

10일 신년 새벽기도 컨셉

일시	단원	성경구절	타이틀
2020년 1월 2일	1장	막 10:48-48	1장 시각장애인 vs 시각장애인
2020년 1월 3일	2장	막 10:49	2장 거룩한 멈춤
2020년 1월 4일	3장	막 10:46,50,52	3장 '지루한' 헬라어 문법과 흥미진진한 마가의 예수중심 이야기
2020년 1월 5일	4장	막 10:51	4장 "네게 무엇을 하여 주기를 원하느냐"
2020년 1월 6일	5장	막 10:52 상	5장 '그저 말뿐인' 예수님
2020년 1월 7일	6장	막 10:52 상 II	6장 바디매오의 '믿음'
2020년 1월 8일	7장	막 10:46, 52	7장 '주와 같이 길 가는 것 즐거운 일 아닌가'
2020년 1월 9일	8장	막 10:50	8장 기쁨으로 겉옷 내팽개치기
2020년 1월 10일	9징	막 10:52 하	9장 관계적인 제자도
2020년 1월 11일	10장	막 10:52 하 II	10장 십자가의 제자도

*일자는 교회 사정에 의해 변경하실 수 있습니다.